U0891773

国家示范性高等职业院校教材

Wuliu Shuxue

物流数学

（物流管理专业）

主　编　许贵福
主　审　陈　文

人民交通出版社

内容提要

本书为国家示范性高等职业院校教材。全书分为微积分和物流数学两篇，共十一章。上篇微积分包括函数与极限、导数与微分、导数的应用、积分、微分方程五章；下篇物流数学包括销售与市场、生产作业计划安排、配送与运输、车辆配装和物流中心选址、指派问题和旅行商问题、物资调运问题的图上作业法。

本书可作为高职高专物流专业学生“物流数学”课程一学年使用的教材，也可作为高职高专经济类、管理类学生“微积分”课程一学期使用的教材。

图书在版编目(CIP)数据

物流数学/许贵福主编. —北京：人民交通出版社，2009.9（2025.10重印）

ISBN 978-7-114-07962-7

I. 物… II. 许… III. 经济数学-应用-物流 IV. F252

中国版本图书馆 CIP 数据核字(2009)第 146989 号

国家示范性高等职业院校教材

书　　名：物流数学
著 作 者：许贵福
责任编辑：富砚博
责任印制：张　凯
出版发行：人民交通出版社
地　　址：（100011）北京市朝阳区安定门外外馆斜街3号
网　　址：http://www.ccpcl.com.cn
销售电话：(010)85285911
总 经 销：人民交通出版社发行部
经　　销：各地新华书店
印　　刷：北京交通印务有限公司
开　　本：787×1092　1/16
印　　张：13
字　　数：330 千
版　　次：2009 年9月　第1版
印　　次：2025年10月　第9次印刷
书　　号：ISBN 978-7-114-07962-7
定　　价：34.00 元

（如有印刷、装订质量问题的图书由本社负责调换）

序

2006年是中国高等职业教育的春天。这一年，我国教育部、财政部启动了国家示范性高等职业院校建设计划，高等职业教育首次被定性为中国高等教育发展的一种类型。时代赋予了高等职业教育非常广阔的发展空间。

2006年也是福建交通职业技术学院发展的春天。同年12月，这所有着140多年办学历史的百年老校，被确定为全国首批国家示范性高等职业院校建设单位。这对学校而言，是荣誉更是责任，是挑战更是压力。

国家示范性院校建设的核心是专业建设，而课程和教材又是专业建设的重要内容之一。如何通过课程的建构来推动人才培养模式的改革和创新？教材编写工作又如何与学校人才培养模式和课程体系改革相结合？如何实现课程内容适合高素质技能型人才的培养？这均是我校示范性建设中的重要命题。

难能可贵的是，三年来，在全体教职员工的不懈努力下，我校8个重点建设专业(6个为中央财政支持的重点建设专业)在实验实训条件建设、师资队伍建设、人才培养模式与课程体系改革等方面，都取得了突破性的进展。

更令人欣慰的是，我院教师历经3年的不断探索和实践，为我院的教材建设作出了功不可没的成绩。一系列即将在人民交通出版社出版的国家示范性高等职业院校重点建设专业教材，就是我院部分成果的体现。在这些教材中，既有工学结合的核心课程教材，也有专业基础课程教材。无论是哪种类型的教材，在编写中，我院都强调对教材内容的改革与创新，强调示范性院校专业建设成果在教材中的固化，强调教材为高素质技能型人才培养服务，强调教材的职业适应性。因为新教材的使用，必须根植于教学改革的成果之上，反过来又促进教学改革目标的实现，推进高职教育人才培养模式改革。

培养社会所需要的人，是我院一直不懈的努力方向，而这些教材就是我们努力前行的足迹。

在这些教材的编写过程中，也倾注了相关企业有关专家的大量心血和辛勤劳动，在此谨向他们表示衷心的感谢！

福建交通职业技术学院院长
福州大学博士生导师

前　言

目前，适合高职高专物流专业的数学教材太少。因此，根据物流专业的教学要求编写了本教材。

编写本教材的宗旨是：以提高高等职业教育教学质量为指导思想，以培养高素质应用型人才为目标，结合国家示范性高职院校建设的需要，力求教材内容“涵盖大纲、易学、实用”。本教材具有以下特点：

1. 教材上篇微积分的编写紧扣高职高专数学课程教学基本要求，慎重选择教材内容。既考虑到高等数学本学科的科学性，又能针对高职学生的接受能力和理解程度，适当选取教材的深度和广度；既注重从实际问题引入基本概念，揭示概念的实质，又注重基本概念的几何解释和经济背景，以使教材内容形象、直观，便于学生理解和掌握，并达到“学以致用”的目的。

2. 教材下篇物流数学的内容大都取自于运筹学，但通常运筹学教材是针对研究生、本科生编写的，内容多、数学模型复杂、理论证明深奥。本教材的对象是高职高专学生，因此，编写时只能精选一些物流管理中常用的简单的数学模型，如配送与运输、指派问题、物资调运问题、库存问题等，主要介绍数学模型在物流管理中的应用，对于模型的理论证明只能省略或只作简单介绍。

3. 本教材叙述通俗易懂、简明扼要、富有启发性，便于自学；注意用语确切，行文严谨。教材每章配有适量习题。

本书的出版，得到了人民交通出版社的大力支持和帮助，在此表示衷心的感谢！

限于编者水平，书中难免有不妥之处，恳请读者指正。

编者

2009 年 7 月

目　　录

上篇　微　积　分

下篇　物流数学

上篇　微　积　分

第一章　函数、极限与连续

函数是对现实世界中各种变量之间相互依存关系的一种抽象，它是数学分析研究的基本对象，因而是高等数学中最重要的概念之一. 极限是高等数学的另一个重要概念，高等数学中一些重要概念，如微分、积分、级数等都是用极限来定义的. 因此本章先讲函数，然后讨论函数的极限，并在此基础上讨论函数的连续性.

第一节　函　　数

一、函数的概念及其表示法

1. 一元函数

定义 1.1　设 x 和 y 是两个变量，D 是给定的数集，如果对于每个 $x\in D$，变量 y 按照某个对应法则总有一个唯一确定的数值和它对应，则称 y 是 x 的函数，记作 $y=f(x)$.

这里 x 称为自变量，y 称为因变量或 x 的函数. 数集 D 称为函数的定义域. 当 x 取值 x_0 时，与 x_0 对应的 y 的数值称为函数在点 x_0 处的函数值，记作 $f(x_0)$ 或 $y|_{x=x_0}$. 当 x 取遍 D 的各个数值时，对应的函数值全体组成数集

$$z=\{y\,|\,y=f(x),x\in D\}$$

称为函数的值域.

2. 二元函数

定义 1.2　设 x,y,z 是三个变量，当 x,y 在一定的平面区域 D 内任意取定一对值时，按照某一对应法则，z 有唯一确定的值与之对应，则称 z 是 x,y 的二元函数，记作 $z=f(x,y)$.

这里 x,y 称为自变量，z 称为因变量或 x,y 的函数. 自变量 x,y 取值范围 D 称为函数定义域，全体函数值组成的集合称为函数的值域.

例 1　设长方形的长为 x，宽为 y，它的面积为 z，那么 $z=xy$，是二元函数，其定义域 $D=\{(x,y)\,|\,x>0,y>0\}$.

例 2　二元函数 $z=\sqrt{1-x^2-y^2}$ 的定义域为 $1-x^2-y^2\geqslant 0$，即 $x^2+y^2\leqslant 1$.

在以后叙述中，若不特别指出，均指一元函数.

二、经济函数

1. 需求函数

需求是指消费者在一定的价格水平上对某种商品有支付能力的需要. 因此，需求是以消费者货币购买力为前提的，是对应商品的某一价格水平而言的. 人们对某一商品的需求受许多因素的影响，如价格、收入、替代品、偏好等. 一般研究中，需求主要是价格的函数，记为 $Q=D(P)$，其中 P 表示价格，Q 表示需求量，D 表示函数对应法则. 依实际意义，需求函数 $Q=D(P)$ 总是单调下降的，一般存在反函数，其反函数 $P=D^{-1}(Q)$ 也称为需求函数.

例 3 已知某地区每月对某型号电视机的需求量 Q(台)与价格 P(千元)的函数关系为 $Q=65+\frac{125}{(P-0.3)^2}(1\leqslant P\leqslant 2)$.

例 4 市场上小麦的需求量(每月)如表 1-1 所示:

小麦需求量表 表 1-1

价格 P(元/kg)	1	2	3	4	5	6	7	8
需求量 Q(百万 kg)	30	25	20	15	12	10	9	8

画出需求函数的图形见图 1-1.

这条曲线说明,小麦的需求量是价格的减函数,即当 P 增加时,Q 下降. 这一性质在经济学称为需求向下倾斜规律.

2. 供给函数

供给函数是生产者或销售者在一定价格水平上提供给市场的商品量. 供给量受诸多因素的影响. 一般而言,它主要是价格的函数,记为 $Q=S(P)$. 依实际意义,供给函数 $Q=S(P)$ 总是单调上升的,一般存在反函数,其反函数 $P=S^{-1}(Q)$ 也称为供给函数.

例 5 生产者愿意提供的小麦数量如表 1-2 所示(每月).

小麦供给量表 表 1-2

价格 P(元/kg)	1	2	3	4	5	6	7	8
供给量 Q(百万 kg)	0	2	4	5	7	10	16	25

画出的图形见图 1-2.

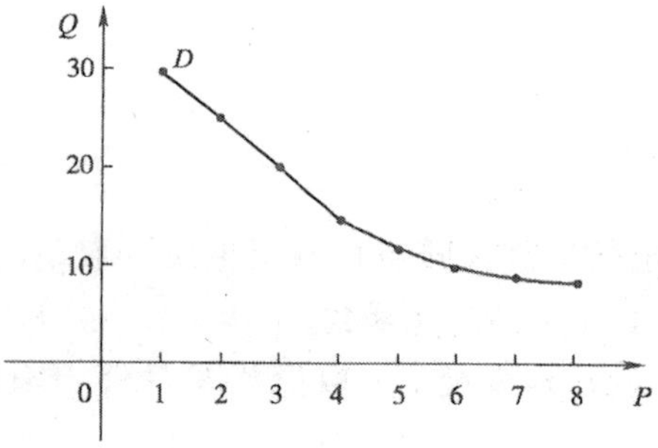

图 1-1

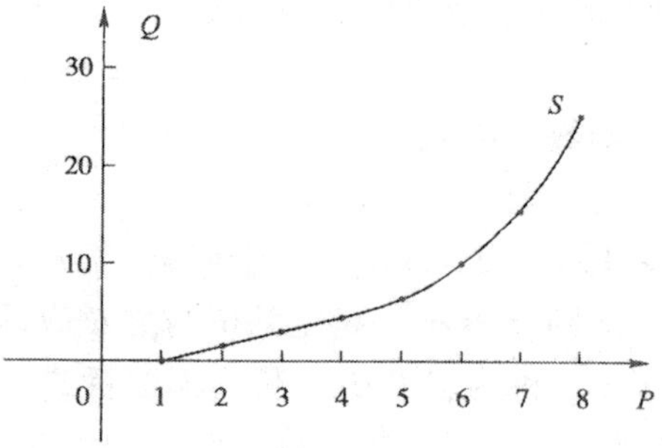

图 1-2

这条供给曲线向上倾斜,说明当小麦的价格较高时,农民愿意并有能力增加小麦的产量. 这一性质在经济学称为供给向上倾斜规律.

现在把例 4 与例 5 所给需求曲线与供给曲线结合起来分析,其图形如图 1-3 所示.

需求曲线 $Q=D(P)$ 与供给曲线 $Q=S(P)$ 相交处的价格 $P=6$(元),在这一个价格上,消费者愿意购买的小麦量为 10(百万 kg),生产者愿意提供小麦的数量为 10(百万 kg),两者处于平衡状态. 这时 $P=6$(元)称为它们的均衡价格.

需求曲线 $Q=D(P)$ 与供给曲线 $Q=S(P)$ 相交处的价格 P_0,称为均衡价格(如图 1-4).

在 P_1 处,商品供不应求,商品的价格将提高. 在 P_2 处,供过于求,商品价格有下降的趋势. 在 P_0 处,供给量等于需求量,价格平衡.

这里需要说明的是在需求函数和供给函数中作为自变量的价格 P 并不一定按实数值连续变化的. 如例 4 和例 5 中 P 限制在某个范围且仅取正整数值. 我们在研究时为方便,将其连续化，并给出相应的近似拟合的解析表达式，由此所得的结果是实际情形的近似. 在经济分析中大部分函数都有类似情况.

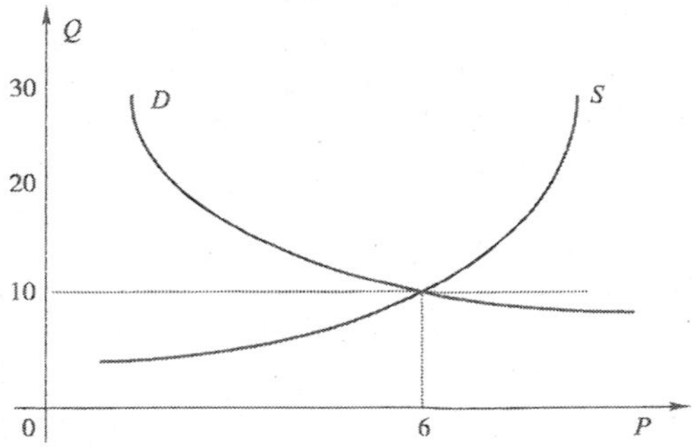

图 1-3

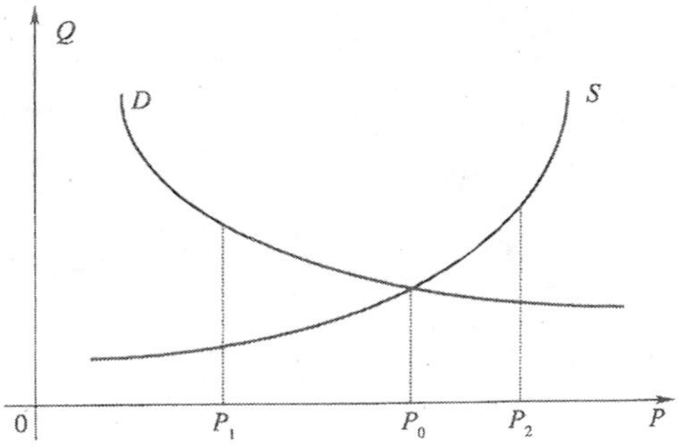

图 1-4

3. 成本函数

成本是指生产制造产品所投入的原材料、人的劳动力与技术等生产资料的货币表现. 它是产量的函数，记为 $C(x)$，其中 x 为产量.

成本包括固定成本和变动成本. 固定成本是指在一定时期和一定业务量范围内，不受产量增减变动影响的成本. 例如厂房、机器、管理等费用，记为 F. 变动成本是指在一定范围内随产量数量变化而变化的成本. 例如，原材料、燃料等费用，记为 $V(x)$，x 为产量.

一定时期的总成本函数为：

$$C(x)=F+V(x).$$

单位成本函数（也称为平均成本函数）为：

$$\overline{C}(x)=\frac{C(x)}{x}=\frac{F}{x}+\frac{V(x)}{x}.$$

4. 收益函数与利润函数

销售收益是生产者出售一定量的产品所得到的全部收入，记为 R.

在销售过程中价格不变，则销售收益等于产品单价 P 与销售量 Q 的乘积，即 $R=PQ$.

若把销售量看成是价格的函数，即 $Q=D(P)$（需求函数），则有 $R=P\cdot D(P)$，即收益函数是价格的函数.

若把价格看成是销售量的函数，设销售量为 x，单价为 $P(x)$，则销售收益 $R=P(x)\cdot x$. 即销售收益是销售量的函数. $R(x)$ 也称为收益函数.

从而单位收益函数为：

$$\overline{R}(x)=\frac{R(x)}{x}=\frac{xP(x)}{x}=P(x).$$

在成本函数中，当产量 x 等于销售量时，总利润函数为：

$$L(x)=R(x)-C(x).$$

三、复合函数、初等函数与分段函数

1. 基本初等函数

在中学里，已学过下列函数：

（1）常数函数

$$y=C\ (x\in \boldsymbol{R}).$$

(2)幂函数

$$y=x^{\alpha}(\alpha\text{ 为任意实数}).$$

(3)指数函数

$$y=a^{x}(a>0\text{ 且 }a\neq 1).$$

(4)对数函数

$$y=\log_a x(a>0\text{ 且 }a\neq 1).$$

(5)三角函数

$$y=\sin x, y=\cos x, y=\tan x,$$
$$y=\cot x, y=\sec x, y=\csc x.$$

(6)反三角函数

$$y=\arcsin x, y=\arccos x, y=\arctan x,$$
$$y=\operatorname{arccot} x, y=\operatorname{arcsec} x, y=\operatorname{arccsc} x.$$

以上函数称为基本初等函数.

2. 复合函数

定义 1.3 设 y 是 u 的函数,即 $y=f(u)$,而 u 又是 x 的函数 $u=\varphi(x)$. 如果 $u=\varphi(x)$ 的值域 Z_φ 与 $y=f(u)$ 的定义域 D_f 的交集非空,则 y 通过中间变量 u 构成 x 的函数,称 y 为由 $y=f(u)$ 及 $u=\varphi(x)$ 复合而成的关于 x 的复合函数,记为 $y=f[\varphi(x)]$,其中 x 是自变量,u 称为中间变量.

例如,$y=\sqrt{1-x^2}$ 是由 $y=\sqrt{u}$ 及 $u=1-x^2$ 复合而成的复合函数,其定义域为 $[-1,1]$. $y=\sin 2x$ 是由 $y=\sin u$ 及 $u=2x$ 复合而成的函数,其定义域为 $(-\infty,\infty)$.

复合函数不仅可以由两个函数,也可以由多个函数复合构成. 例如,$y=\lg(1+\sqrt{1+x^2})$ 就是由 4 个函数 $y=\lg u, u=1+v, v=\sqrt{z}, z=1+x^2$ 复合构成,它的定义域为 $(-\infty,+\infty)$.

3. 初等函数

由基本初等函数经过有限次加、减、乘、除四则运算和复合运算得到的能用一个式子表达的函数,称为**初等函数**.

前面例 3 所给出的需求函数就是一个初等函数. 初等函数是本书主要的研究对象. 但某些非初等函数,如分段函数和隐函数由于其实际中的应用,有时也成为我们关注的对象.

4. 分段函数

定义 1.4 当定义域内自变量 x 取不同的值时,函数 $f(x)$ 要用两个或两个以上的式子表示,这类函数称为分段函数.

例如:

$$y=|x|=\begin{cases} x & x\geq 0 \\ -x & x<0 \end{cases}$$

则是定义域在 $(-\infty,+\infty)$ 上的分段函数,其图像见图 1-5.

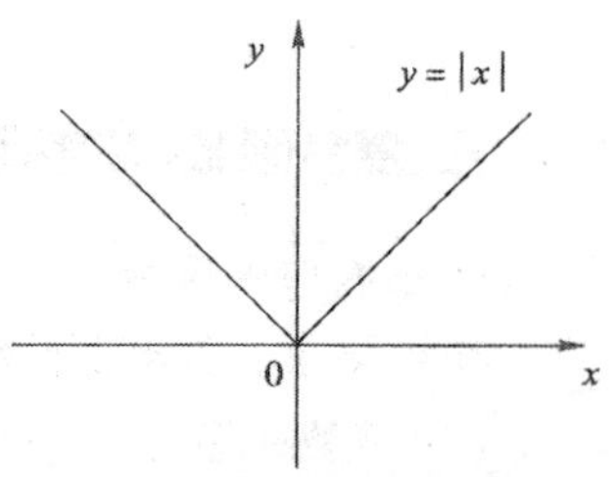

图 1-5

例 6 **(税收问题)** 个体工商户的生产、经营所得和对在事业单位如承包经营、承租经营的个人所得税税率表如表 1-3 所示:

个人所得税税率表 表1-3

级数	全年应纳税所得额	税率(%)
1	不超过5000元的	5
2	超过5000元至10000元的部分	10
3	超过10000元至30000元的部分	20
4	超过30000元至50000元的部分	30
5	超过50000元的部分	35

求所得税额与收入x的函数关系.

解 设所得税额为$f(x)$，则

$$f(x)=\begin{cases}0.05x & x\leqslant 5000\\ 250+0.1(x-5000) & 5000<x\leqslant 10000\\ 750+0.2(x-10000) & 10000<x\leqslant 30000\\ 4750+0.3(x-30000) & 30000<x\leqslant 50000\\ 10750+0.35(x-50000) & x>50000\end{cases}$$

以上函数为分段函数,可用于计算个体工商户个体经营或承包经营的个人所得税.如某个体工商户全年收入总额,减除成本、费用以及损失后,其全年应纳税所得额为23000元,则应缴的个人所得税为

$$f(23000)=750+0.2(23000-10000)=3350(\text{元}).$$

四、建立函数关系式

为解决实际问题,先要对所研究问题建立变量之间的函数关系式.为此需要明确问题中的因变量和自变量,根据题意建立等式,从而得出函数关系,然后确定函数定义域.在实际问题中,还需要考虑变量在实际问题中的含义.

例7 某工厂生产某产品,每日最多生产500件.它的日固定成本为2000元,生产一件产品的可变成本为5元.求该厂日成本函数及平均单位成本函数.

解 设日产量为C,日总成本为$C(x)$,日平均单位成本为$\bar{C}(x)$,日产量为x,由于日总成本为固定成本与可变成本之和.依题意,日总成本函数为

$$C(x)=2000+5x\quad(0\leqslant x\leqslant 500).$$

日平均单位成本函数为

$$\bar{C}(x)=\frac{C(x)}{x}=\frac{2000}{x}+5\quad(0\leqslant x\leqslant 500).$$

例8 已知某产品的需求函数为$P(Q)=25-\dfrac{Q}{4}(0\leqslant Q\leqslant 100)$,总成本函数为$C(Q)=40+5Q$,其中$Q$为产品数量,求总利润的函数表达式.

解 因为总利润$L(Q)$等于总收益$R(Q)$与总成本$C(Q)$之差,而总收益为$R(Q)=Q\cdot P(Q)$,故总利润为

$$\begin{aligned}L(Q)&=R(Q)-C(Q)\\&=Q\left(25-\frac{Q}{4}\right)-(40+5Q)=-40+20Q-\frac{Q^2}{4}\quad(0\leqslant Q\leqslant 100).\end{aligned}$$

练 习 1.1

1. 下列各题中,$f(x)$和$\varphi(x)$是否表示同一个函数,试说明理由.

(1)$f(x)=\dfrac{x^2-4}{x-2}$,$\varphi(x)=x+2$;

(2)$f(x)=\ln x^2$, $\varphi(x)=2\ln x$.

2. 求下列函数定义域:

(1)$y=\sqrt{4-x^2}+\dfrac{1}{x-1}$;

(2)$y=\ln\sqrt{9-x^2}$.

3. 如果$f(x)=\begin{cases}2x+1 & x>0\\ 1 & x=0\\ x^2 & x<0\end{cases}$,求$f(0)$,$f(-\dfrac{1}{2})$,$f(\dfrac{1}{2})$.

4. 下列函数是由哪些简单函数复合而成?

(1)$y=\ln(2x+1)^2$; (2)$y=\sin^2(3x+1)$.

5. 已知某产品的总成本函数为$C(Q)=1000+\dfrac{Q^2}{10}$,求当生产100个该种产品时的总成本和平均成本.

6. 某制造厂以每件5元的价格出售其产品,问:

(1)销售5000件产品时,总收益是多少?

(2)固定成本为3000元,估计可变成本为总收益的40%,销售5000件产品后总成本是多少?

(3)该厂的保本产量是多少?

7. 某商品供给量Q对价格P的函数关系为$Q=a+bc^P$,且当$P=2$时,$Q=30$;$P=3$时,$Q=50$;$P=4$时,$Q=90$.求供给量Q对价格P的函数关系.

第二节 函数的极限

一、函数极限的直观描述

对于数列$\{u_n\}$,如果当n无限增大时,通项u_n无限趋近于某个确定的常数A,则称常数A为数列$\{u_n\}$的极限,或称数列$\{u_n\}$收敛于A,记为

$$\lim_{n\to\infty}u_n=A,\text{或 } u_n\to A\ (n\to\infty).$$

若数列没有极限,则称数列是发散的.

我们可以把上述数列极限推广到一般函数的极限概念.

1. 当$x\to\infty$时,函数$f(x)$的极限

定义1.5 如果当自变量x无限增大时,函数$f(x)$无限趋近于某个确定的常数A,则称常数A为函数当$x\to+\infty$时的极限,记为

$$\lim_{x\to+\infty}f(x)=A,\text{或} f(x)\to A\quad(x\to+\infty).$$

由定义 1 可知，当 $x\to+\infty$ 时 $f(x)=1+\frac{1}{x}$ 的极限为 1，即 $\lim\limits_{x\to+\infty}\left(1+\frac{1}{x}\right)=1$.

关于 $x\to-\infty$ 时函数极限的定义，可仿照定义 1.5 给出.

定义 1.6 如果当 $|x|$ 无限增大时函数 $f(x)$ 无限趋近于 A，则称当 $x\to\infty$ 时，函数 $f(x)$ 以 A 为极限，记为

$$\lim_{x\to\infty}f(x)=A,\text{或 } f(x)\to A\ (x\to\infty).$$

由定义 1.6 可知，函数 $f(x)=1+\frac{1}{x}$ 当 $x\to\infty$ 时的极限为 1，即 $\lim\limits_{x\to\infty}\left(1+\frac{1}{x}\right)=1$.

由定义 1.6 容易推得如下结论：

$$\lim_{x\to\infty}f(x)=A\Leftrightarrow\lim_{x\to-\infty}f(x)=\lim_{x\to+\infty}f(x)=A.$$

2. 当 $x\to x_0$ 时，函数 $f(x)$ 的极限

考察函数 $f(x)=\frac{x^2-1}{x-1}$. 该函数在 $x=1$ 时无定义，而对 x 的其他实数值，函数 $f(x)=x+1$，见图 1-6.

当 $x\to1$ 时，函数 $f(x)=\frac{x^2-1}{x-1}$ 的值无限趋近于常数 2，此时我们称当 x 趋近于 1 时，函数 $f(x)=\frac{x^2-1}{x-1}$ 极限为 2.

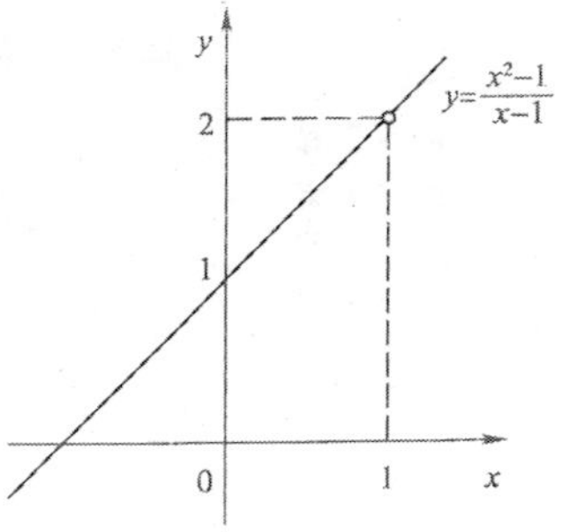

图 1-6

定义 1.7 设函数 $f(x)$ 在 x 趋近于 $x_0(x\neq x_0)$ 时，函数 $f(x)$ 的函数值无限趋近于某个确定的常数 A，则 A 称为函数 $f(x)$ 当 $x\to x_0$ 时的极限，记为

$$\lim_{x\to x_0}f(x)=A,\text{或 } f(x)\to A\ (x\to x_0).$$

说明： $f(x)$ 在 $x\to x_0$ 时极限是否存在，与 $f(x)$ 在 x_0 处有无定义以及在点 x_0 处函数值无关. 也就是说 $f(x)$ 在 $x\to x_0$ 处的极限仅反映 $f(x)$ 在 x_0 周围的变化趋势，与 $f(x)$ 在 x_0 的值无关.

注意： 在定义 1.7 中，$x\to x_0$ 是指 x 以任意方式趋近于 x_0. 即 x 可以从大于 x_0 一侧趋近于 x_0，也可以从小于 x_0 一侧趋近于 x_0，甚至可以在这两者同时兼有情况下趋近于 x_0.

当 x 从 x_0 的左侧（$x<x_0$）趋近于 x_0（记为 $x\to x_0^-$）时，$f(x)$ 以 A 为极限，则称 A 为函数 $f(x)$ 当 $x\to x_0^-$ 时的**左极限**，记为

$$\lim_{x\to x_0^-}f(x)=A,\text{或 } f(x)\to A\ (x\to x_0^-).$$

当 x 从 x_0 的右侧（$x>x_0$）趋近于 x_0（记为 $x\to x_0^+$）时，$f(x)$ 以 A 为极限，则称 A 为函数 $f(x)$ 当 $x\to x_0^+$ 时的**右极限**，记为

$$\lim_{x\to x_0^+}f(x)=A,\text{或 } f(x)\to A\ (x\to x_0^+).$$

由定义 1.7，可得如下结论：

$$\lim_{x\to x_0}f(x)=A\Leftrightarrow\lim_{x\to x_0^-}f(x)=\lim_{x\to x_0^+}f(x)=A.$$

即函数在 $x=x_0$ 处极限存在的充要条件是函数在 $x=x_0$ 处左、右极限存在且相等.

在上面描述中，我们引进了自变量的各种变化过程，如 $n\to\infty$，$n\to+\infty$，$n\to-\infty$，$x\to x_0$，$x\to x_0^-$，$x\to x_0^+$，$x\to\infty$，$x\to+\infty$，$x\to-\infty$ 等，下面把这些变化过程统称为自变量的某一变化过程. 我们用不标明自变量变化过程的极限号“lim”表示变化过程适用于上述各种情形.

3. 无穷小量

定义 1.8 若函数 $f(x)$ 在自变量的某一变化过程中以零为极限,则称在该变化过程中 $f(x)$ 为无穷小量,简称无穷小.

例如,当 $x\to0$ 时,$\sin x$ 的极限为 0,所以当 $x\to0$ 时,函数 $\sin x$ 为无穷小. 但当 $x\to\frac{\pi}{2}$ 时,$\sin x$ 的极限不为 0,所以当 $x\to\frac{\pi}{2}$ 时,函数 $\sin x$ 不是无穷小. 而当 $x\to\frac{\pi}{2}$ 时,$\cos x$ 为无穷小.

依上述定义,无穷小不是一个很小的常数,而是一个变量,它以零为极限.

注意:绝对值很小的常数以及负无穷大量都不是无穷小量. 但零是无穷小量,因为它的极限为零.

由无穷小量的定义容易得到,若函数 $y=f(x)$ 在某一变化过程中极限为 A,即 $\lim f(x)=A$,其充要条件是在此变化过程中 $f(x)-A$ 是无穷小量,即 $\lim\left(f(x)-A\right)=0$.

我们还可以由定义得到无穷小的如下性质(证略):

性质 1.1 有限个无穷小的代数和仍是无穷小.

性质 1.2 有限个无穷小的乘积仍是无穷小.

性质 1.3 常数与无穷小的乘积仍是无穷小.

性质 1.4 有界函数与无穷小的乘积仍是无穷小.

例如,求当 $x\to0$ 时,$f(x)=x\sin\frac{1}{x}$ 的极限,由于 $\sin\frac{1}{x}$ 是有界函数,x 是无穷小量,这是无穷小量与有界函数的乘积,所以其极限为 0,即

$$\lim_{x\to0}x\sin\frac{1}{x}=0.$$

4. 无穷大量

定义 1.9 在自变量 x 的某个变化过程中,若函数的绝对值 $|f(x)|$ 无限增大,则称 $f(x)$ 为此变化过程中的无穷大量,简称无穷大.

注意:无穷大是指绝对值无限增大的变量,不能将其与很大常数相混淆.

例如,当 $x\to0$ 时,$\frac{1}{x}$ 的绝对值无限增大,因此在这个变化过程中,$\frac{1}{x}$ 是无穷大量. 当 $x\to\frac{\pi}{2}$ 时,函数 $\tan x$ 是无穷大量. 当 $x\to2$ 时,$\frac{1}{x-2}$ 是无穷大量.

由定义 1.8 和定义 1.9,容易得到无穷小与无穷大有如下关系:**在自变量的同一变化过程中,若 $f(x)$ 为无穷大,则 $\frac{1}{f(x)}$ 为无穷小;反之,若 $f(x)$ 为无穷小且 $f(x)\neq0$,则 $\frac{1}{f(x)}$ 为无穷大.**

二、极限性质和运算法则

1. 极限的性质

定理 1.1(唯一性定理) 如果函数 $f(x)$ 在某一变化过程中有极限,则其极限唯一.

定理 1.2 (有界性定理) 若函数 $f(x)$ 当 $x\to x_0$ 时极限存在,则必存在 x_0 的某一邻域,使得 $f(x)$ 在该邻域内有界.

定理 1.3(保号性) 若在 x_0 的左右近旁,恒有 $f(x)\geqslant0$(或 $f(x)\leqslant0$)且 $\lim\limits_{x\to x_0}f(x)=A$,则 $A\geqslant0$(或 $A\leqslant0$).

定理 1.4(夹逼准则) 如果对于 x_0 的某邻域内一切 x(x_0 可以除外),有 $h(x)\leqslant f(x)\leqslant g(x)$,且 $\lim\limits_{x\to x_0}h(x)=\lim\limits_{x\to x_0}g(x)=A$,则 $\lim\limits_{x\to x_0}f(x)=A$.

2. 极限的运算法则

定理 1.5 若 $\lim\limits_{x\to x_0}f(x)=A$, $\lim\limits_{x\to x_0}g(x)=B$,则

(1) $\lim\limits_{x\to x_0}[f(x)\pm g(x)]=\lim\limits_{x\to x_0}f(x)+\lim\limits_{x\to x_0}g(x)=A\pm B$

(2) $\lim\limits_{x\to x_0}[f(x)\cdot g(x)]=\lim\limits_{x\to x_0}f(x)\cdot\lim\limits_{x\to x_0}g(x)=A\cdot B$

(3) $\lim\limits_{x\to x_0}\dfrac{f(x)}{g(x)}=\dfrac{\lim\limits_{x\to x_0}f(x)}{\lim\limits_{x\to x_0}g(x)}=\dfrac{A}{B}\quad(B\neq 0)$

特别的,在(2)中若 $g(x)=C$,则有

$$\lim_{x\to x_0}[Cf(x)]=C\cdot\lim_{x\to x_0}f(x)=CA\quad(C\text{ 为常数}).$$

若 $g(x)=f(x)$,则有 $\lim\limits_{x\to x_0}[f(x)]^2=[\lim\limits_{x\to x_0}f(x)]^2$,一般的有

$$\lim_{x\to x_0}[f(x)]^n=[\lim_{x\to x_0}f(x)]^n.$$

以上结论对于自变量 x 的其他变化过程和多个函数情形仍然成立.

例 1 求 $\lim\limits_{x\to 2}(3x^2+8x-5)$.

解 $\lim\limits_{x\to 2}(3x^2+8x-5)=\lim\limits_{x\to 2}3x^2+\lim\limits_{x\to 2}8x-\lim\limits_{x\to 2}5=23$

例 2 求 $\lim\limits_{x\to 0}\dfrac{4x^2-3x+\sin x+1}{1+x}$.

解

$$\lim_{x\to 0}\frac{4x^2-3x+\sin x+1}{1+x}=\frac{\lim\limits_{x\to 0}(4x^2-3x+\sin x+1)}{\lim\limits_{x\to 0}(1+x)}$$

$$=\frac{4(\lim\limits_{x\to 0}x)^2-3(\lim\limits_{x\to 0}x)+\lim\limits_{x\to 0}\sin x+1}{1}$$

$$=1.$$

例 3 求 $\lim\limits_{x\to 2}\dfrac{x^2-3x+3}{x-2}$.

解 由于 $x\to 2$ 分母极限为零,不能直接使用商的极限运算法则.在分母为零的情况下,求极限的方法将取决于分子极限的状况.容易求得本题分子的极限为1.这时为便于理解,先考虑原来函数倒数的极限,即

$$\lim_{x\to 2}\frac{x-2}{x^2-3x+3}=\frac{\lim\limits_{x\to 2}(x-2)}{\lim\limits_{x\to 2}(x^2-3x+3)}=\frac{0}{4-6+3}=0$$

即 $\dfrac{x-2}{x^2-3x+3}$ 当 $x\to 2$ 时为无穷小.由无穷小与无穷大的倒数关系得到 $\lim\limits_{x\to 2}\dfrac{x^2-3x+3}{x-2}=\infty$.

例 4 求 $\lim\limits_{x\to 2}\dfrac{x^2-3x+2}{x-2}$.

解 当 $x\to 2$ 时分母的极限为零,不能使用商的极限运算法则.但仔细观察分子、分母,可

以分解因式为$(x-2)(x-1)$，这时分子分母的共同因子$(x-2)$消去了，原式变为$\lim\limits_{x\to 2}(x-1)=2-1=1$.

例 5 求$\lim\limits_{x\to\infty}\dfrac{2-x}{1+x+x^2}$.

解 当$x\to\infty$时，分子和分母都是无穷大，不能直接利用商的极限运算法则. 此时可将分子、分母同除以x的最高次幂x^2得到

$$\lim_{x\to\infty}\frac{2-x}{1+x+x^2}=\lim_{x\to\infty}\frac{\dfrac{2}{x^2}-\dfrac{1}{x}}{\dfrac{1}{x^2}+\dfrac{1}{x}+1}=0$$

一般的，对于有理函数（即两个多项式函数的商）的极限，有如下结论：

$$\lim_{x\to\infty}\frac{a_0x^n+a_1x^{n-1}+\cdots+a_{n-1}x+a_n}{b_0x^m+b_1x^{m-1}+\cdots+b_{m-1}x+b_m}=\begin{cases}\infty\text{，当 }m<n,\\ \dfrac{a_0}{b_0}\text{，当 }m=n,\\ 0\text{，当 }m>n.\end{cases}$$

三、两个重要极限

在求函数极限过程中，常遇到一些不定型的极限. 如遇到分子和分母在变化过程中同趋于∞（或0）的类型，称为$\dfrac{\infty}{\infty}$（或$\dfrac{0}{0}$）不定型，它的极限值依赖于分子及分母趋于∞（或0）的速度的快慢. 下面我们举两个不定型的极限，它们在微积分中是经典而又常用的.

1. $\lim\limits_{x\to 0}\dfrac{\sin x}{x}=1$

证明：这是属于$\dfrac{0}{0}$不定型. 因为$\dfrac{\sin(-x)}{-x}=\dfrac{\sin x}{x}$，所以只讨论$x$由正值趋于0的情形即可.

如图 1-7 所示，在单位圆中，设圆心角$\angle AOB=x\ (0<x<\dfrac{\pi}{2})$.

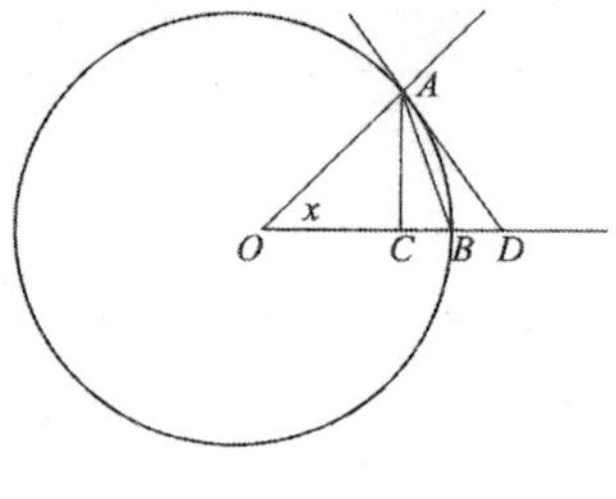

图 1-7

因为 $$S_{\Delta AOB}<S_{扇形AOB}<S_{\Delta AOD}$$

所以 $$\frac{1}{2}\times 1\times\sin x<\frac{1}{2}\times 1^2\times x<\frac{1}{2}\times 1\times\tan x$$

得 $$\cos x<\frac{\sin x}{x}<1$$

又因为 $$\lim_{x\to 0^+}\cos x=1,\ \lim_{x\to 0^+}1=1$$

由极限的夹逼定理可知 $$\lim_{x\to 0^+}\frac{\sin x}{x}=1$$

根据$\dfrac{\sin x}{x}$的对称性，得 $$\lim_{x\to 0}\frac{\sin x}{x}=1.$$

2. $\lim\limits_{x\to\infty}(1+\dfrac{1}{x})^x=e\ (e=2.718281828459045\cdots)$

这是属于1^∞未定型极限. 这个极限在工程、生物以及商业邻域被广泛应用. 表 1-4 给出该变量变化趋势.

函数$\left(1+\frac{1}{x}\right)^x$变化趋势　　表 1-4

x	10^3	10^4	10^5	10^6	…
$\left(1+\frac{1}{x}\right)^x$	1.1051	2.7181	2.718268	2.7182805	…

函数$\left(1+\frac{1}{x}\right)^x$当$x\to\infty$时的极限记为$e$，它是一个无理数.

例 6　求$\lim\limits_{x\to 0}\frac{\tan x}{x}$.

解　$\lim\limits_{x\to 0}\frac{\tan x}{x}=\lim\limits_{x\to 0}\frac{1}{x}\frac{\sin x}{\cos x}=\lim\limits_{x\to 0}\frac{1}{\cos x}\lim\limits_{x\to 0}\frac{\sin x}{x}=1$.

例 7　求$\lim\limits_{x\to 0}\frac{1-\cos x}{x^2}$.

解　$\lim\limits_{x\to 0}\frac{1-\cos x}{x^2}=\lim\limits_{x\to 0}\frac{2\sin^2\frac{x}{2}}{x^2}=\frac{1}{2}\lim\limits_{x\to 0}\left[\frac{\sin\frac{x}{2}}{\frac{x}{2}}\right]^2=\frac{1}{2}$.

例 8　求$\lim\limits_{x\to\infty}(1+\frac{2}{x})^x$.

解　$\lim\limits_{x\to\infty}(1+\frac{2}{x})^x=\lim\limits_{x\to\infty}\left[\left(1+\frac{1}{\frac{x}{2}}\right)^{\frac{x}{2}}\right]^2=e^2$.

例 9　证明$\lim\limits_{t\to 0}(1+t)^{\frac{1}{t}}=e$.

证明　$\lim\limits_{t\to 0}(1+t)^{\frac{1}{t}}\xlongequal{令x=\frac{1}{t}}\lim\limits_{x\to\infty}\left(1+\frac{1}{x}\right)^x=e$.

3. 无穷小的比较

我们已经知道，同样是无穷小，它们趋向零的速度不一样. 当$x\to 0$时我们来看一下无穷小量$x,2x,x^2$的变化状况，见表 1-5：

无穷小量$x,2x,x^2$的变化趋势　　表 1-5

x	1	0.1	0.05	0.01	0.001	0.0001	…
$2x$	2	0.2	0.1	0.02	0.002	0.0002	…
x^2	1	0.01	0.0025	0.0001	0.000001	0.00000001	…

显然当$x\to 0$时，x^2趋向零的速度较快. 如何来衡量各无穷小量趋近零的速度呢？我们引进如下定义.

定义 1.10　设α,β是在自变量同一变化过程中（设为$x\to x_0$）的无穷小，即$\lim\limits_{x\to x_0}\alpha=0,\lim\limits_{x\to x_0}\beta=0$.

(1) 如果$\lim\limits_{x\to x_0}\frac{\alpha}{\beta}=0$，则称$\alpha$是比$\beta$高阶无穷小，或称$\beta$是比$\alpha$低阶无穷小，记作$\alpha=0(\beta)$.

(2) 如果$\lim\limits_{x\to x_0}\frac{\alpha}{\beta}=c$（$c$为不等于零的常数），则称$\alpha$是$\beta$的同阶无穷小. 如果$c=1$，则称$\alpha$与$\beta$等价，记作$\alpha\sim\beta(x\to x_0)$.

如当$x\to 0$时，x^2是比x高阶无穷小，x比x^2低阶无穷小，$2x$与x是同阶无穷小. 我们知道，当 $x \to 0$ 时，x 与 $\sin x$，$\tan x$ 都是等价无穷小，即 $x \sim \sin x \sim \tan x(x \to 0)$. $1-\cos x$ 与 $\frac{x^2}{2}$ 当 $x \to 0$ 时也是等价无穷小，即 $1-\cos x \sim \frac{x^2}{2}(x \to 0)$.

关于等价无穷小有如下重要性质：

定理 1.6（等价无穷小替换性质） 设在某一变化过程中 $\alpha, \alpha', \beta, \beta'$ 是无穷小，且 $\alpha \sim \alpha'$，$\beta \sim \beta'$，且 $\lim \frac{\beta'}{\alpha'}$ 存在，则 $\lim \frac{\beta}{\alpha} = \lim \frac{\beta'}{\alpha'}$.（证明略）.

推论（等价无穷小传递性质） 若 $\alpha \sim \gamma$，$\gamma \sim \beta$，则 $\alpha \sim \beta$.

例 10 求 $\lim\limits_{x \to 0} \frac{\tan^2 5x}{x \sin 2x}$.

解 当 $x \to 0$ 时，$\tan 5x \sim 5x$，$\sin 2x \sim 2x$

于是有

$$\lim_{x \to 0} \frac{\tan^2 5x}{x \sin 2x} = \lim_{x \to 0} \frac{(5x)^2}{x \cdot 2x} = \frac{25}{2}.$$

例 11 求 $\lim\limits_{x \to 0} \frac{\sin x(1-\cos x)}{x^3}$.

解 当 $x \to 0$ 时，$x \sim \sin x$，$1-\cos x \sim \frac{x^2}{2}$

于是有

$$\lim_{x \to 0} \frac{\sin x(1-\cos x)}{x^3} = \lim_{x \to 0} \frac{x \cdot \frac{x^2}{2}}{x^3} = \frac{1}{2}.$$

练　习　1.2

1. 求下列各极限：

(1) $\lim\limits_{n \to +\infty} \frac{6n^2 - n + 1}{n^3 + n + 2}$；

(2) $\lim\limits_{n \to +\infty} \frac{4n^3 + 2}{3n^2 + 1}$；

(3) $\lim\limits_{n \to \infty} \left(\frac{3n-1}{3n+7}\right)^4$；

(4) $\lim\limits_{n \to \infty} (\sqrt{n+1} - \sqrt{n})$；

(5) $\lim\limits_{x \to -2} (3x^2 - 5x + 2)$；

(6) $\lim\limits_{x \to \infty} \frac{x^2 - 2}{4x^2 + x + 6}$；

(7) $\lim\limits_{x \to 1} \frac{x^2 - 1}{2x^2 - x - 1}$；

(8) $\lim\limits_{x \to 4} \frac{\sqrt{x} - 2}{x - 4}$；

(9) $\lim\limits_{x \to \infty} \frac{x^3 + x - 1}{x^4 + x^2 + 2x - 1}$；

(10) $\lim\limits_{x \to +\infty} \frac{x^5 + x + 1}{x^3 - x - 1}$.

2. 观察下列函数，哪些是无穷小？哪些是无穷大？

(1) $\frac{x+5}{x}$，当 $x \to 0$ 时；

(2) $\lg x$，当 $x \to 0^+$ 时；

(3) $x^2 \sin \frac{1}{x}$，当 $x \to 0$ 时；

(4) 2^{-x}，当 $x \to +\infty$ 时；

(5) $\frac{\cos^2 x}{x+1}$，当 $x\to+\infty$ 时；

(6) e^{x-3}，当 $x\to+\infty$ 时；

(7) $e^{\frac{1}{x}}$，当 $x\to0^+$ 时；

(8) $\frac{x^2-3x+1}{x-1}$，当 $x\to1^+$ 时.

3. 求下列极限：

(1) $\lim\limits_{x\to0}\frac{\sin2x}{x}$；

(2) $\lim\limits_{x\to\infty}x\sin\frac{1}{x}$；

(3) $\lim\limits_{x\to0}\frac{\sin3x}{\sin5x}$；

(4) $\lim\limits_{x\to\infty}\left(1+\frac{4}{x}\right)^x$；

(5) $\lim\limits_{x\to0}(1-x)^{\frac{1}{x}}$；

(6) $\lim\limits_{x\to\infty}\left(1+\frac{1}{x}\right)^{\frac{x}{2}}$；

(7) $\lim\limits_{x\to0}\frac{\tan4x}{x}$；

(8) $\lim\limits_{x\to0}\frac{\tan x-\sin x}{x^3}$.

4. 设 $f(x)=\begin{cases}x-1 & x<0\\ \frac{x^2+3x-1}{x^3+1} & x\geqslant0\end{cases}$，求 $\lim\limits_{x\to0^+}f(x)$，$\lim\limits_{x\to0^-}f(x)$，$\lim\limits_{x\to0}f(x)$.

第三节　函数的连续性

一、函数在点 x_0 处连续

1. 函数连续的定义

重新考虑上一节所给出的函数 $f(x)=\frac{x^2-1}{x-1}$ 的图像. 该函数的图像在 $x=1$ 处出现中断，因为在此处函数没有定义. 我们可以对 $x=1$ 处的函数 $f(x)=\frac{x^2-1}{x-1}$ 补充定义. 如补充定义令 $f(1)=1$，重新画图，则如图 1-8 所示.

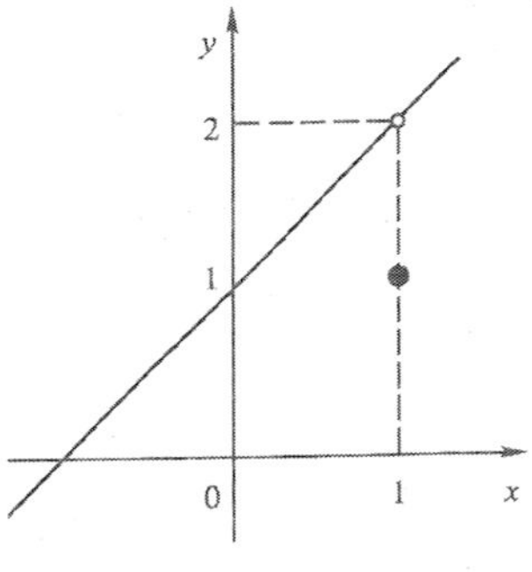

图　1-8

但是函数图像仍然是中断的，因为当 $x\to1(x\neq1)$ 时，函数 $f(x)=\frac{x^2-1}{x-1}$ 趋近于 2，而当 $x=1$ 时，$f(1)=1$. 为了使函数 $f(x)=\frac{x^2-1}{x-1}$ 在 $x=1$ 处的图像连续，我们需要补充定义，在 $x=1$ 处，令 $f(1)=2$，即需要满足条件 $\lim\limits_{x\to1}f(x)=f(1)$. 这就启发我们函数在某点处连续的定义.

定义 1.11　设函数 $f(x)$ 在点 x_0 及其邻域有定义，如果当 $x\to x_0$ 时，函数 $f(x)$ 的极限存在且等于 $f(x)$ 在点 x_0 处的函数值 $f(x_0)$，即 $\lim\limits_{x\to x_0}f(x)=f(x_0)$，则称 $f(x)$ 在 x_0 处连续.

即如果 $f(x)$ 在 x_0 处连续，有以下结论：

(1) $f(x)$ 在 x_0 处的极限值等于 $f(x)$ 在 x_0 处的函数值，即 $\lim\limits_{x\to x_0}f(x)=f(x_0)$；

(2)改写上式为$\lim\limits_{x\to x_0}(f(x)-f(x_0))=0$.

记$\Delta x=x-x_0$,称为自变量的改变量,相应函数改变量记为$\Delta y=f(x)-f(x_0)$,当在x_0处自变量改变量Δx趋于0时,相应的函数改变量Δy也趋于0,即$\lim\limits_{\Delta x\to 0}\Delta y=0$.

2. 函数在区间的连续性

定义1.12 如果函数$f(x)$在区间(a,b)上每一点都连续,则称$f(x)$在区间(a,b)内连续.如果此时还有$\lim\limits_{x\to a^+}f(x)=f(a)$,$\lim\limits_{x\to b^-}f(x)=f(b)$,则称$f(x)$在$[a,b]$上连续.

基本初等函数在其定义域内都是连续函数,初等函数在其定义域内也是连续的. 对连续函数$f(x)$,若$f(x_0)$有意义,则$\lim\limits_{x\to x_0}f(x)=f(x_0)$.

例1 $\lim\limits_{x\to\frac{\pi}{2}}\sin x=\sin\dfrac{\pi}{2}=1$.

例2 $\lim\limits_{x\to 0}\dfrac{e^{x^2}\cos x}{1+\tan x}=\dfrac{e^0\cos 0}{1+\tan 0}=1$.

例3 求$\lim\limits_{x\to 0}\dfrac{\ln(1+x)}{x}$.

解 因为$\lim\limits_{x\to 0}(1+x)^{\frac{1}{x}}=e$,而$y=\ln u$在$u=e$处连续,所以

$$\lim_{x\to 0}\frac{\ln(1+x)}{x}=\lim_{x\to 0}\ln(1+x)^{\frac{1}{x}}=\ln[\lim_{x\to 0}(1+x)^{\frac{1}{x}}]=\ln e=1$$

本例说明$\ln(1+x)$与x当$x\to 0$时也是等价无穷小,即$\ln(1+x)\sim x(x\to 0)$.

例4 函数$f(x)=\begin{cases}2x-1, & x\leqslant 0\\ x-1, & x>0\end{cases}$ 在点$x=0$处是否连续?

解 因为$\lim\limits_{x\to 0^-}(2x-1)=\lim\limits_{x\to 0^+}(x-1)=-1=f(0)$,所以函数在$x=0$处是连续的.

例5 函数$f(x)=\begin{cases}x+1, & x>1\\ x-1, & x\leqslant 1\end{cases}$ 在点$x=1$处是否连续?

解 因为$\lim\limits_{x\to 1}f(x)$不存在,所以函数在$x=1$处是不连续的(图1-9).

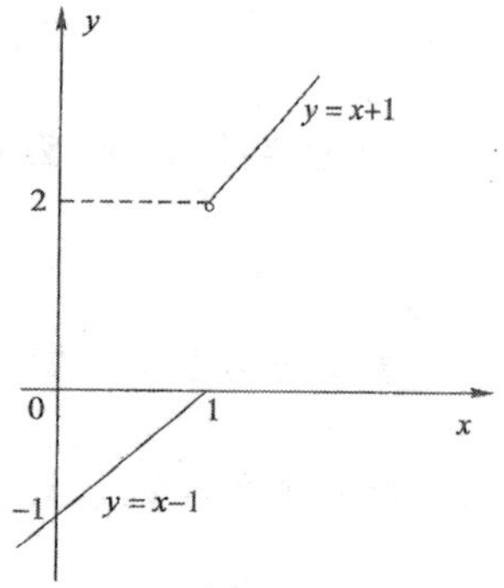

图 1-9

二、闭区间上连续函数的性质

定理1.7(最值定理) 若函数$f(x)$闭区间$[a,b]$上连续,则它在$[a,b]$上必存在最大值M和最小值m.

定理1.8(介值定理) 若函数$f(x)$闭区间$[a,b]$上连续,$f(a)\neq f(b)$,常数μ介于$f(a)$与$f(b)$之间.则至少存在一点$\xi\in(a,b)$,使得$f(\xi)=\mu$成立.

推论1 闭区间上连续的函数必能取得介于最大值M和最小值m之间的任何值.

推论2(零点定理) 若函数$f(x)$闭区间$[a,b]$上连续,且$f(a)$与$f(b)$异号,则至少存在一点$\xi\in(a,b)$,使得$f(\xi)=0$.

例6 证明方程$x^3-4x^2+1=0$在区间$(0,1)$内至少有一个根.

证明 因为函数$f(x)=x^3-4x^2+1$是初等函数,所以,在闭区间$[0,1]$上连续.且$f(0)=1>0$,$f(1)=-2<0$,由零点定理知,至少存在一点$\xi\in(0,1)$使得$f(\xi)=0$,即ξ是方程$x^3-4x^2+1=0$的一个根.

练 习 1.3

1. 求下列各极限:

(1) $\lim\limits_{x\to 2}\sqrt[3]{x}$;

(2) $\lim\limits_{x\to 1}\sin^2(x+1)$;

(3) $\lim\limits_{x\to 0}\dfrac{\ln(1+x^2)}{1+x^2}$;

(4) $\lim\limits_{x\to 0}\left[\dfrac{\lg(100+x)}{2^x}\right]^{\frac{1}{2}}$;

(5) $\lim\limits_{x\to 0}\dfrac{\sqrt{1+x}-1}{x}$;

(6) $\lim\limits_{x\to 4}\dfrac{\sqrt{5+x}-3}{\sqrt{x}-2}$.

2. 设 $f(x)=\begin{cases}\dfrac{\sin 2x}{x} & x<0\\ 3x^2-2x+k & x\geqslant 0\end{cases}$,问当 k 为何值时,函数 $f(x)$ 在其定义域内连续?为什么?

3. 证明方程 $2^x x-1=0$ 至少有一个小于 1 的正根.

第四节 利 息 函 数

利息是国家调节经济的重要工具,也是企业经营决策,财务管理必须考虑的一个重要因素.居民进行金融投资已把获取利息作为重要考虑因素.资金使用者为取得资金使用权而向资金所有者支付的货币报酬称为利息,以下用 I 表示.例如储蓄银行付给居民的存款利息,借款企业付给贷款银行的贷款利息.据以计算利息多少的本来资金称为本金,用 A 表示.在单位时间内,所得利息与本金之比的相对数称为利率,用 i 表示.本金和利息之和称为本利和,用 F 表示.利息计算方法有单利计算和复利计算.

一、单利计算

单利计算是指只在本金上计算利息的计算方式.

设本金为 A,计息期内的利率为 i,计息期数为 n,则 n 期本息和为

$$F_n=A+Ain=A(1+in).$$

利息为

$$I=Ain.$$

F_n 是 n 的一次函数,当 i 一定时,F_n 随着 n 的增大而增大.

二、复利计算

复利计算是指除本金计算利息外,所生利息也计算利息的计算方式.

n 期本利和为

$$F_n=A(1+i)^n(n=1,2,3,\cdots).$$

利息额为

$$I=A(1+i)^n-A.$$

F_n 是 n 的指数函数,当 i 一定时,F_n 随着 n 的增大而增大.

以上两种计算的区别如下:

第一,本利和 F_n 随着 n 的增大而增大的方式不同.

假设 $A=1$,则单利:$F_n=1+in$;复利:$F_n=(1+i)^n$.前者是 n 的线性函数,后者是 n 的指数函数,显然复利比单利所得利息多.

第二,第 n 期内的实际利率有区别.

在单利下,

$$i_n=\frac{F_n-F_{n-1}}{F_{n-1}}=\frac{(1+in)-[1+i(n-1)]}{1+i(n-1)}=\frac{i}{1+i(n-1)}.$$

可见,i_n 随 n 的增大而减小.

在复利下,

$$i_n=\frac{F_n-F_{n-1}}{F_{n-1}}=\frac{(1+i)^n-(1+i)^{n-1}}{(1+i)^{n-1}}=i.$$

第 n 期内的实际利率 i_n 随 n 的增大而保持不变.

三、名义利率

先看下面例子,表 1-6 是某年中国银行的整存整取年利率表.

某年中国银行存款利率表　　表 1-6

存期	3 个月	6 个月	一年	二年	三年	五年
年利率(%)	2.88	4.14	5.22	5.58	6.21	6.66

其中的年利率一行中,3 个月的为 2.88%,6 个月的为 4.14%,这个年利率不是实际利率,而仅仅是名义利率.我们把年利率 i 称为名义利率.如果一年内包括 m 个计息周期,那么每个时间周期的利息为 i/m,n 年相当于 $n\cdot m$ 个计息周期,n 年后的本利和为

$$F_n=A\left(1+\frac{i}{m}\right)^{m\cdot n}.$$

例 1　若利率依表 1-6,某人存入银行 1000 元,存期 3 个月,本利和及利息是多少?

解　由表 1-6,三个月名义年利率为 $i=0.0288$,

三个月的利率为 $0.0288\div12=0.0072$.

本利和 $F=1000(1+0.0072)=1007.2$(元).

利息 $I=1007.2-1000=7.2$(元).

四、连续复利

当名义利率 i 给定,计息周期 m 无限增大,即 $m\to\infty$,则每个计息期的时间长度趋于 0,此时利息累积的极限精确表述了利息每时每刻都在积累,累积的利息称为**连续复利**.用连续复利计算 n 年后的本利和是名义利率的指数函数,其计算公式如下:

$$F=\lim_{m\to\infty}A\left(1+\frac{i}{m}\right)^{mn}=A\lim_{m\to\infty}\left[\left(1+\frac{1}{\frac{m}{i}}\right)^{\frac{m}{i}}\right]^{in}=Ae^{in}$$

例 2　若银行贷款 100 万元,名义年利率为 8%.试用连续复利计算两年后应付的利息.

解　$F=Ae^{in}=100e^{0.08\times2}=117.351$(万元).

应付的利息为 $I=F-A=117.351-100=17.351$(万元).

练 习 1.4

1. 某人存入银行1000元，存期3年，根据表1-6提供的利率，分别用单利、复利、连续复利计算三年后本利和.

2. 以年利率8%的连续复利借出1000元，求两年后本利和. 设以年利率10%的连续复利借出一笔钱，若想在x年后本利和达到6000元，试给出描述开始时应借出多少本金的函数. 如果2年后，3年后，5年后和7年后本利和达到6000元，开始时应借出多少？

复习题一

一、填空题

1. 函数 $y=\ln\sin^2 x$ 的复合过程是__________.

2. $\lim\limits_{x\to 0}\dfrac{\sqrt{1+x^2}-1}{x}$_____.

3. $\lim\limits_{n\to\infty}\dfrac{2^n+5^n}{2^n-5^n-1}=$_____.

4. $\lim\limits_{x\to\infty}\left(x\sin\dfrac{\pi}{x}+\dfrac{\pi}{x}\sin x\right)=$_____.

5. 若 $\lim\limits_{x\to\infty}\left(1+\dfrac{5}{x}\right)^{-kx}=e^{-10}$，则 $k=$_____.

6. 当 $x\to$_____时，$y=2^{\frac{1}{x}}$ 为无穷小量，当 $x\to$_____时，$y=2^{\frac{1}{x}}$ 为无穷大量.

7. $f(x)=|x|$ 的定义域是_____，连续区间是_____.

8. 若$\lim\limits_{x\to x_0}f(x)=A$，则$f(x)$和$A$的关系是__________.

9. 设$f(x)=\begin{cases}x^2+2x-3 & x\leqslant 1\\ x & 1<x<2\\ 2x-2 & x\geqslant 2\end{cases}$，则$\lim\limits_{x\to 0}f(x)=$_____.

$\lim\limits_{x\to 1}f(x)=$_____，$\lim\limits_{x\to 2}f(x)=$_____，$\lim\limits_{x\to 4}f(x)=$_____.

10. 设$f(x)=\begin{cases}(1+2x)^{\frac{1}{x}}, & x\neq 0\\ a, & x=0\end{cases}$，在 $x=0$ 处连续，则 $a=$_____.

二、选择题

1. 下列函数中不是复合函数的是(　　).

(A) $y=\left(\dfrac{1}{3}\right)^x$；　　(B) $y=e^{1+x^2}$；

(C) $y=\ln\sqrt{1-x}$；　　(D) $y=\sin(2x+1)$.

2. 下列是初等函数的是(　　).

(A) $x=1$，x 是自变量；　　(B) $y=e^2+\sin\dfrac{\pi}{7}$；

(C) $y=\begin{cases}x, & x<0\\ x^2, & x>0\end{cases}$；　　(D) $y=\begin{cases}-1, & x<0,\\ 0, & x=0,\\ 1, & x>0.\end{cases}$

3. 已知$\lim\limits_{x\to\infty}\frac{ax+5}{x-1}=6$,则常数 $a=$(　　).

(A)1;　　(B) 5;

(C)6;　　(D) -1.

4. 下列极限式中(　　)是正确的.

(A) $\lim\limits_{n\to\infty}n\sin\frac{\pi}{n}=1$;　　(B) $\lim\limits_{x\to\infty}\frac{\sin x}{x}=1$;

(C) $\lim\limits_{x\to\infty}\frac{1-\cos x}{x}=1$;　　(D) $\lim\limits_{x\to\infty}x\arcsin\frac{1}{x}=1$.

5. 下列极限式中(　　)是正确的.

(A) $\lim\limits_{x\to 0}\frac{\sin x}{e^x-1}=1$;　　(B) $\lim\limits_{x\to 0^+}\frac{\sqrt{x}\sin x}{x}=1$;

(C) $\lim\limits_{x\to 0}\frac{\ln(1+x)}{\sin 2x}=1$;　　(D) $\lim\limits_{x\to 0}\frac{\arctan 2x}{\arcsin x}=1$.

6. 已知函数$f(x)$在 x_0 处连续,则有(　　)成立.

(A) $\lim\limits_{x\to x_0^+}f(x)=f(x_0)$与 $\lim\limits_{x\to x_0^-}f(x)=f(x_0)$中只有一个成立;

(B) $\lim\limits_{x\to x_0^+}f(x)=f(x_0)=\lim\limits_{x\to x_0^-}f(x)$;

(C) $\lim\limits_{x\to x_0}f(x)=A$ 但 $A\neq f(x_0)$;

(D) $\lim\limits_{x\to x_0^-}f(x)=f(x_0)$但 $\lim\limits_{x\to x_0^+}f(x)=\infty$.

7. 已知函数$f(x)$在 x_0 处连续,则(　　).

(A)$f(x)$在 x_0 处可能无定义;　　(B)$f(x_0+0)\neq f(x_0-0)$;

(C)$f(x_0-0)=f(x_0)$;　　(D)$\lim\limits_{x\to x_0}f(x)$与$f(x)$在 x_0 处的函数值无关.

8. 设$f(x)=\arcsin x$,则$\lim\limits_{x\to 1}f(x)=$(　　).

(A) 0;　　(B) $\frac{\pi}{2}$;

(C) π;　　(D) 不存在.

9. $\lim\limits_{x\to 0}(1-3x)^{\frac{1}{2x}}=$(　　).

(A) $e^{-\frac{3}{2}}$;　　(B) $e^{\frac{3}{2}}$;

(C) $e^{-\frac{2}{3}}$;　　(D) $e^{\frac{2}{3}}$.

10. 函数在点 x_0 处有极限是在该点连续的(　　).

(A)充分条件;　　(B) 必要条件;

(C)充要条件;　　(D) 无关条件.

三、计算题

1. 求下列极限:

(1) $\lim\limits_{x\to+\infty}\frac{\sqrt{4x^2-3}}{\sqrt[3]{27x^3+5}}$;　　(2) $\lim\limits_{x\to 0}\frac{2x+\sin x}{3x-\sin x}$;

(3) $\lim\limits_{x\to\infty}\left(\frac{x-3}{x+1}\right)^{x+2}$;　　(4) $\lim\limits_{n\to\infty}\left(\frac{1+2+\cdots+n}{n+2}-\frac{n}{2}\right)$;

(5) $\lim\limits_{x \to 0} \frac{2\arcsin x}{x}$;　　(6) $\lim\limits_{x \to 0^+} \frac{\sin ax}{\sqrt{1-\cos x}}$ $(a \neq 0)$.

2. 若 $f(x) = \begin{cases} e^{\frac{1}{x}} + 1, & x < 0 \\ 1, & x = 0 \\ 1 + x\sin\frac{1}{x} & x > 0, \end{cases}$

求:(1) $\lim\limits_{x \to 0} f(x)$;(2) $f(x)$ 在 $x = 0$ 处是否连续？为什么？

3. 定义 $f(0)$ 的值,使 $f(x) = \sin x \sin\frac{1}{x}$ 在 $x = 0$ 连续.

4. 求 $\lim\limits_{x \to a} \frac{\ln x - \ln a}{x - a}$ $(a > 0)$.

四、证明题

1. 证明方程 $e^x = 3x$ 至少存在一个小于 1 的正根.

2. 当 $x \to 0$ 时,证明 $\arctan x \sim x$.

第二章　导数与微分

导数和微分是微积分学中的重要概念.导数反映了函数相对于自变量变化而变化的快慢程度,即函数的变化率,它使得人们能够用数学工具描述事物变化的快慢及解决一系列与之相关的问题,所以在科学、工程技术及经济等各邻域有着极其广泛的应用.而微分则指明当自变量有微小改变时,函数大体上的变化.微分概念在理论和实际应用中发挥着重要的作用.这一章将引进导数与微分的概念,给出导数与微分的计算方法.

第一节　导数的概念

一、两个例子

1.变速直线运动的瞬时速度

若 s 表示一物体从某时刻 t_0 开始到时刻 t 作直线运动所经过的路程,则 s 是 t 的函数,记为 $s=s(t)$.下面研究物体在 $t=t_0$ 时的运动速度.

当时间由 t_0 改变到 $t_0+\Delta t$ 时,物体在 Δt 这段时间内所经过的距离为

$$\Delta s=s(t_0+\Delta t)-s(t_0)$$

物体在 Δt 时间内的平均速度为

$$\bar{v}=\frac{\Delta s}{\Delta t}=\frac{s(t_0+\Delta t)-s(t_0)}{\Delta t}$$

因物体作变速直线运动,它在任一时刻的速度随 t 的不同而不同.当 Δt 很小时,可用 $\bar{v}$ 近似地表示物体在时刻 t_0 的速度.Δt 越小,近似的程度越好.令 $\Delta t\to 0$,若极限 $\lim\limits_{\Delta t\to 0}\frac{\Delta s}{\Delta t}$ 存在,称此极限值为物体在时刻 t_0 的瞬时速度 $v(t_0)$,即

$$v(t_0)=\lim_{\Delta t\to 0}\frac{\Delta s}{\Delta t}=\lim_{\Delta t\to 0}\frac{s(t_0+\Delta t)-s(t_0)}{\Delta t}.$$

2.切线斜率问题

曲线 $y=f(x)$ 的图形如图 2-1 所示:

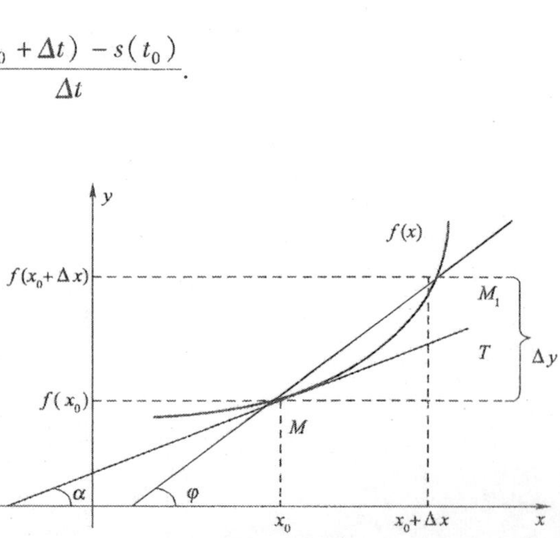

图　2-1

点 $M(x_0,y_0)$ 为曲线上的一点,在曲线上另取一动点 $M_1(x_0+\Delta x,y_0+\Delta y)$,作割线 MM_1,与 x 轴正方向交角为 φ,则由图 2-1 可知,割线 MM_1 的斜率为

$$\tan\varphi=\frac{\Delta y}{\Delta x}=\frac{f(x_0+\Delta x)-f(x_0)}{\Delta x}$$

当 $\Delta x\to 0$ 时,动点 M_1 就沿着曲线趋向定点 M,这时,割线的倾角 φ 就趋向于切线 MT 的倾角 α(切线与 x 轴正方向的夹角).因此,当 $\Delta x\to$

0 时，若$\lim\limits_{\Delta x\to 0}\frac{\Delta y}{\Delta x}$存在，则称该极限值为曲线 $y=f(x)$ 在 $x=x_0$ 点的切线的斜率.

即
$$\tan\alpha=\lim_{\Delta x\to 0}\frac{\Delta y}{\Delta x}=\lim_{\Delta x\to 0}\frac{f(x_0+\Delta x)-f(x_0)}{\Delta x}$$

上述两个实例具体含义虽然不同，但都可以归结为计算函数改变量与自变量改变量之比在自变量改变量趋向于 0 时的极限. 这种特殊的极限叫做函数的导数.

二、导数的定义

定义 2.1 设函数 $y=f(x)$ 在点 x_0 的某个邻域内有定义，当自变量在点 x_0 处取得改变量 $\Delta x(\neq 0)$ 时，函数 $f(x)$ 取得相应改变量 $\Delta y=f(x_0+\Delta x)-f(x_0)$，若 $\Delta x\to 0$ 时，$\frac{\Delta y}{\Delta x}$的极限存在，即
$$\lim_{\Delta x\to 0}\frac{\Delta y}{\Delta x}=\lim_{\Delta x\to 0}\frac{f(x_0+\Delta x)-f(x_0)}{\Delta x}$$
存在，则称此极限值为函数 $f(x)$ 在点 x_0 处的导数（或微商），并称函数 $f(x)$ 在点 x_0 处可导，记作
$$f'(x_0)\ 或\ y'\big|_{x=x_0}，或\ \frac{\mathrm{d}f}{\mathrm{d}x}\bigg|_{x=x_0}，或\ \frac{\mathrm{d}y}{\mathrm{d}x}\bigg|_{x=x_0}$$

由该定义可看出，$\frac{\Delta y}{\Delta x}=\frac{f(x_0+\Delta x)-f(x_0)}{\Delta x}$反映的是自变量 x 从 x_0 改变到 $x_0+\Delta x$ 时，函数 $f(x)$ 的平均变化速度，称为函数的平均变化率，而函数 $f'(x_0)=\lim\limits_{\Delta x\to 0}\frac{\Delta y}{\Delta x}$反映的是函数在点 x_0 处变化速度，称为函数在点 x_0 处变化率.

引入导数概念之后，前述的例子中，物体作变速直线运动，其路程关于时间的函数 $S=S(t)$ 在 $t=t_0$ 处的导数物理意义就是运动物体在时刻 t_0 的瞬时速度. **曲线 $y=f(x)$ 在点 $x=x_0$ 处导数的几何意义就是该曲线过点 $(x_0,f(x_0))$ 处的切线斜率.** 曲线 $f(x)$ 在点 $(x_0,f(x_0))$ 处的切线方程为
$$y-f(x_0)=f'(x_0)(x-x_0)$$

例 1 求函数 $y=x^2$ 在点 x_0 处的导数，并求过点 $(2,4)$ 的切线方程.

解 当 x 由 x_0 改变到 $x_0+\Delta x$ 时，函数改变量为
$$\Delta y=(x_0+\Delta x)^2-x_0^2=2x_0\Delta x+\Delta x^2$$

因此
$$\frac{\Delta y}{\Delta x}=2x_0+\Delta x$$

所以
$$f'(x_0)=\lim_{\Delta x\to 0}\frac{\Delta y}{\Delta x}=\lim_{\Delta x\to 0}(2x_0+\Delta x)=2x_0$$

由于
$$f'(2)=2\times 2=4$$

所以曲线 $y=x^2$ 过点 $(2,4)$ 的切线的斜率为 4，其方程为 $y-4x+4=0$.

定义 2.2 若函数 $f(x)$ 在开区间 (a,b) 内每一点都可导，则称函数 $f(x)$ **在开区间 (a,b) 内可导**. 此时，对于区间 (a,b) 内每一点都有一个导数值与之对应，这就确定了一个新的函数，称为函数 $f(x)$ 的**导函数**（简称导数），记作
$$f'(x)，或\ y'(x)，或\ y'；或\ \frac{\mathrm{d}f}{\mathrm{d}x}；或\ \frac{\mathrm{d}y}{\mathrm{d}x}.$$

显然,函数 $y=f(x)$ 在点 x_0 处的导数 $f'(x_0)$ 就是导函数 $f'(x)$ 在点 x_0 处的函数值,即

$$f'(x_0)=f'(x)\big|_{x=x_0}$$

在不发生混淆的情况下,导函数也简称为导数.

例1中函数 $y=x^2$ 在 $(-\infty,\infty)$ 内每一点处都可导,其导函数为 $y=2x$,或称函数 $y=x^2$ 的导数为 $y=2x$.

求导数的方法可概括为以下三步.为了方便,上述 x_0 就写为 x.

(1)求函数改变量 $$\Delta y=f(x+\Delta x)-f(x);$$

(2)作比值 $$\frac{\Delta y}{\Delta x}=\frac{f(x+\Delta x)-f(x)}{\Delta x};$$

(3)求当 $\Delta x\to 0$ 时,$\frac{\Delta y}{\Delta x}$ 的极限,

即 $$y'=f'(x)=\lim_{\Delta x\to 0}\frac{\Delta y}{\Delta x}=\lim_{\Delta x\to 0}\frac{f(x+\Delta x)-f(x)}{\Delta x}$$

例2 求函数 $y=\frac{1}{x}$ 的导数.

解 (1)$\Delta y=\frac{1}{x+\Delta x}-\frac{1}{x}=-\frac{\Delta x}{x(x+\Delta x)}$;

(2)$\frac{\Delta y}{\Delta x}=-\frac{1}{x(x+\Delta x)}$;

(3)$y'=\lim\limits_{\Delta x\to 0}\frac{\Delta y}{\Delta x}=\lim\limits_{\Delta x\to 0}\left[-\frac{1}{x(x+\Delta x)}\right]=-\frac{1}{x^2}$.

例3 求函数 $y=\sqrt{x}$ 的导数.

解 (1)$\Delta y=\sqrt{x+\Delta x}-\sqrt{x}$;

(2)$\frac{\Delta y}{\Delta x}=\frac{\sqrt{x+\Delta x}-\sqrt{x}}{\Delta x}$;

(3)$y'=\lim\limits_{\Delta x\to 0}\frac{\Delta y}{\Delta x}=\lim\limits_{\Delta x\to 0}\frac{(\sqrt{x+\Delta x}-\sqrt{x})(\sqrt{x+\Delta x}+\sqrt{x})}{\Delta x(\sqrt{x+\Delta x}+\sqrt{x})}=\frac{1}{2\sqrt{x}}$.

例4 求函数 $y=\sin x$,$x\in(-\infty,+\infty)$ 的导数.

解 (1)$\Delta y=\sin(x+\Delta x)-\sin x=2\cos\left(x+\frac{\Delta x}{2}\right)\sin\frac{\Delta x}{2}$;

(2)$\frac{\Delta y}{\Delta x}=\frac{2\cos\left(x+\frac{\Delta x}{2}\right)\sin\frac{\Delta x}{2}}{\Delta x}$;

(3)$$y'=\lim_{\Delta x\to 0}\frac{\Delta y}{\Delta x}=\lim_{\Delta x\to 0}\cos\left(x+\frac{\Delta x}{2}\right)\cdot\frac{\sin\frac{\Delta x}{2}}{\frac{\Delta x}{2}}$$

$$=\lim_{\Delta x\to 0}\cos\left(x+\frac{\Delta x}{2}\right)\cdot\lim_{\Delta x\to 0}\frac{\sin\frac{\Delta x}{2}}{\frac{\Delta x}{2}}=\cos x$$

即 $$(\sin x)'=\cos x.$$

同理可得 $$(\cos x)'=-\sin x.$$

例 5 求对数函数 $y=\ln x$ 的导数.

解 (1) $\Delta y=\ln(x+\Delta x)-\ln x=\ln\dfrac{x+\Delta x}{x}$;

(2) $\dfrac{\Delta y}{\Delta x}=\dfrac{\ln\left(1+\dfrac{\Delta x}{x}\right)}{\Delta x}$;

(3) $y'=\lim\limits_{\Delta x\to 0}\dfrac{\Delta y}{\Delta x}=\lim\limits_{\Delta x\to 0}\dfrac{\ln\left(1+\dfrac{\Delta x}{x}\right)}{\Delta x}=\lim\limits_{\Delta x\to 0}\dfrac{\dfrac{\Delta x}{x}}{\Delta x}=\dfrac{1}{x}$.

即
$$(\ln x)'=\frac{1}{x}.$$

类似的
$$(\log_a x)'=\frac{1}{x\ln a}(a>0,a\neq 1).$$

定义 2.3 设函数 $y=f(x)$ 在 x_0 的某邻域内有定义,若 $\lim\limits_{\Delta x\to 0^-}\dfrac{f(x_0+\Delta x)-f(x_0)}{\Delta x}$ 存在,则称为 $f(x)$ 在点 x_0 处的**左导数**,记作 $f'_-(x_0)$;若 $\lim\limits_{\Delta x\to 0^+}\dfrac{f(x_0+\Delta x)-f(x_0)}{\Delta x}$ 存在,则称之为 $f(x)$ 在点 x_0 处的**右导数**,记作 $f'_+(x_0)$.

由导数定义 2.1 知,**函数在 x_0 点可导当且仅当函数在 x_0 点左、右导数都存在且相等.** 即
$$f'(x_0)=A\Leftrightarrow f'_-(x_0)=f'_+(x_0)=A.$$

若函数 $f(x)$ 在开区间 (a,b) 内可导,且在区间的左端点 a 处存在右导数 $f'_+(a)$,在区间的右端点 b 处存在左导数 $f'_-(b)$,则称 $f(x)$ **在闭区间 $[a,b]$ 上可导**.

例 6 判断函数 $y=|x|=\begin{cases}x & x\geqslant 0\\ -x & x<0\end{cases}$ 在点 $x=0$ 处的可导性.

解 $f'_-(0)=\lim\limits_{\Delta x\to 0^-}\dfrac{\Delta y}{\Delta x}=\lim\limits_{\Delta x\to 0^-}\dfrac{|\Delta x|}{\Delta x}=\lim\limits_{\Delta x\to 0^-}\dfrac{-\Delta x}{\Delta x}=-1$

$f'_+(0)=\lim\limits_{\Delta x\to 0^+}\dfrac{\Delta y}{\Delta x}=\lim\limits_{\Delta x\to 0^+}\dfrac{|\Delta x|}{\Delta x}=\lim\limits_{\Delta x\to 0^+}\dfrac{\Delta x}{\Delta x}=1$

所以 $y=|x|$ 在点 $x=0$ 处不可导(见图 1-5). 该例子表明,**在某点连续的函数,在该点未必可导. 但可以证明,函数在某点可导,则函数必在该点连续.**

练 习 2.1

1. 求下列函数在指定点的导数:

(1) $y=\cos x, x=\dfrac{\pi}{2}$; (2) $y=\ln x, x=5$.

2. 求下列函数的导数:

(1) $y=\log_3 x$; (2) $y=\sqrt[3]{x^2}$;

(3) $y=\dfrac{1}{x^2}$; (4) $y=x^{-\frac{3}{2}}$.

3. 试求曲线 $y=\sin x$ 过点$\left(\dfrac{\pi}{6},\dfrac{1}{2}\right)$处的切线方程.

4. 试求曲线 $y=\dfrac{1}{x}$ 在点(1,1)处的切线方程和法线方程.

5. 问 a、b 取何值时，才能使函数 $f(x)=\begin{cases} x^2 & x\leqslant x_0 \\ ax+b & x>x_0 \end{cases}$ 在 $x=x_0$ 处连续且可导？

第二节　求导法则

一、函数的和、差、积、商的求导法则

函数的和、差、积、商的求导法则，证明略.

定理 2.1　设函数 $u(x)$ 与 $v(x)$ 在点 x 处均可导，则它们的和、差、积、商（当分母不为零）在点 x 处也可导，且有以下法则：

(1) $[C_1u(x)\pm C_2v(x)]'=C_1u'(x)\pm C_2v'(x)$，其中 C_1,C_2 为任意常数；

(2) $[u(x)v(x)]'=u'(x)v(x)+u(x)v'(x)$；

(3) $\left[\frac{u(x)}{v(x)}\right]'=\frac{u'(x)v(x)-u(x)v'(x)}{[v(x)]^2}$.

特别地，如果 $u(x)=1$，则可得公式

$$\left[\frac{1}{v(x)}\right]'=\frac{-v'(x)}{[v(x)]^2}\ (v(x)\neq 0).$$

注意：法则(1)、(2)均可推广到有限多个导函数的情形.

例如，设 $u=u(x),v=v(x),w=w(x)$ 在点 x 处均可导，则

$$[C_1u(x)\pm C_2v(x)\pm C_3w(x)]'=C_1u'(x)\pm C_2v'(x)\pm C_3w'(x)$$

$$[uvw]'=u'vw+uv'w+uvw'.$$

例 1　设 $y=2x^5-\frac{1}{x}+\sin x$，求 y'.

解　$y'=\left(2x^5-\frac{1}{x}+\sin x\right)'=(2x^5)'-(\frac{1}{x})'+(\sin x)'=10x^4+\frac{1}{x^2}+\cos x.$

例 2　设 $y=\tan x$，求 y'.

解　$y'=(\tan x)=\left(\frac{\sin x}{\cos x}\right)'=\frac{(\sin x)'\cos x-\sin x(\cos x)'}{\cos^2 x}.$

$$=\frac{\cos^2 x+\sin^2 x}{\cos^2 x}=\frac{1}{\cos^2 x}=\sec^2 x$$

即　$(\tan x)'=\sec^2 x.$

类似可得　$(\cot x)'=-\csc^2 x.$

例 3　求 $y=\sec x$ 的导数.

解　$y'=(\sec x)'=\left(\frac{1}{\cos x}\right)'=\frac{0-(-\sin x)}{\cos^2 x}=\frac{1}{\cos x}\cdot\tan x=\sec x\tan x_1$

即　$(\sec x)'=\sec x\cdot\tan x.$

类似可得　$(\csc x)'=-\csc x\cdot\cot x.$

二、复合函数求导法则

定理 2.2　若 $u=\varphi(x)$ 在点 x 处可导，$y=f(u)$ 在对应点 u 处可导，则复合函数 $y=f$

$[\varphi(x)]$在点 x 处可导，且有 $f'_x[\varphi(x)]=f'(u)\cdot\varphi'(x)$ 或写为 $y'_x=y'_u\cdot u'_x$，即复合函数 $y=f[\varphi(x)]$ 对自变量 x 的导数，等于 y 对中间变量 u 的导数乘以中间变量 u 对自变量 x 的导数.

例 4 求 $y=\sin(2x+5)$ 的导数.

解 设 $y=\sin u, u=2x+5$，则有

$$y'_x=y'_u\cdot u'_x=(\sin u)'_u\cdot(2x+5)'_x=\cos u\cdot 2=2\cos(2x+5).$$

例 5 求 $y=(3x-1)^9$ 的导数.

解 设 $y=u^9, u=3x-1$，则有

$$y'_x=y'_u\cdot u'_x=(u^9)'_u\cdot(3x-1)'_x=9u^8\cdot 3=27(3x-1)^8.$$

例 6 求 $y=\cos 5x$ 的导数.

解 $y'_x=(\cos 5x)'_x=-\sin 5x\cdot(5x)'_x=-5\sin 5x.$

例 7 求 $y=\ln(1+x^2)$ 的导数.

解 $y'_x=[\ln(1+x^2)]'_x=\dfrac{1}{1+x^2}\cdot(1+x^2)'=\dfrac{2x}{1+x^2}.$

复合函数求导法则可以推广到有限次复合.

设 $y=f(u), u=\varphi(v), v=\psi(x)$，

则复合函数 $y=f\{\varphi[\psi(x)]\}$ 对 x 的导数是

$$y'_x=y'_u\cdot u'_v\cdot v'_x.$$

以上复合函数求导公式又称为链式法则，可以推广到更多层的复合函数.

三、隐函数求导

如果函数 $y=f(x)$ 的表示形式是一个解析表达式，如 $y=\sqrt{1+x^2}$，$y=\tan(1+x^2)$ 等，则用这种方法表示的函数称为显函数. 有时变量 x, y 之间的函数关系是由二元方程 $F(x,y)=0$ 给出的，称为隐函数. 如 $\dfrac{x^2}{a^2}+\dfrac{y^2}{b^2}=1$，$e^y+xy=0$，$x^2+y^2=1$ 等都是隐函数.

对隐函数求导时，只要把 y 看成是 x 的函数关系，利用复合函数求导法. 将方程 $F(x,y)=0$ 的两边分别对 x 求导函数，然后解出 y'_x 即得隐函数的导数.

例 8 求由方程 $x^2+y^2=4$ 所确定的隐函数的导数 y'_x.

解 将方程两边对 x 求导得

$$2x+2y\cdot y'_x=0$$

得

$$y'_x=-\frac{x}{y}.$$

利用该结果，即可求出过圆 $x^2+y^2=4$ 上一点 $(1,\sqrt{3})$ 处的切线方程为

$$y-\sqrt{3}=-\frac{1}{\sqrt{3}}(x-1)\text{，即 } y=-\frac{\sqrt{3}}{3}(x-4).$$

例 9 求由方程 $\ln y=x$ 所确定的隐函数的导数 y'_x.

解 将方程两边对 x 求导得

$$\frac{1}{y}\cdot y'_x=1$$

得

$$y'_x=y.$$

由方程 $\ln y=x$ 确定的 y 是 x 的函数，可表示为 $y=e^x$，因此 $(e^x)'=e^x$.

类似地可求得$(a^x)'=a^x\ln a\ (a>0,a\neq1)$.

四、导数基本公式及高阶导数

为了便于记忆和使用,将前面求出的基本初等函数的导数公式列出来.

1. $(C)'=0$ (C 为任意常数);

2. $(x^\alpha)'=\alpha\cdot x^{\alpha-1}$($\alpha$ 为任意实数);

3. $(a^x)'=a^x\cdot\ln a\quad(a>0$ 且 $a\neq1)$,$(e^x)'=e^x$;

4. $(\log_a x)'=\dfrac{1}{x\ln a}$,$(\ln x)'=\dfrac{1}{x}$;

5. $(\sin x)'=\cos x$,$(\cos x)'=-\sin x$;

$(\tan x)'=\sec^2 x$,$(\cot x)'=-\csc^2 x$;

$(\sec x)'=\sec x\cdot\tan x$,$(\csc x)'=-\csc x\cdot\cot x$;

6. $(\arcsin x)'=\dfrac{1}{\sqrt{1-x^2}}\qquad(-1<x<1)$;

$(\arccos x)'=-\dfrac{1}{\sqrt{1-x^2}}\qquad(-1<x<1)$;

$(\arctan x)'=\dfrac{1}{1+x^2}$,$(\text{arccot}\,x)'=-\dfrac{1}{1+x^2}$.

有了以上这些基本函数求导公式,再利用各种求导法则,便可方便地求出任何函数的导数.

若$f'(x)$在点x处可导,则称$f'(x)$的导数为原来函数$y=f(x)$的二阶导数,记作

$$y''_x,\text{或 } f''(x),\text{或 } \frac{d^2y}{dx^2}$$

类似地,若$f''(x)$在点x处可导,则称$f''(x)$的导数为原来函数$y=f(x)$的三阶导数,记作

$$y'''_x,\text{或 } f'''(x),\text{或 } \frac{d^3y}{dx^3}.$$

按上述方法我们可以定义n阶导数.通常称二阶以上的导数为高阶导数,其中n阶导数记为$f^{(n)}(x)$,或$\dfrac{d^ny}{dx^n}$或$y^{(n)}$ $(n\geqslant4)$.

例 10 求$y=x^3$的四阶导数.

解

$$y'=(x^3)'=3x^2,$$
$$y''=(y')'=(3x^2)'=6x,$$
$$y'''=(y'')'=(6x)'=6,$$
$$y^{(4)}=(y''')'=(6)'=0.$$

例 11 求$y=e^x$的n阶导数.

解 因为$(e^x)'=e^x$,所以$y^{(n)}=e^x$.

例 12 求$y=\sin x$的n阶导数.

解

$$y'=(\sin x)'=\cos x=\sin\left(x+\frac{\pi}{2}\right),$$

$$y''=(\cos x)'=-\sin x=\sin\left(x+\frac{2\pi}{2}\right),$$

$$y''' = (-\sin x)' = -\cos x = \sin\left(x + \frac{3\pi}{2}\right),$$

……

$$y^{(n)} = (\sin x)^{(n)} = \sin\left(x + \frac{n\pi}{2}\right).$$

练 习 2.2

1. 求下列函数在指定点的导数：

(1) $y=(2x-3)^2, x=2$；　(2) $y=\cos(2x-1), x=0$.

2. 求下列函数的导数：

(1) $y=x^3+2\sin 2x$；　(2) $y=e^{2x}+\ln x$；

(3) $y=\dfrac{1+\sin t}{1+\cos t}$；　(4) $y=\sqrt{1+\ln x}$；

(5) $y=\left(x-\sqrt{x}\right)^2$；　(6) $y=2\sin(3x+6)$.

3. 求出下列方程所确定的隐函数的导数$\dfrac{dy}{dx}$：

(1) $x\cos y=\sin(2x+y)$；　(2) $y^2=xe^y-x^2$.

4. 求椭圆$\dfrac{x^2}{4}+\dfrac{y^2}{2}=1$ 在点 $M(\sqrt{2},1)$处的切线方程.

5. 求：

(1) $y=\cos x$ 的 n 阶导数；

(2) $y=x\cos x$ 的二阶导数.

6. 求曲线 $y=(1+x)\ln x$ 在点$(1,0)$处的切线方程与法线方程.

第三节　经济中常见的导函数

在经济学中，若函数 $y=f(x)$可导，则导函数$f'(x)$称为边际函数，$f'(x_0)$称为$f(x)$在 x_0 处的边际函数值.

比值$\dfrac{\Delta y}{\Delta x}=\dfrac{f(x_0+\Delta x)-f(x_0)}{\Delta x}$表示$f(x)$在点 x_0 附近 Δx 范围内的平均变化速度. 当 $\Delta x\to 0$ 时，该比值的极限$f'(x_0)$若存在，则它表示$f(x)$在点 x_0 处的(瞬时)变化速度. 在经济学中，$\dfrac{\Delta y}{\Delta x}$表示一种经济量 y 相对于另一种经济量 x 的平均变化速度. 然而，实际意义中，经济量 y 往往取正整数，例如研究以某产量为自变量的成本函数，其中产品的产量可能是灯泡数量、电视机台数、小麦的数量(以斤为单位)等. 这时"$\Delta x\to 0$"的意义只能理解为经济量 x 在 x_0 附近改变了"一个单位". 当 x 改变的"单位"很小时，或 x 的"一个单位"与 x_0 值相对来比很小时，则有

$$\Delta y\Big|_{\substack{x=x_0\\ \Delta x=1}}=\frac{\Delta y}{\Delta x}\Big|_{\substack{x=x_0\\ \Delta x=1}}\approx f'(x_0).$$

(当 $\Delta x=-1$ 时，意味着 x 由 x_0 减小一个单位，这时也有类似的结果).

上式说明了边际函数$f'(x)$的含义，即在 $x=x_0$ 点处，当 x 产生一个单位的改变时，y 近似

改变 $f'(x_0)$ 个单位. 在经济学中,解释边际函数值的具体意义时,往往增加了相应实际意义而略去"近似"二字. 例如某产品成本函数 $C=C(Q)$(C 为总成本,Q 为产量),其边际成本 $C'(Q_0)$ 表示当产量达到 Q_0 时,再多生产一个单位产品所增加的成本.

例1 已知某工厂生产某种商品的固定成本为 $C_1=1000$(元),可变成本为 $C_2(Q)=\dfrac{Q^2}{4}$(Q 表示商品件数),最大生产能力为 100 件. 求该厂生产 50 件商品时的总成本 C、平均成本 $\overline{C}$ 及边际成本 C'.

解 由题意可知总成本函数

$$C=C(Q)=C_1+C_2(Q)=1000+\frac{Q^2}{4},Q\in[0,100]$$

当 $Q=50$ 时,总成本为

$$C(50)=\left(1000+\frac{Q^2}{4}\right)\bigg|_{Q=50}=1625.\ (元)$$

平均成本为

$$\overline{C}(50)=\frac{C(Q)}{Q}\bigg|_{Q=50}=\left(\frac{1000}{Q}+\frac{Q}{4}\right)\bigg|_{Q=50}=32.5\ (元)$$

边际成本为

$$C'(50)=\left(1000+\frac{Q^2}{4}\right)'\bigg|_{Q=50}=\frac{Q}{2}\bigg|_{Q=50}=25\ (元)$$

边际成本 $C'(50)=25$(元)表示该厂生产到第 50 件商品时再多生产一件商品,总成本仅需增加 25 元,要比平均成本小.

对于收益函数、利润函数、供给函数等的边际函数值的实际意义我们都可类似地解释. 边际收益函数值可解释为对应一定商品量的生产,再多生产一件时,企业收益的增加量. 边际利润函数值可解释为对应一定商品量的生产,再多生产一件时,企业利润的增加量. 对于供给函数 $Q=S(P)$ 的边际函数值类似可解释为:对应于一定价格当价格变动一个单位时,该商品供给量所增加(或减少)的数量值.

例2 设生产某种产品的固定成本为 2000 元,变动成本为每件 20 元,价格函数为 $P=50-\dfrac{x^2}{500}$(x 为销售量),试求边际利润函数,并求 $x=500$ 时边际利润,说明其意义.

解 总成本函数为 $C(x)=2000+20x$

总收益函数为 $R(x)=P\cdot x=\left(50-\dfrac{x}{500}\right)x=50x-\dfrac{x^2}{500}$

总利润函数为 $L(x)=R(x)-C(x)=50x-\dfrac{x^2}{500}-(2000+20x)$

$$=-\frac{x^2}{500}+30x-2000$$

边际利润函数为 $L'(x)=-\dfrac{x}{250}+30$

在 $x=500$ 时边际利润函数为 $L'(x)\big|_{x=500}=-\dfrac{500}{250}+30=28$(元),其实际意义是当销售量为 500 时,若再销售一件产品,所增加的利润为 28 元.

练 习 2.3

1. 已知某商品的利润函数为 $L(Q) = -60 + 16Q - \frac{Q^2}{4}$，试求 $Q=20$ 时的总利润、平均利润及边际利润(单位:元).

2. **(销售分析)** 某公司从过去的统计数字中推知，t 个月的总销售量(以百万美元为单位)的函数关系式为 $S(t) = 0.03t^3 + 0.5t^2 + 2t + 3$. 求:

(1) $S'(t)$;

(2) $S(5)$ 和 $S'(5)$(精确到小数点后两位);

(3) 写明上述计算结果的实际意义.

3. **(广告效应分析)** 利用过去数据分析，某船舶制造公司销售的船只数 N 与所做的广告费用 x(以千美元为单位)函数关系为 $N(x) = 1000 - \frac{3780}{x}$ $(5 \leqslant x \leqslant 30)$,

求:(1) $N'(x)$;

(2) $N'(10)$ 和 $N'(20)$，并简要写出它们的实际意义.

4. **(成本分析)** 某公司对外销售一种电视产品，其成本函数为 $C(x) = 1000 + 200x - 0.1x^2$，其中 x 为可销售的电视机台数，$C(x)$ 为对应的成本(以美元计)，试求:

(1) 该公司销售第 101 台电视机的精确成本;

(2) 利用边际成本概念近似计算销售第 101 台电视机的成本.

5. **(收益分析)** 某家电商店销售某型号冰箱，其价格 P(元)与销售量 x(台)的关系式(即需求函数)为 $P(x) = 1000e^{-0.02x}$，试求当销售量 $x = 100$ 时，再多销售一台此型号冰箱时，该商店收益增加多少?

第四节 微 分

一、微分的概念

先看一个具体例子. 给定函数 $y = x^2$，当 x 取得改变量 Δx 时，相应的因变量的改变量为

$$\Delta y = (x + \Delta x)^2 - x^2 = 2x\Delta x + (\Delta x)^2$$

式中，$2x\Delta x$ 是 Δx 的线性函数，而 $(\Delta x)^2$，当 $\Delta x \to 0$ 时，有 $\lim\limits_{\Delta x \to 0}(\Delta x)^2 = 0$ 和 $\lim\limits_{\Delta x \to 0}\frac{(\Delta x)^2}{\Delta x} = 0$. 后者的这一性质也称为当 $\Delta x \to 0$ 时，$(\Delta x)^2$ 是 Δx 高阶无穷小，记作 $O(\Delta x)$. 当 Δx 很小时，$2x\Delta x$ 虽然也很小，但 $(\Delta x)^2$ 是高阶无穷小，在求 Δy 时仍可忽略不计，故有 $\Delta y \approx 2x\Delta x$. 这时，我们把 $2x\Delta x$ 叫做函数 $y = x^2$ 的微分，记作 $\mathrm{d}y = 2x\Delta x$.

定义 2.4 若对于自变量在 x 处的改变量 Δx，函数 $y = f(x)$ 相应的改变量 $\Delta y = f(x + \Delta x) - f(x)$ 可表示为

$$f(x + \Delta x) - f(x) = A\Delta x + O(\Delta x) \quad (\Delta x \to 0) \tag{2.1}$$

其中 A 与 Δx 无关，$O(\Delta x)$ 表示 Δx 的高阶无穷小(即 $\lim\limits_{\Delta x \to 0}\frac{O(\Delta x)}{\Delta x} = 0$)，则称函数 $y = f(x)$ 在点 x 处可微，并称 $A\Delta x$ 为函数 $y = f(x)$ 在点 x 处的微分. 记作 $\mathrm{d}y$，或 $\mathrm{d}f(x)$，即 $\mathrm{d}y = \mathrm{d}f(x) = A\Delta x$.

容易证明上述的 A 就等于 $f'(x)$. 实际上,在(2.1)式中,两边同除以 Δx,即

$$\frac{\Delta y}{\Delta x}=A+\frac{O(\Delta x)}{\Delta x}$$

两边令 $\Delta x\to 0$,即得 $A=f'(x)$.

这说明函数可微必可导,且 $A=f'(x)$. 反之也成立,即若函数可导必可微,且有 $dy=f'(x)\Delta x$.

对于函数 $y=x$,因为 $\Delta y=\Delta x$,所以函数 $y=x$ 的微分 $dy=dx=\Delta x$,说明自变量的微分 dx 就是它的改变量 Δx,即 $dx=\Delta x$. 从而可以把以上结果写成如下定理形式.

定理 2.3 函数 $y=f(x)$ 在 x 处可微的充分必要条件是 $y=f(x)$ 在 x 处可导,且有 $dy=f'(x)dx$.

由于 $f'(x)=\frac{dy}{dx}$,即函数的导数等于函数的微分与自变量微分之比,因此导数也称微商.

图 2-2 给出了微分 dy 的几何意义,就是曲线 $y=f(x)$ 在 M_0 处的切线的纵坐标的增量.

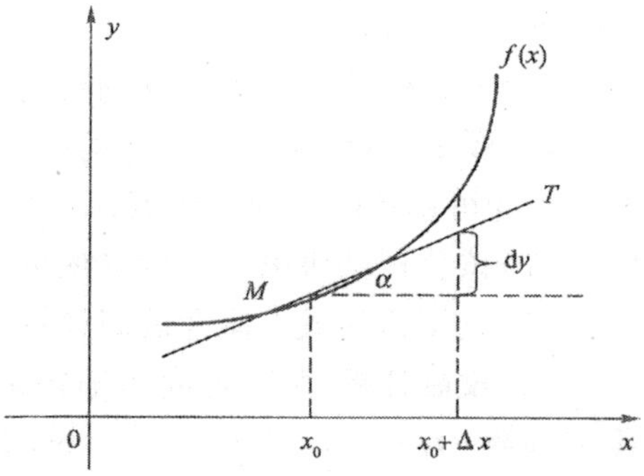

图 2-2

例 1 求函数 $y=2x^2-3x+2$ 的微分.

解 $dy=(2x^2-3x+2)'dx=(4x-3)dx$.

例 2 已知函数 $y=\ln x$. 求其微分.

解 $dy=(\ln x)'dx=\frac{1}{x}dx$.

例 3 求函数 $y=e^{-x^3}$ 的微分.

解 $dy=(e^{-x^3})'dx=-3x^2e^{-x^3}dx$.

这里可以把 $dy=f'(x)dx$ 改写为 $\frac{dy}{dx}=f'(x)$. 前面我们曾用 $\frac{dy}{dx}$ 作为一个整体符号来表示函数的导数 $f'(x)$,在引进微分的概念后,可知 $\frac{dy}{dx}$ 表示函数微分与自变量微分的商,所以又称导数为微商. 求导数与求微分的方法叫做微分法.

二、微分基本公式及其运算法则

利用函数求导的基本公式和运算法则,可得出函数微分的基本公式和运算法则.

1. $dC=0$(C 为任意常数).
2. $d(x^{\alpha})=a\cdot x^{a-1}dx$ (a 为任意实数).
3. $d(a^x)=a^x\cdot\ln a dx$($a>0$ 且 $a\neq 1$),特殊 $d(e^x)=e^x dx$.
4. $d(\log_a x)=\frac{1}{x\ln a}dx$($a>0$ 且 $a\neq 1$),特殊 $d(\ln x)=\frac{1}{x}dx$.
5. $d(\sin x)=\cos x dx$, $d(\cos x)=-\sin x dx$;

   $d(\tan x)=\sec^2 x dx$, $d(\cot x)=-\csc^2 x dx$;

   $d(\sec x)=\sec x\cdot\tan x dx$, $d(\csc x)=-\csc x\cdot\cot x dx$.
6. $d(u\pm v)=du\pm dv$;

   $d(cu)=c du$(C 为任意常数);

   $d(uv)=u dv+v du$;

$$d\left(\frac{u}{v}\right)=\frac{v\mathrm{d}u-u\mathrm{d}v}{v^2}.$$

三、微分在经济学中的应用

若 $y=f(x)$ 在 x_0 可导,依据定理2.3和定义2.4可知

$$f(x_0+\Delta x)-f(x_0)=f'(x_0)\Delta x+O(\Delta x)$$

当 Δx 较小时,$O(\Delta x)$ 比起 $f'(x_0)\Delta x$ 要小得多,因此可近似成立下式

$$f(x_0+\Delta x)-f(x_0)\approx f'(x_0)\Delta x$$

或
$$f(x_0+\Delta x)\approx f(x_0)+f'(x_0)\Delta x$$

以上结果在近似计算中被广泛的应用.在经济学中许多计算也仅要求近似成立,因此也经常被使用.

例4 某商店每周销售商品 x 件,所获得利润 $y=6\sqrt{100x-x^2}$(元),当每周销售量由10件增加到11件时,试用微分计算利润增加的近似值.

解 依题意有 $x_0=10,\Delta x=1$

因为
$$y=6\sqrt{100x-x^2}$$

所以
$$y'=3(100x-x^2)^{-\frac{1}{2}}(100-2x)$$

故
$$f'(10)=3(100\times10-10^2)^{-\frac{1}{2}}(100-2\times10)=8$$

有
$$\Delta y\approx \mathrm{d}y=f'(10)\Delta x=8\times1=8(\text{元})$$

若该商店每周销售量由10件增至11件时,其增加的利润约为8(元).

例5 设某商品的需求函数为 $Q(P)=8.2e^{\frac{-P}{5}}$,其中 P 为单位商品的价格(元),Q 为某商品的月需求量(千件).试用微分方法求当该商品的价格从8元增加到8.5元时,月需求量变化的情况.

解 依题意
$$P_0=8,\Delta P=8.5-8.0=0.5$$

$$Q'(P)=-1.64e^{\frac{-P}{5}}$$

$$Q'(P_0)=-1.64e^{\frac{-8}{5}}=-1.64\times0.202=-0.33$$

$$\mathrm{d}Q\big|_{P=P_0}=Q'(P_0)\cdot\Delta P=-0.33\times0.5=-0.165(\text{千件})$$

即
$$\Delta Q\big|_{P=P_0}=-165(\text{件}).$$

也就是,该商品当价格从8元增加到8.5元时,月需求量减少约165件.

练 习 2.4

1.求下列函数的微分:

(1) $y=2x^3-x^2+1$;　　(2) $y=\sin x+\cos x$;

(3) $y=\frac{1}{\sqrt{x}}\ln x$;　　(4) $y=\frac{1}{x}e^x$.

2.在括号内填入适当的函数,使等式成立:

(1) $x\mathrm{d}x=\mathrm{d}(\quad)$;　　(2) $\cos x\mathrm{d}x=\mathrm{d}(\quad)$;

(3) $\frac{1}{x}\mathrm{d}x=\mathrm{d}(\quad)$;　　(4) $\frac{1}{\sqrt{x}}\mathrm{d}x=\mathrm{d}(\quad)$.

3. 一汽车销售商利用电视广告来促进其汽车销售，由过去记录得到每个月做的广告次数 x 与汽车销售量 y 关系为 $y=-0.005x^3+0.485x^2-1.85x+300$. 试用微分的方法求当每个月做广告从 20 次增加到 21 次时，汽车销售的增加量.

复习题二

一、填空题

1. 如果 $f(x)$ 在点 x_o 处可导，则 $\lim\limits_{h\to o}\dfrac{f(x_o-h)-f(x_o)}{h}=$ ______.

2. 若 $y=x^3$ 在 (x_o,y_o) 处切线斜率等于 3，点 (x_o,y_o) 的坐标为____.

3. 设 $y=\sqrt{\ln x}$，则 $y'=$ ______.

4. 设 $y=\ln\ln\ln x$，则 $y'=$ ____.

5. 设 $f(x)=x^n$，则 $f^{(n)}(x)=$ ____.

6. 设 $f(x)=x(x-1)(x-2)(x-3)(x-4)$，则 $f'(0)=$ ____.

7. 设 $y=y(x)$ 是由方程 $xy+\ln y=1$ 所确定的隐函数，则 $\dfrac{\mathrm{d}y}{\mathrm{d}x}=$ ______.

8. 作变速直线运动物体的运动方程为 $s(t)=t^2+2t$，则其运动速度为 $v(t)=$ ____，加速度为 $a(t)=$ ____.

9. 设 $y=\cos x$，则 $y^{(n)}=$ ______.

10. 设 $y=a^x$，则 $y^{(n)}=$ ______.

二、选择题

1. $y=|x-1|$ 在 $x=1$ 处(　　).

(A)连续；　　(B)不连续；

(C)可导；　　(D)可微.

2. $y=x^x(x>0)$ 的导数为(　　).

(A) xx^{x-1}；　　(B) $x^x\ln x$；

(C) $xx^{x-1}+x^x\ln x$；　　(D) $x^x(\ln x+1)$.

3. 下列函数中(　　)的导数等于 $\left(\dfrac{1}{2}\right)\sin 2x$.

(A) $\left(\dfrac{1}{2}\right)\sin^2 x$；　　(B) $\left(\dfrac{1}{2}\right)\cos 2x$；

(C) $\left(\dfrac{1}{2}\right)\sin 2x$；　　(D) $\left(\dfrac{1}{2}\right)\cos^2 x$.

4. 若 $f(u)$ 可导，且 $y=f(e^x)$，则有(　　).

(A) $\mathrm{d}y=f'(e^x)\mathrm{d}x$；　　(B) $\mathrm{d}y=f'(e^x)e^x\mathrm{d}x$；

(C) $\mathrm{d}y=f(e^x)e^x\mathrm{d}x$；　　(D) $\mathrm{d}y=[f(e^x)]'e^x\mathrm{d}x$.

5. 已知 $y=\sin x$，则 $y^{(10)}=$ (　　).

(A) $\sin x$；　　(B) $\cos x$；

(C) $-\sin x$；　　(D) $-\cos x$.

6. 若 $\lim\limits_{x\to x_0}\dfrac{f(x)-f(x_0)}{x-x_0}=k$，$k$ 为常数，则____不成立.

(A) $f(x)$ 在点 $x=x_0$ 处连续；　　(B) $f(x)$ 在点 $x=x_0$ 处可导；

(C) $f(x)$ 在点 $x=x_0$ 处不一定连续；　　(D) $\lim\limits_{x \to x_0} f(x)$ 存在.

7. 设 $f(x)=\begin{cases} \ln x & x \geqslant 1 \\ x-1 & x<1 \end{cases}$，则 $f(x)$ 在 $x=1$ 处____.

(A) 不连续；　　(B) 连续但不可导；

(C) 连续且 $f'(1)=-1$；　　(D) 连续且 $f'(1)=1$.

8. 已知 $f(x)$ 在点 x_0 处可导，且有 $\lim\limits_{h \to 0} \dfrac{h}{f(x_0-2h)-f(x_0)}=\dfrac{1}{4}$，则 $f'(x_0)=$____.

(A) -4；　　(B) -2；

(C) 2；　　(D) 4.

9. 设 $f(0)=0$，且极限 $\lim\limits_{x \to 0} \dfrac{f(x)}{x}$ 存在，则 $\lim\limits_{x \to 0} \dfrac{f(x)}{x}=$____ .

(A) $f'(x)$；　　(B) $f(0)$；

(C) $f'(0)$；　　(D) $\dfrac{1}{2}f'(0)$.

10. 函数 $f(x)$ 在点 x_0 处可导，且曲线 $f(x)$ 在点 $(x_0, f(x_0))$ 处的切线平行 x 轴，则 $f'(x_0)=$____.

(A) 小于零；　　(B) 等于零；

(C) 大于零；　　(D) 不存在.

三、计算题

1. 求下列函数的导数：

(1) $y=2\cos(3x^2+1)$；　　(2) $y=2\ln(x^2+2x+1)$；

(3) $y=\left(x-\dfrac{1}{x}\right)^2$；　　(4) $y=\dfrac{1+x-x^2}{1-x}$；

(5) $y=\dfrac{\sec x}{1+x^2}$；　　(6) $y=e^{\sin 2x}$；

(7) $y=\cot x \cdot (1+2x+x^2)$；　　(8) $y=\ln(x+\sqrt{1+x^2})$.

2. 求函数 $y=x^2e^x$ 的二阶导数 $\dfrac{\mathrm{d}^2y}{\mathrm{d}x^2}$.

3. 求由下列方程所确定的隐函数的导数：

(1) $ye^x+\ln y=1$；　　(2) $\dfrac{x^2}{2}+\dfrac{y^2}{3}=1$.

4. 求下列函数的微分：

(1) $y=2x^3+x^2-2x-1$；　　(2) $y=e^{\frac{x}{2}}(1+x^2)$.

5. 求曲线 $y=3x^3-x-1$ 经过点 $(1,1)$ 处的切线方程与法线方程.

6. 设某商品价格 P（以美元计）与该商品需求量 x 的关系为 $2x^2+5xP+50P^2=80000$. 试求价格 P 关于需求量 x 的导数，并解释该导数的实际意义.

7. **(工人培训问题)** 某生产计算机元件的企业依据过去的记录，从统计平均意义来说，对一个新工人所从事工作进行时间长度为 t 的培训，就能装配 $N(t)$ 个元件，其中 $N(t)=\dfrac{40t}{t+2}$，试求 $N(t)$ 关于 t 的导数，若 t 表示天数时，解释导数 $N'(t)$ 的实际意义.

第三章　导数的应用

本章将利用导数求函数的极限，讨论函数的某些性态，包括微分中值定理，函数的单调性、极值、凹凸性、拐点等，并用导数的方法解决一些经济问题.

第一节　微分中值定理与洛必达法则

一、罗尔定理

定理 3.1(罗尔定理)　若函数 $f(x)$ 满足在闭区间 $[a,b]$ 上连续，在开区间 (a,b) 内可导，且 $f(a)=f(b)$，则在 (a,b) 内至少存在一点 ξ，使得 $f'(\xi)=0$，如图 3-1 所示.

二、拉格朗日中值定理

定理 3.2(拉格朗日中值定理)　若函数 $f(x)$ 满足在闭区间 $[a,b]$ 上连续；在开区间 (a,b) 内可导；则在 (a,b) 内至少存在一点 ξ，使得 $f'(\xi)=\dfrac{f(b)-f(a)}{b-a}$，如图 3-2 所示.

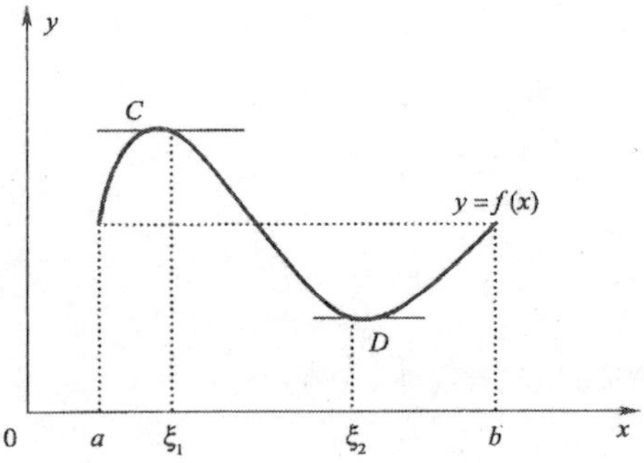

图　3-1

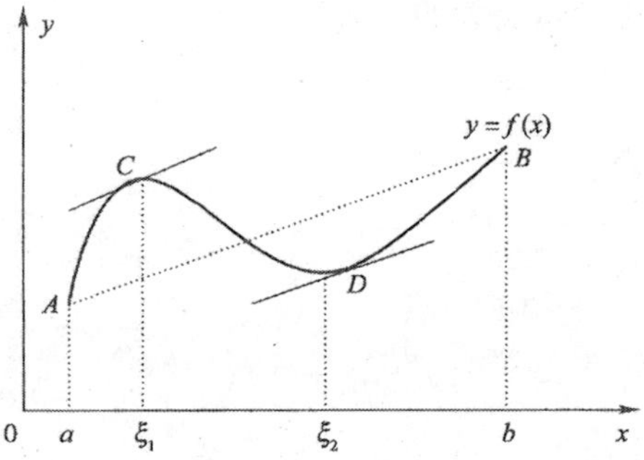

图　3-2

拉格朗日中值定理的几何意义是，过点 C 的切线平行于过曲线两个端点 A 和 B 的弦.

拉格朗日中值定理有两个推论：

推论 1　若函数 $f(x)$ 在区间 I 内可导，且 $f'(x)\equiv 0$，则函数 $f(x)$ 在区间 I 内恒等于一个常数.

推论 2　若函数 $f(x)$ 和 $g(x)$ 在区间 I 内的导数处处相等，即 $f'(x)\equiv g'(x)$，则 $f(x)$ 与 $g(x)$ 在区间 I 内仅相差一个常数.

例 1　验证 $f(x)=x^3-3x$ 在闭区间 $[0,2]$ 上满足拉格朗日中值定理的条件，并求出 ξ 的值.

解　易知函数 $f(x)$ 在闭区间 $[0,2]$ 上连续，在开区间 $(0,2)$ 内可导，即 $f(x)$ 在 $[0,2]$ 上满足拉格朗日中值定理的条件.

由于
$$f'(x)=3x^2-3$$

且 $$\frac{f(2)-f(0)}{2-0}=1$$

所以有 $$3\xi^2-3=1$$

即 $$\xi=\frac{2}{\sqrt{3}}\in(0,2).$$

三、洛必达法则

1. $\frac{0}{0}$型与$\frac{\infty}{\infty}$型未定式

若 $\lim f(x)=0$，$\lim g(x)=0$，则 $\lim\frac{f(x)}{g(x)}$是$\frac{0}{0}$型未定式；若 $\lim f(x)=\infty$，$\lim g(x)=\infty$，则 $\lim\frac{f(x)}{g(x)}$是$\frac{\infty}{\infty}$型未定式.

定理 3.3(洛必达法则) 若函数 $f(x)$ 和 $g(x)$ 满足：

(1) $\lim\limits_{x\to x_0}f(x)=0$，$\lim\limits_{x\to x_0}g(x)=0$；

(2) 在点 x_0 的某空心邻域内可导，且 $g'(x)\neq0$；

(3) $\lim\limits_{x\to x_0}\frac{f'(x)}{g'(x)}=A$(有限数)或$\infty$，

则 $$\lim_{x\to x_0}\frac{f(x)}{g(x)}=\lim_{x\to x_0}\frac{f'(x)}{g'(x)}=A\text{ 或}\infty.$$

说明 (1)定理 3.3 中的条件(1)，若改为
$$\lim_{x\to x_0}f(x)=\infty,\lim_{x\to x_0}g(x)=\infty,$$
则定理仍成立.

(2)定理 3.3 中的 $x\to x_0$，若改为 $x\to\infty$，则定理仍成立.

(3)若 $\lim\frac{f'(x)}{g'(x)}$还是$\frac{0}{0}$型或$\frac{\infty}{\infty}$型未定式，这时可对 $\lim\frac{f'(x)}{g'(x)}$再用一次洛必达法则.依次类推.

例 2 求$\lim\limits_{x\to a}\frac{e^x-e^a}{x-a}$.

解 原式$=\lim\limits_{x\to a}\frac{(e^x-e^a)'}{(x-a)'}=\lim\limits_{x\to a}\frac{e^x}{1}=e^a$.

例 3 求$\lim\limits_{x\to 0}\frac{\ln(1+x)}{x^2}$.

解 原式$=\lim\limits_{x\to 0}\frac{\frac{1}{1+x}}{2x}=\infty$.

例 4 求 $\lim\limits_{x\to 0^+}\frac{\ln\cot x}{\ln x}$.

解 原式$=\lim\limits_{x\to 0^+}\frac{\tan x\cdot(-\csc^2x)}{\frac{1}{x}}=-\lim\limits_{x\to 0^+}\frac{x}{\cos x\sin x}=-1$.

例 5 求$\lim\limits_{x\to\frac{\pi}{2}^+}\dfrac{\ln\left(x-\frac{\pi}{2}\right)}{\tan x}$.

解 原式$=\lim\limits_{x\to\frac{\pi}{2}^+}\dfrac{\frac{1}{x-\frac{\pi}{2}}}{\sec^2 x}=\lim\limits_{x\to\frac{\pi}{2}^+}\dfrac{\cos^2 x}{x-\frac{\pi}{2}}=\lim\limits_{x\to\frac{\pi}{2}^+}\dfrac{2\cos x(-\sin x)}{1}=0$.

2. $0\cdot\infty$ 型与 $\infty-\infty$ 型未定式

例 6 求$\lim\limits_{x\to\infty}x(e^{\frac{1}{x}}-1)$.

解 原式$=\lim\limits_{x\to\infty}\dfrac{e^{\frac{1}{x}}-1}{\frac{1}{x}}=\lim\limits_{x\to\infty}\dfrac{e^{\frac{1}{x}}\left(-\frac{1}{x^2}\right)}{-\frac{1}{x^2}}=1$.

例 7 求$\lim\limits_{x\to 1}\left(\dfrac{1}{x-1}-\dfrac{1}{\ln x}\right)$.

解

$$原式=\lim_{x\to 1}\frac{\ln x-x+1}{(x-1)\ln x}=\lim_{x\to 1}\frac{\frac{1}{x}-1}{\ln x+\frac{x-1}{x}}=\lim_{x\to 1}\frac{1-x}{x\ln x+x-1}=\lim_{x\to 1}\frac{-1}{\ln x+2}=-\frac{1}{2}.$$

练 习 3.1

1. 求下列极限:

(1)$\lim\limits_{x\to 1}\dfrac{x^n-1}{x-1}$;　(2)$\lim\limits_{x\to 0}\dfrac{a^x-b^x}{x}$;　(3)$\lim\limits_{x\to+\infty}\dfrac{x^n}{\ln x}$;

(4)$\lim\limits_{x\to\frac{\pi}{2}}\dfrac{\tan x}{\tan 3x}$;　(5)$\lim\limits_{x\to 0}\dfrac{e^x-e^{-x}-2x}{x-\sin x}$;　(6)$\lim\limits_{x\to+\infty}\dfrac{2^x}{x^3}$.

2. 求下列极限:

(1)$\lim\limits_{x\to+\infty}x\left(\dfrac{\pi}{2}-\arctan x\right)$;　(2)$\lim\limits_{x\to 0}x^2e^{\frac{1}{x^2}}$;

(3)$\lim\limits_{x\to 0}\left(\dfrac{1}{x}-\dfrac{1}{e^x-1}\right)$;　(4)$\lim\limits_{x\to\frac{\pi}{2}}(\sec x-\tan x)$.

第二节　函数的单调性与极值

一、函数单调性的判别法

定理 3.4 设函数$f(x)$在区间I(I表示任意一个区间)内可导,

(1)若在区间I内$f'(x)>0$,则函数$f(x)$在区间I内**单调增加**;

(2)若在区间I内$f'(x)<0$,则函数$f(x)$在区间I内**单调减少**.

注意 如果在区间I内$f'(x)\geqslant 0$(或$f'(x)\leqslant 0$),但等号只在个别点成立,则函数$f(x)$在I

内仍单调增加(或单调减少).

例 1 确定函数 $f(x)=8x-x^2$ 的单调增减区间.

解 函数的定义域是$(-\infty,+\infty)$.

因为
$$f'(x)=8-2x$$

所以,当 $x\in(-\infty,4)$ 时 $f'(x)>0$,函数 $f(x)$ 单调上升;当 $x\in(4,+\infty)$ 时,$f'(x)<0$,函数 $f(x)$ 单调下降.

例 2 讨论函数 $y=x-\ln x^2$ 的单调增减区间.

解 函数的定义域是$(-\infty,0)\cup(0,+\infty)$.

因为
$$y'=1-\frac{2}{x}$$

当 $x=2$ 时,$y'=0$;当 $x=0$ 时,y'不存在.

列表如表 3-1 所示.

导数变化表　　表 3-1

x	$(-\infty,0)$	0	$(0,2)$	2	$(2,+\infty)$
y'	+	不存在	−	0	+
y	↗		↘		↗

函数在$(-\infty,0)$及$(2,+\infty)$单调递增,在$(0,2)$单调递减.

二、函数的极值

定义 3.1 设函数 $f(x)$ 在点 x_0 的某邻域内有定义,若对该邻域内的任意点 $x(x\neq x_0)$,恒有 $f(x)<f(x_0)$,则称 $f(x_0)$ 是函数 $f(x)$ 的一个**极大值**,称 x_0 为函数 $f(x)$ 的**极大值点**;反之,如果对此邻域内任一点 $x(x\neq x_0)$,恒有 $f(x)>f(x_0)$,则称 $f(x_0)$ 为函数 $f(x)$ 的一个**极小值**,x_0 称为函数 $f(x)$ 的**极小值点**.

函数的极大值与极小值统称为函数的**极值**,极大值点与极小值点统称为**极值点**.

注意:(1)极值是一个局部性概念,它只是与极值点邻近点的函数值相比较而言,并不意味着它在整个定义区间内最大或最小.

(2) 一个定义在区间$[a,b]$上的函数,在$[a,b]$可以有不止一个极大值和极小值,且其中的极大值并不一定都大于每一个极小值. 如图 3-3 所示,函数在 x_1 取得的极大值 $f(x_1)$ 比在 x_4 取得的极小值 $f(x_4)$ 要小.

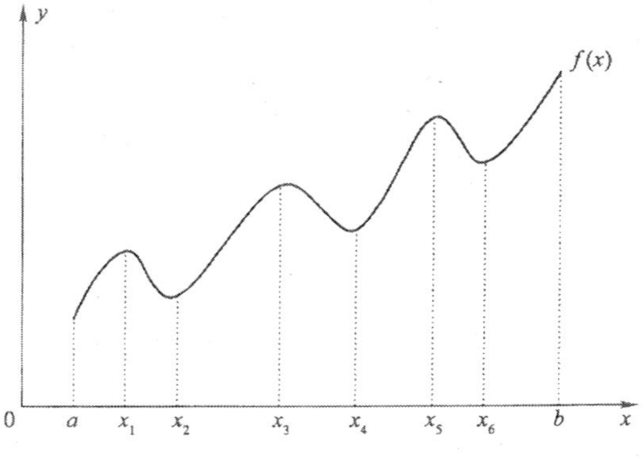

图 3-3

(3)端点不能作为极值点.

定理 3.5(极值存在的必要条件) 如果函数 $f(x)$ 在点 x_0 处有极值 $f(x_0)$,且 $f'(x_0)$ 存在,则 $f'(x_0)=0$.

注意:(1)定理 3.5 表明:如果 $f'(x_0)$ 存在,则 $f'(x_0)=0$ 是点 x_0 为极值点的必要条件,而不是充分条件. 例如函数 $f(x)=x^3$,当 $x=0$ 时,$f'(0)=0$,但在 $x=0$ 处并没有取得极值,如图 3-4 所示.

(2)定理 3.5 是对函数在点 x_0 处可导而言的. 在导数不存在的点,函数也可能有极值. 例

如$f(x)=|x|$，$f'(0)$不存在，但$f(0)=0$为其极小值（见图1-5）. 函数$f(x)$的极大值和极小值也可能都在导数不存在的点取得，如图3-5所示.

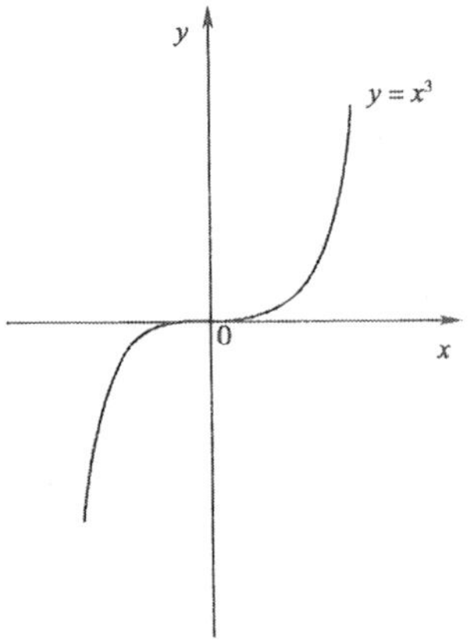

图 3-4

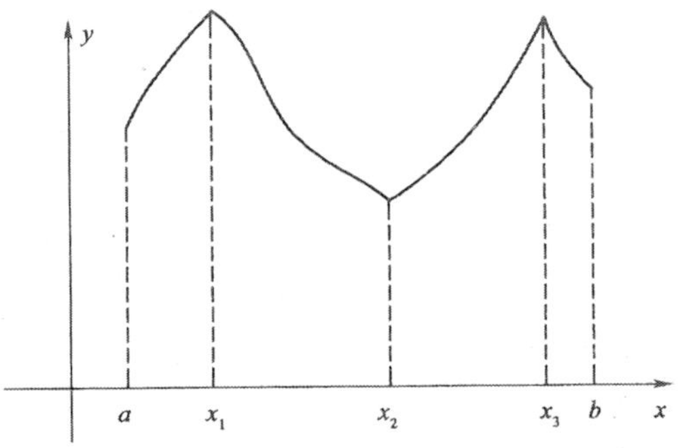

图 3-5

$f'(x)=0$的点称为函数$f(x)$的**驻点**. 如上所述，驻点可能是函数的极值点，也可能不是函数的极值点，而函数的极值点必是函数的驻点或是导数不存在的点. 下面我们给出判断函数极值的充分条件.

定理3.6（极值存在的第一充分条件） 设函数$f(x)$在点x_0的某邻域内连续且可导（$f'(x_0)$可以不存在）.

(1)如果当$x<x_0$时，$f'(x)>0$，当$x>x_0$时，$f'(x)<0$，则$f(x)$在点x_0取得极大值.

(2)如果当$x<x_0$时，$f'(x)<0$，当$x>x_0$时，$f'(x)>0$，则$f(x)$在点x_0取得极小值.

(3)如果在x_0的两侧$f'(x)$的符号不变，则x_0不是$f(x)$的极值点.

根据上面两个定理，我们可以按下列步骤来求$f(x)$的极值点和极值：

(1)求函数的定义域；

(2)求出$f'(x)$，在定义域内求出使$f'(x)=0$的点及$f'(x)$不存在的点；

(3)用步骤(2)中的点将定义域分为若干个子区间，讨论每个子区间内$f'(x)$的符号；

(4)利用定理3.6，判断步骤(2)中的点是否为极值点，如果是极值点，进一步判定是极大值点还是极小值点；

(5)求出各极值点处的函数值，得函数的全部极值.

例3 求函数$f(x)=x^3-3x$的极值.

解 函数的定义域为$(-\infty,+\infty)$，

$$f'(x)=3x^2-3=3(x+1)(x-1)$$

令$f'(x)=0$，得驻点：$x_1=-1$，$x_2=1$.

列表如表3-2所示.

导数变化表 表3-2

x	$(-\infty,-1)$	-1	$(-1,1)$	1	$(1,+\infty)$
y'	+	0	−	0	+
y	↗	极大值 $f(-1)=2$	↘	极小值 $f(1)=-2$	↗

在点$x=-1$处有极大值$f(-1)=2$；在点$x=1$处，有极小值$f(1)=-2$.

例 4 求函数 $f(x)=x-\frac{3}{2}x^{\frac{2}{3}}$ 的单调区间和极值.

解 函数的定义域为 $(-\infty,+\infty)$,

$$f'(x)=1-x^{-\frac{1}{3}}$$

令 $f'(x)=0$,得驻点,$x=1$. 而当 $x=0$ 时,$f'(x)$ 不存在. 因此,函数只可能在这两点取得极值.

列表如表 3-3 所示.

导数变化表　　表 3-3

x	$(-\infty,0)$	0	$(0,1)$	1	$(1,+\infty)$
y'	+	不存在	-	0	+
y	↗	极大值 $f(0)=0$	↘	极小值 $f(1)=-\frac{1}{2}$	↗

函数在区间 $(-\infty,0)$、$(1,+\infty)$ 单调增加,在区间 $(0,1)$ 单调减少. 在点 $x=0$ 处有极大值 $f(0)=0$;在点 $x=1$ 处有极小值 $f(1)=-\frac{1}{2}$.

当函数在驻点处二阶导数存在时,有如下判别定理.

定理 3.7(极值存在的第二充分条件) 设函数 $f(x)$ 在点 x_0 处具有二阶导数,且 $f'(x_0)=0,f''(x_0)\neq 0$:

(1) 若 $f''(x_0)>0$,则 x_0 是函数 $f(x)$ 的极小值点;

(2) 若 $f''(x_0)<0$,则 x_0 是函数 $f(x)$ 的极大值点.

注意: 当 $f''(x_0)=0$ 时,定理 3.7 失效. 此时,函数 $f(x)$ 在点 x_0 可能有极值,也可能没有极值,需用第一充分条件判断.

例 5 求函数 $f(x)=x^3-3x$ 的极值.

解 函数的定义域为 $(-\infty,+\infty)$,

$$f'(x)=3x^2-3=3(x+1)(x-1)$$

令 $f'(x)=0$,得驻点:$x_1=-1,x_2=1$.

$$f''(x)=6x$$

由于 $f''(1)=6>0$,所以 $f(1)=-2$ 为极小值;$f''(-1)=-6<0$,所以 $f(-1)=2$ 为极大值.

三、函数的最大值与最小值

在许多实际问题,特别是在经济活动中,经常会遇到在一定条件下"收益最大"、"利润最大"等问题,这类问题常归结为求函数在给定区域内的最大值或最小值.

由定理 1.7 可知:若函数 $f(x)$ 闭区间 $[a,b]$ 上连续,则必存在最大值和最小值. 一般情况下,把函数的所有极大值或极小值与函数在区间 $[a,b]$ 的端点函数值 $f(a)$ 与 $f(b)$ 相比较,这些数值中最大者就是所要求的 $f(x)$ 闭区间 $[a,b]$ 上的最大值,最小者就是所要求的 $f(x)$ 闭区间 $[a,b]$ 上的最小值.

例 6 求函数 $f(x)=x^4-2x^2+5$ 在区间 $[-2,2]$ 上的最大值和最小值.

解 函数定义域为 $(-\infty,+\infty)$

$$f'(x)=4x^3-4x=4x(x+1)(x-1)$$

令 $f'(x)=0$,得驻点:$x_1=-1,x_2=0,x_3=1$.

在驻点处函数值分别为 $f(-1)=4,f(0)=5,f(1)=4$;在端点的函数值为 $f(-2)=f(2)=13$. 比较上述各函数值,得到 $f(x)$ 在区间 $[-2,2]$ 上的最大值为 $f(-2)=f(2)=13$,最小值为 $f(-1)=f(1)=4$.

四、经济中的应用

例 7(最大收益) 某公司销售一种灯具,设 x 表示每个月销售量,这种灯具依据过去数据统计,其价格需求函数为 $p=100-0.01x$,其中 p 为灯具价格(以元为单位),试求其达到最大收益时的每月销售量.

解
$$R(x)=px=(100-0.01x)x=100x-0.01x^2$$

因为价格和需求量是非负的,所以

$$p=100-0.01x\geqslant 0,\text{且 } x\geqslant 0$$

即该问题所考虑 x 的变化区域为 $0\leqslant x\leqslant 10000$. 下面求在这个区域内 $R(x)$ 的最大值. 首先对 $R(x)$ 求一阶导数.

$$R'(x)=100-0.02x$$

令 $R'(x)=0$,得驻点 $x=5000$,由于 $R''(x)=-0.02<0$,所以 $R(x)$ 在 $x=5000$ 时达到最大值为

$$R(5000)=250000(\text{元})$$

此时
$$p=100-0.01\times 5000=50(\text{元})$$

即该公司当销售灯具价格为 50 元时,销售量每个月达到 5000(台),此时公司收益最大.

例 8(最低成本) 某工厂生产某型号产品 x 件,其成本函数为 $C(x)=200+50x-50\ln x$(元), 试求其最低平均成本.

解 将平均成本函数记为 $\overline{C}(x)$,则

$$\overline{C}(x)=\frac{C(x)}{x}=\frac{200}{x}+50-\frac{50\ln x}{x}(x>0)$$

$$\overline{C'}(x)=\frac{50(\ln x-5)}{x^2}(x>0)$$

令 $\overline{C'}(x)=0$,得 $\overline{C}(x)$ 的驻点为 $x=e^5$, 由实际意义知存在最低成本.

因此,当 $x=e^5\approx 148$(件)时,达到最低平均成本(近似值)为

$$\overline{C}(148)=\frac{200}{148}+50-\frac{50\ln 148}{148}=49.66(\text{元})$$

该平均成本低于刚开始生产时的生产成本. 例如生产 $e^2(\approx 7)$ 件产品时,平均成本为

$$\overline{C}(7)=\frac{200}{7}+50-\frac{50\ln 7}{7}=64.67(\text{元})$$

当生产 $e^3(\approx 20)$ 件产品时,平均成本为

$$\overline{C}(20)=\frac{200}{20}+50-\frac{50\ln 20}{20}=52.51(\text{元}).$$

由上述计算可知,平均成本在生产 20 件之后降低得较慢.

例 9(最大利润) 某公司获得在一次国际比赛中销售一种新的大热狗的特许权,每销售一个这样的热狗需成本 1 美元,现已知这种热狗在运动会上价格需求曲线近似为 $p=5-\ln x$

$(0<x\leqslant 50)$,其中 x 为销售热狗的数量(以千个为单位),p 以美元为单位. 试求价格为多少时,该公司利润最大.

解 由已知可求得收益函数 $R(x)$ 为

$$R(x)=px=(5-\ln x)x=5x-x\ln x$$

其成本函数为

$$C(x)=1\cdot x=x$$

因此,利润函数为

$$L(x)=R(x)-C(x)=4x-x\ln x$$

$$L'(x)=3-\ln x$$

令 $L'(x)=0$,求得驻点为 $x=e^3\approx 20$,此时相应的热狗价格应为

$$p(20)=5-\ln 20\approx 2(\text{美元}).$$

由此可知,该公司在运动会上要销售 20(千个),即 2 万个热狗,每个热狗价格为 2 美元时,达到利润最大.

练　习　3.2

1. 确定下列函数增减区间和极值:

(1) $f(x)=-3x^2+12x-5$;　　(2) $f(x)=x^3+4x-5$.

2. 求下列函数在所给区间上的最大值和最小值:

(1) $f(x)=x^3+3x^2-9x-7, x\in[-6,4]$;

(2) $f(x)=\sin 2x-x, x\in\left[-\frac{\pi}{2},\frac{\pi}{2}\right]$.

3. 某公司销售一种产品,已统计给出其成本函数为 $C(x)=1600+0.25x^2$,其中 x 为产品销售的数量,$C(x)$ 的单位为元. 试求出其最低平均成本及相应的产品销售数量.

4. 某专门卖宠物用品连锁店的市场推销部门研究它们销售的金鱼缸泵价格需求曲线近似为 $p=120-20\ln x(0<x\leqslant 90)$,其中 x 为每周销售这种泵的数量,p 是每个泵的价格(以元为单位),若每个泵的成本为 30 元,试求每周取得利润的最大值以及相应的每周泵的销售量.

第三节　函数图形的描绘

一、曲线的凹凸性与拐点

定义 3.2 如果在区间 I 内,曲线弧总是位于其切线上方,则称曲线在这个区间上为凹的(或向上凹);如果曲线弧总是位于切线下方,则称曲线在这个区间上为凸的(或向下凹).

定理 3.8 设函数 $f(x)$ 在区间 I 内具有二阶导数:

(1) 如果 $x\in I$,恒有 $f''(x)>0$,则曲线 $f(x)$ 在 I 内为凹的;

(2) 如果 $x\in I$,恒有 $f''(x)<0$,则曲线 $f(x)$ 在 I 内为凸的.

定义 3.3 曲线凹与凸的分界点称为曲线的**拐点**.

例 1 求曲线 $y=x^4-2x^3+1$ 的凹凸区间与拐点.

解 函数的定义域为 $(-\infty,+\infty)$,

$$y'=4x^3-6x^2$$

$$y''=12x(x-1)$$

令 $y''=0$，得 $x_1=0, x_2=1$.

列表如表 3-4 所示.

二阶导数变化表 表 3-4

x	$(-\infty,0)$	0	$(0,1)$	1	$(1,+\infty)$
y''	+	0	−	0	+
y	∪	(0,1) 拐点	∩	(1,0) 拐点	∪

曲线在区间 $(-\infty,0)$、$(1,+\infty)$ 内为凹的；在区间 $(0,1)$ 内为凸的；曲线的拐点是 $(0,1)$ 和 $(1,0)$，如图 3-6 所示.

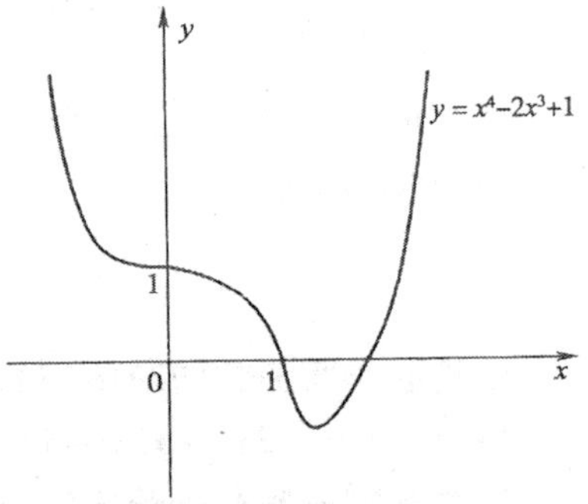

图 3-6

因此，如果函数 $f(x)$ 在 x_0 的某邻域内连续，$f(x)$ 在点 x_0 的二阶导数等于零或不存在，且点 x_0 两侧 $f(x)$ 的二阶导数异号，则点 $(x_0, f(x_0))$ 是拐点. 如果 x_0 两侧 $f(x)$ 的二阶导数同号则不是拐点.

综上所述，判定曲线 $f(x)$ 的凹凸与拐点的步骤归纳如下：

(1) 求一阶 $f'(x)$ 及二阶导数 $f''(x)$；

(2) 求出 $f''(x)=0$ 及 $f''(x)$ 不存在的点；

(3) 将步骤(2)中所求的点把函数定义域分成若干小区间，列表考察 $f''(x)$ 在各区间的符号，从而判定曲线在各区间的凹凸性与拐点.

二、曲线的渐近线

定义 3.4 若曲线上的一点沿着曲线趋于无穷远时，该点与某条直线的距离趋于零，则称此直线为曲线的**渐近线**.

1. 水平渐近线

若曲线 $y=f(x)$ 的定义域是无限区间，且有 $\lim\limits_{x\to+\infty}f(x)=b$ 或 $\lim\limits_{x\to-\infty}f(x)=b$，则直线 $y=b$ 为曲线 $y=f(x)$ 的水平渐近线. 如图 3-7 和图 3-8 所示.

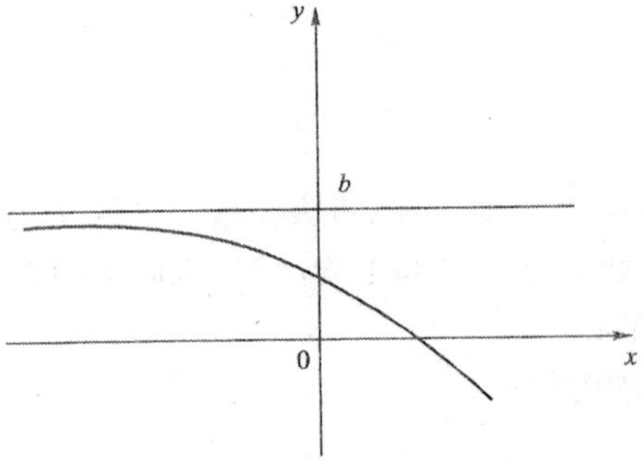

图 3-7

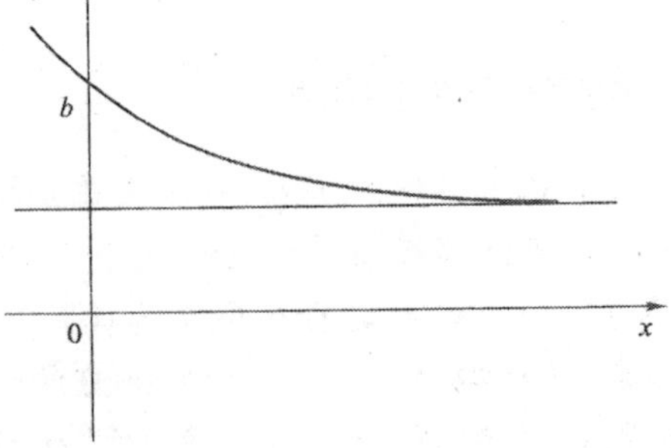

图 3-8

例 2 求曲线 $y=\arctan x$ 的水平渐近线.

解 因为

$$\lim_{x\to\pm\infty}\arctan x=\pm\frac{\pi}{2}$$

所以，$y = \pm\frac{\pi}{2}$是曲线的两条水平渐近线.

2. 垂直渐近线

若曲线 $y=f(x)$ 在点 a 处间断，且 $\lim\limits_{x\to a^+}f(x)=\infty$（或 $\lim\limits_{x\to a^-}f(x)=\infty$），则直线 $x=a$ 为曲线 $y=f(x)$ 的垂直渐近线，如图 3-9 所示.

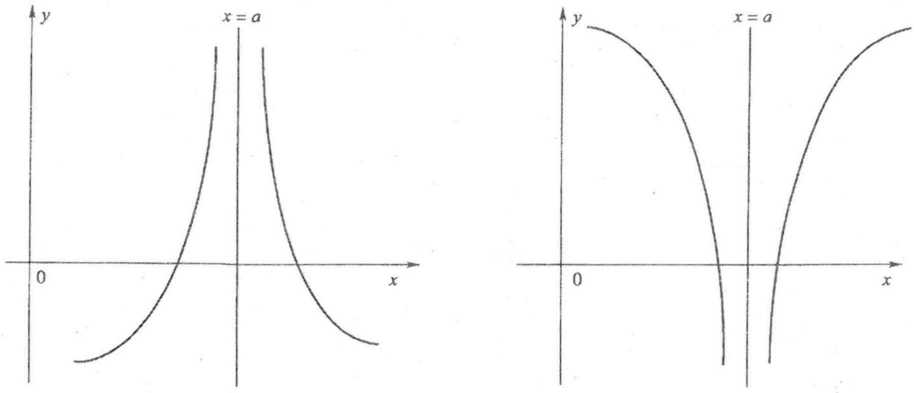

图 3-9

例 3 求曲线 $y=\ln x$ 的垂直渐近线.

解 因为

$$\lim_{x\to 0^+}\ln x = -\infty$$

所以，$x=0$ 是曲线 $y=\ln x$ 的一条垂直渐近线.

三、函数图形的描绘

前面讨论的函数图形的各种形态，包括单调性、极值、凹凸性、拐点以及渐近线等均可作为我们描绘函数图形的依据. 下面给出描绘函数图形的步骤：

(1) 确定函数的定义域；

(2) 确定函数的奇偶性；

(3) 讨论函数的单调性，并确定极值点；

(4) 讨论曲线的凹凸性，确定拐点；

(5) 确定曲线的渐近线；

(6) 由曲线方程找出一些特殊点的坐标，如 x 轴和 y 轴交点坐标等；

(7) 描绘出图形.

例 4 作函数 $f(x)=\frac{1}{\sqrt{2\pi}}e^{-\frac{x^2}{2}}$ 的图形.

解 (1) 函数定义域为 $(-\infty,+\infty)$，

(2) $f(x)$ 是偶函数，其图形关于 y 轴对称，

(3) 增减性、极值、凹凸性及拐点，

$$f'(x) = -\frac{x}{\sqrt{2\pi}}e^{-\frac{x^2}{2}}$$

$$f''(x) = \frac{x^2-1}{\sqrt{2\pi}}e^{-\frac{x^2}{2}}$$

令 $f'(x)=0$，得 $x_1=0$.

令 $f''(x)=0$，得 $x_2=-1$ 和 $x_3=1$.

列表如表 3-5 所示.

一阶及二阶导数变化表　　　　表 3-5

x	$(-\infty,-1)$	-1	$(-1,0)$	0	$(0,1)$	1	$(1,+\infty)$
y'	+		+	0	−		−
y''	+	0	−		−	0	+
y	⤴	拐点 $\left(-1,\frac{1}{\sqrt{2\pi e}}\right)$	↗	极大值 $\frac{1}{\sqrt{2\pi}}$	⤵	拐点 $\left(1,\frac{1}{\sqrt{2\pi e}}\right)$	↘

(4)渐近线

因为
$$\lim_{x\to\infty}f(x)=\lim_{x\to\infty}\frac{1}{\sqrt{2\pi}}e^{-\frac{x^2}{2}}=0$$

所以，$y=0$ 是水平渐近线.

先作出区间 $(0,+\infty)$ 内的图形，然后利用对称性作出区间 $(-\infty,0)$ 内的图形，如图 3-10 所示.

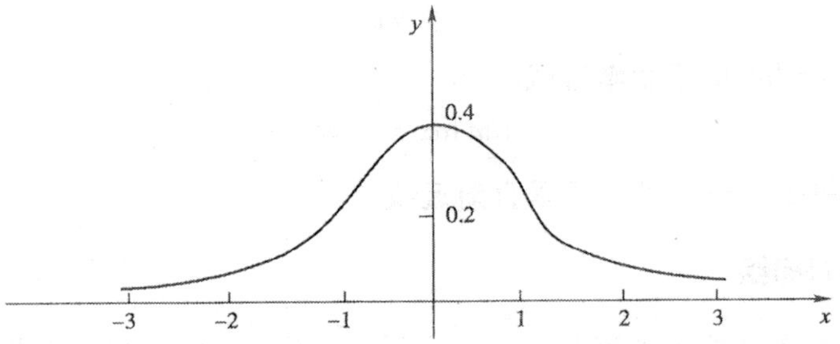

图 3-10

这个呈钟形状的曲线是概率论与数理统计中非常重要的曲线，称为**正态曲线或高斯曲线**.

练　习　3.3

1. 求下列函数的凹凸区间及拐点：

(1) $y=3x^2-x^3$；　　(2) $y=x^3-6x^2+9x+1$.

2. 求下列曲线的渐近线：

(1) $y=\dfrac{1}{x^2-4x-5}$；　　(2) $y=xe^{-x^2}$.

3. 画出下列函数图形：

(1) $y=x-\ln(1+x)$；　　(2) $y=xe^{-x^2}$.

第四节　弹 性 函 数

一、弹性概念

在经济学中，导函数又称为边际函数，所反映的是函数绝对变化率，即函数的绝对改变量与自变量绝对改变量之比当后者趋于零时的极限.在经济活动中,仅注意绝对改变量与绝对变化率是不够的.例如,某股票中介向人们推荐两种股票,简称 A 股和 B 股.A 股在今后三个月内每股可能上涨 1 元,B 股在今后三个月内每股可能上涨 2 元.在确定买哪种股票时仅知道每股涨价的绝对值显然是不够的.为了确定买哪种股票,还要看一下每股涨价的相对增加率.设 A 股每股为 10 元,B 股每股为 40 元,则 A 股在今后三个月内股价将提高 10%,而 B 股的股价仅提高 5%.显然,如果该中介所推荐情况属实就应该买 A 股而不是 B 股.由此,十分必要研究函数的相对变化率.

定义 3.5 设函数 $f(x)$ 在点 x_0 处可导,函数的相对改变量 $\frac{\Delta y}{y_0}$ 与自变量的相对改变量 $\frac{\Delta x}{x_0}$ 之比,当 $\Delta x \to 0$ 时 $\lim\limits_{\Delta x \to 0} \frac{\Delta y / y_0}{\Delta x / x_0}$ 存在,则称此极限为 $f(x)$ 在 x_0 处的**相对变化率**,也就是**相对导数**,或称为 $x = x_0$ **处弹性**,记作 $\left.\frac{Ey}{Ex}\right|_{x=x_0}$ 或 $\frac{E}{Ex}f(x_0)$.

它表示在 x_0 处,当 x_0 产生 1% 变化时,$f(x)$ 的变化为 $\frac{E}{Ex}f(x_0)$%.

由于

$$\left.\frac{Ey}{Ex}\right|_{x=x_0} = \lim_{\Delta x \to 0} \frac{\frac{\Delta y}{y_0}}{\frac{\Delta x}{x_0}} = \lim_{\Delta x \to 0} \frac{x_0}{y_0} \cdot \frac{\Delta y}{\Delta x}$$

$$= \frac{x_0}{y_0} \lim_{\Delta x \to 0} \frac{\Delta y}{\Delta x} = \frac{x_0}{y_0} f'(x_0)$$

所以,$f(x)$ 在 x_0 处的弹性可由下式计算:

$$\left.\frac{Ey}{Ex}\right|_{x=x_0} = \frac{x_0}{y_0} \cdot f'(x_0)$$

若 $f(x)$ 在任意 x 处可导,则称

$$\frac{Ey}{Ex} = \frac{x}{y} \cdot f'(x)$$

为 $f(x)$ 在 x 处的**弹性函数**.

关于弹性,应注意的是分子和分母必须以百分比表示.因为只有用百分比计算才有可比性.例如衡量肉和蔬菜这两种物品价格变动情况,就不能直接用价格的绝对数来表示,而要用百分比来比较.

例 1 求函数 $f(x) = 100e^{3x}$ 的弹性函数,并求在 $x = 2$ 处的弹性.

解 $\frac{Ey}{Ex} = \frac{x}{y} \cdot f'(x) = \frac{x}{y} \cdot 300e^{3x} = \frac{x}{100e^{3x}} \cdot 300e^{3x} = 3x$

因此,当 $x = 2$ 时 $f(x)$ 的弹性为

$$\left.\frac{Ey}{Ex}\right|_{x=2} = 3 \times 2 = 6$$

其含义是自变量 x 在 $x = 2$ 处变化 1%,引起变量 y 的变化为 6%.

例 2 求 $f(x) = x^{\alpha}$(α 为常数)的弹性函数.

解
$$f'(x) = \alpha \cdot x^{\alpha - 1},$$

$$\frac{E}{Ex}f(x)=\frac{x}{x^{\alpha}}\cdot\alpha\cdot x^{\alpha-1}=\alpha$$

即幂函数的弹性为常数.

二、需求弹性与供给弹性

需求函数已在前面介绍过,可表示为 $Q=D(p)$. 需求量在价格为 p_0 时的弹性大小为

$$\left.\frac{EQ}{EP}\right|_{P=P_0}=\frac{P_0}{D(P_0)}\cdot D'(P_0)$$

需求弹性可以衡量需求的相对变动对价格相对变动的反应程度. 由于需求函数一般是递减的,所以在某处的需求弹性是负的.

例 3 设某商品的需求函数为 $Q=100-2p$,求 $p=30$ 时的弹性.

解
$$\frac{EQ}{EP}=Q'\cdot\frac{P}{Q}=-2\times\frac{P}{100-2P}=\frac{2P}{2P-100}$$
$$\left.\frac{EQ}{EP}\right|_{P=30}=\frac{2\times30}{2\times30-100}=-1.5$$

说明:当 $p=30$ 时,价格变化 1%,引起的需求量变化为 1.5%. 即需求量变化程度大于价格的变化程度,此弹性较大,或需求量对价格变化反应较大. 所求弹性带有负号,是指需求量与价格反向变化. 此时,可以说在 $p=30$ 处,价格上涨(下跌)1%,引起需求量下降(上升)1.5%.

在经济学中,对需求价格弹性分析是对其绝对值进行讨论的,并根据绝对值大小,将需求价格弹性划分为弹性不足、单位弹性、弹性充足三种情况.

令 $\eta=\left|\frac{EQ}{EP}\right|$,

(1)若 $\eta<1$,即需求量变动的幅度小于价格变动的幅度,此时称为**弹性不足**.

(2)若 $\eta=1$,即需求量与价格以同一比例变动,即价格涨跌 1%,引起需求量减增 1%. 此时,称为**单位弹性**.

(3)若 $\eta>1$,即需求量变动的幅度大于价格变动的幅度,此时称为**弹性充足**.

例 4 设某商品需求函数为 $Q=e^{-\frac{P}{5}}$,试求:

(1)需求弹性函数;

(2)当 $p=3,p=5,p=6$ 时需求弹性.

解 (1) $\frac{EQ}{EP}=\frac{P}{Q}\cdot Q'=\frac{P}{e^{-\frac{P}{5}}}\cdot\left(-\frac{1}{5}e^{-\frac{P}{5}}\right)=-\frac{P}{5}$.

(2) $\left.\frac{EQ}{EP}\right|_{P=3}=-\frac{3}{5}=-0.6$,即 $\eta(3)=0.6$,弹性不足. 说明此时价格上涨 1%,需求量只减少 0.6%.

$\left.\frac{EQ}{EP}\right|_{P=5}=-\frac{5}{5}=-1$,即 $\eta(5)=1$,单位弹性. 说明 $p=5$ 时,价格与需求量变动的幅度相同,价格上涨 1%,需求量减少 1%.

$\left.\frac{EQ}{EP}\right|_{P=6}=-\frac{6}{5}=-1.2$,即 $\eta(6)=1.2$,弹性充足. 说明此时价格上涨 1%,需求量下降 1.2%.

类似于需求弹性,我们可以求供给弹性.设供给函数为 $Q=S(p)$,那么供给量在某一价格 p_0 上的弹性大小为

$$\left.\frac{EQ}{EP}\right|_{P=P_0}=\frac{P_0}{S(P_0)}\cdot S'(P_0)$$

供给弹性是衡量供给相对变化对价格相对变化的反应程度.由于供给函数一般是递增的,所以在某处的供给弹性是正的,这与需求弹性不同.

例 5 设某商品的供给函数为 $Q=2+3p$,求供给弹性函数及 $p=3$ 时的供给弹性.

解

$$\frac{EQ}{EP}=\frac{P}{2+3P}\cdot 3=\frac{3P}{2+3P}$$

$$\left.\frac{EQ}{EP}\right|_{P=3}=\frac{3\times 3}{2+3\times 3}=0.82$$

说明当价格 $p=3$ 时,价格上涨(下跌)1%,引起供给量的增加(减少)0.82%.

三、边际收益与需求弹性关系

设 R 为收益函数,$Q=D(p)$ 为需求函数,则

$$R=P\cdot Q=P\cdot D(P)$$

$$R'=D(P)+P\cdot D'(P)=D(P)\left[1+D'(P)\frac{P}{D(P)}\right]$$

考虑到 $D'(P)$ 为负号,$\eta=\left|\frac{EQ}{EP}\right|=|D'(P)|\cdot\frac{P}{D(P)}=-D'(P)\cdot\frac{P}{D(P)}$,

所以有

$$R'=D(P)\cdot(1-\eta(p))$$

由此可知,当 $\eta(P)<1$ 时,$R'>0$,R 递增,即价格上涨会使总收益增加;价格下跌,会使总收益减少.

当 $\eta(P)=1$ 时,$R'=0$,R 取得最大值.

当 $\eta(P)>1$ 时,$R'<0$,R 递减,即价格上涨会使总收益减少,而价格下跌会使总收益增加.

练　习　3.4

1. 设某商品需求函数为 $Q=e^{-\frac{p}{6}}$,试求:

(1)需求弹性函数;

(2)$p=5$,$p=6$,$p=7$ 时的需求弹性.

2. 设某商品的供给函数 $Q=5+6p$,求供给弹性函数及 $p=3$ 时的供给弹性.

3. 设某商品需求函数为 $Q=12-\frac{p}{2}$,试求:

(1)需求弹性函数;

(2)$p=6$ 时需求弹性;

(3)在 $p=6$ 时,若价格上涨 1%,总收益增加还是减少?

(4)p 为何值时,总收益最大?最大总收益是多少?

第五节　偏导数的应用

一、二阶偏导数

以二元函数 $z=f(x,y)$ 为例，若把 y 当作常量，一元函数 $f(x,y)$ 对 x 的导数称为 $f(x,y)$ 对 x 的偏导数. 若把 x 当作常量，一元函数 $f(x,y)$ 对 y 的导数称为 $f(x,y)$ 对 y 的偏导数. 它们分别可记为

$$\frac{\partial z}{\partial x},\frac{\partial z}{\partial y};z'_x,z'_y;\text{或}\frac{\partial f(x,y)}{\partial x},\frac{\partial f(x,y)}{\partial y}$$

一般而言，函数 $z=f(x,y)$ 的偏导数 z'_x、z'_y 还是 x、y 的二元函数. 如果这两个函数对自变量 x 和 y 的偏导数也存在，则称这些偏导数为函数 $f(x,y)$ 的二阶偏导数，记作

$$\frac{\partial^2 z}{\partial x^2}=\frac{\partial}{\partial x}\left(\frac{\partial z}{\partial x}\right)=f''_{xx}(x,y)=z''_{xx} \tag{3.1}$$

$$\frac{\partial^2 z}{\partial x\partial y}=\frac{\partial}{\partial y}\left(\frac{\partial z}{\partial x}\right)=f''_{xy}(x,y)=z''_{xy} \tag{3.2}$$

$$\frac{\partial^2 z}{\partial y^2}=\frac{\partial}{\partial y}\left(\frac{\partial z}{\partial y}\right)=f''_{yy}(x,y)=z''_{yy} \tag{3.3}$$

$$\frac{\partial^2 z}{\partial y\partial x}=\frac{\partial}{\partial x}\left(\frac{\partial z}{\partial y}\right)=f''_{yx}(x,y)=z''_{yx} \tag{3.4}$$

式(3.2)、式(3.4)称为混合偏导数，它们的区别在于先后次序不同，它们并不一定相等. 若 $\frac{\partial^2 z}{\partial x\partial y}$ 和 $\frac{\partial^2 z}{\partial y\partial x}$ 在区域 D 内连续，则在该区域 D 内有 $\frac{\partial^2 z}{\partial x\partial y}=\frac{\partial^2 z}{\partial y\partial x}$，即二阶混合偏导数连续时与求导次序无关.

与二元函数的二阶偏导数相类似可得三阶、四阶以至 n 阶偏导数. 二阶及二阶以上的偏导数称为高阶偏导数.

例 1　求 $z=x^2+y^2-xy+1$ 的二阶偏导数.

解

$$z'_x=(x^2)'_x+(y^2)'_x-(xy)'_x+1'_x=2x-y$$

$$z'_y=(x^2)'_y+(y^2)'_y-(xy)'_y+1'_y=2y-x$$

$$z''_{xx}=(z'_x)'_x=(2x-y)'_x=2$$

$$z''_{xy}=(z'_x)'_y=(2x-y)'_y=-1$$

$$z''_{yx}=(z'_y)'_x=(2y-x)'_x=-1$$

$$z''_{yy}=(z'_y)'_y=(2y-x)'_y=2.$$

二、二元函数极值问题

定义 3.6　设函数 $z=f(x,y)$ 在点 (x_0,y_0) 的某个邻域内有定义，若在该邻域内异于 (x_0,y_0) 的点 (x,y)，总有 $f(x_0,y_0)>f(x,y)$（或 $f(x_0,y_0)<f(x,y)$），则称点 (x_0,y_0) 为函数 $f(x,y)$ 的**极大值点**（或**极小值点**），称 $f(x_0,y_0)$ 为函数的**极大值**（或**极小值**）.

定理 3.9（极值存在必要条件）　若函数 $z=f(x,y)$ 在点 (x_0,y_0) 处取到极值，且 $f'_x(x_0,y_0)$、$f'_y(x_0,y_0)$ 存在，则有 $f'_x(x_0,y_0)=0$，$f'_y(x_0,y_0)=0$.

我们把使一阶偏导数 $f'_x(x_0,y_0)=0$，$f'_y(x_0,y_0)=0$ 的点(类似一元函数情形)也称为**驻点**. 因此，当一阶偏导数存在条件下，局部极值点必定是驻点.

定理 3.10(极值存在充分条件) 设函数 $z=f(x,y)$ 在点 (x_0,y_0) 的某个邻域内有连续的一阶和二阶偏导数，且 $f'_x(x_0,y_0)=0$，$f'_y(x_0,y_0)=0$，

令 $\Delta=[f''_{xy}(x_0,y_0)]^2-f''_{xx}(x_0,y_0)f''_{yy}(x_0,y_0)$，

(1)当 $\Delta<0$ 且 $f''_{xx}(x_0,y_0)<0$，则 $f(x_0,y_0)$ 是极大值；

(2)当 $\Delta<0$ 且 $f''_{xx}(x_0,y_0)>0$，则 $f(x_0,y_0)$ 是极小值；

(3)当 $\Delta>0$，则 $f(x_0,y_0)$ 不是极值；

(4)当 $\Delta=0$ 时，$f(x_0,y_0)$ 是否为极值需通过其他方法判别.

例 2 求 $z=x^2+y^2+4$ 的极值.

解 令
$$\begin{cases}z'_x=2x=0\\ z'_y=2y=0\end{cases}$$

得
$$\begin{cases}x=0\\ y=0\end{cases}\quad(\text{驻点})$$

又
$$z''_{xx}=2,z''_{xy}=0,z''_{yy}=2$$

则
$$\Delta=0^2-2\times2=-4<0$$

而
$$z''_{xx}(0,0)=2>0$$

所以(0,0)是极小值点.

在实际问题中，若从实际意义判断必定存在最大(小)值，依据定理 3.10 存在唯一的极大(小)值点，则此极大(小)值点一定也是最大(小)值点.

例 3 某家具公司根据最近几年生产情况获得的该公司每年获得利润的关系式为

$$L(x,y)=-22x^2+22xy-11y^2+110x-44y-23$$

式中，x(以千件为单位)表示依正常销售渠道销售的家具，y(以千件为单位)表示按投标形式销售的家具. $L(x,y)$ 表示每年获得利润(以万元为单位). 试求当 x,y 为何值时取到最大利润，并求其最大值.

解 步骤 1：先求使偏导数等于 0 的点，即求 $L(x,y)$ 的驻点.

$$L'_x(x,y)=-44x+22y+110=0$$
$$L'_y(x,y)=22x-22y-44=0$$

解上述方程得唯一驻点(3,1).

步骤 2：计算 A、B、C 的值.

$$A=L''_{xx}(3,1)=-44,B=L''_{xy}(3,1)=22,C=L''_{yy}(3,1)=-22.$$

步骤 3：计算 Δ 的值.

$$\Delta=B^2-AC=22^2-(-44)\times(-22)=-484<0$$

并且 $A=-44<0$. 这属于定理 3.10 中(1)的情形，即 $L(x,y)$ 在驻点(3,1)处取得极大值 $L(3,1)=120$ (万元). 根据问题实际意义，此极大值必定是最大值.

三、条件极值与拉格朗日乘数法

下面再介绍一种在实际应用中常用到的二元函数在一定约束条件下求极值的方法.

拉格朗日乘数法 求 $z=f(x,y)$ 在满足约束条件 $\varphi(x,y)=0$ 的极值，这样的极值问题称

为**条件极值问题**,可用拉格朗日乘数法解决.

作辅助函数 $F(x,y,\lambda)=f(x,y)+\lambda\varphi(x,y)$,$F(x,y,\lambda)$称为**拉格朗日函数**,$\lambda$ 称为**拉格朗日乘数**,则 $F(x,y,\lambda)$的极值存在的必要条件为

$$\begin{cases}F'_x=f'_x+\lambda\varphi'_x=0\\F'_y=f'_y+\lambda\varphi'_y=0\\F'_\lambda=\varphi(x,y)=0\end{cases}$$

解此方程组,得解(x_0,y_0,λ_0),则(x_0,y_0)就是$f(x,y)$满足条件 $\varphi(x,y)=0$ 的可能极值点.

与极值实际问题类似,对于实际应用中的条件极值问题,若求得唯一的(x_0,y_0),使得$f'_x(x_0,y_0)=0$,$f'_y(x_0,y_0)=0$,且根据问题性质能判定最大(最小)值存在,则所求的点(x_0,y_0)必为最大(或最小)点.

例 4 设生产某产品的数量 z 与所用两种原料 A、B 的数量 x,y 关系为 $z=0.005x^2y$,现打算用 150 元购买原料,已知 A、B 原料的单价分别为 1 元和 2 元. 问购进两种原料各多少时,才可使生产数量最多?

解 目标函数为 $z=0.005x^2y$

约束条件为 $x+2y=150$

拉格朗日函数为 $F(x,y,\lambda)=0.005x^2y+\lambda(x+2y-150)$

令

$$\begin{cases}F'_x=0.01xy+\lambda=0\\F'_y=0.005x^2+2\lambda=0\\F'_\lambda=x+2y-150=0\end{cases}$$

解得$\begin{cases}x_0=100\\y_0=25\end{cases}$,由问题性质知道使目标函数最大的函数值存在. 因此,此值必为 $z(100,25)$. 即当购进原料 A、B 分别为 100、25 个单位时,可使生产的数量最多.

练 习 3.5

1. 求下列二元函数的二阶偏导数:

(1)$f(x,y)=3x^2-2xy^3+1$; (2)$f(x,y)=xe^{xy}$.

2. 求下列二元函数的极值点和极值:

(1)$f(x,y)=-x^2-y^2+6x+8y-21$; (2)$f(x,y)=x^3+y^3-6xy$.

3. 设某公司销售电风扇,其年利润函数为

$$L(x,y)=-66x^2+132xy-99y^2+132x-66y-19\text{(单位:元)}$$

其中 x 表示每年零售电风扇的数量,y 表示每年批发销售的数量. 试求当零售与批发数量各为多少时,该公司取得最大年利润.

4. 求函数 $z=x^2+y^2$ 在条件$\frac{x}{a}+\frac{y}{b}=1$ 下的极值.

复习题三

一、填空题

1. 函数$f(x)=2x^2-x+1$ 在$[-1,2]$上满足拉格朗日中值定理的 $\xi=$____.

2. 函数$f(x)=x+\frac{1}{x}$的单调减区间为____.

3. 函数$f(x)=x^2-2x$的极小值为____,函数$f(x)=x(x-3)^2$的极大值点为____.

4. 函数$f(x)=xe^{-x}$在区间$[-1,2]$上的最大值为____.

5. 曲线$f(x)=x^3-2x+3$的凸区间为____.

6. 曲线$y=\frac{e^x}{x(x-1)}$的渐近线为____.

7. 取得极值的点可能是____点或____点;取得最值的点可能是____点或____点或____点.

8. 某商品的成本函数为$C=100+\frac{Q^2}{4}$,则$Q=10$时的总成本为____;平均成本为____;边际成本为____.

9. 函数$y=100e^{3x}$在$x=2$时的弹性为____.

10. 某商品的需求函数为$Q=100-\frac{P^2}{4}$,则$P=4$时的需求弹性为____.

二、选择题

1. 下列函数在给定区域内满足拉格朗日中值定理的是(　　).

(A)$f(x)=|x-1|,[0,2]$;　　(B)$f(x)=\sqrt[3]{x},[-1,1]$;

(C)$f(x)=x+|x|,[-1,2]$;　　(D)$f(x)=\ln(x-2),[3,6]$.

2. 下列各式能用洛必达法则的是(　　).

(A)$\lim\limits_{x\to\infty}\frac{\sin x}{x^2}$;　　(B)$\lim\limits_{x\to\infty}\frac{x-\sin x}{x+\sin x}$;

(C)$\lim\limits_{x\to\infty}\frac{2x^2+3x}{x^2+1}$;　　(D)$\lim\limits_{x\to\infty}\frac{x-\sin x}{x^3}$.

3. 下列命题正确的是(　　).

(A)驻点一定是极值点;　　(B)驻点不是极值点;

(C)驻点不一定是极值点;　　(D)驻点是函数的零点.

4. 曲线$y=3x^2-x^3$是凸的且具有一个极值点的区间是(　　).

(A)$(-\infty,+\infty)$;　　(B)$(-\infty,1)$;

(C)$(1,+\infty)$;　　(D)$(-1,+\infty)$.

5. 已知$f(x)=a\sin x+\frac{1}{3}\sin 3x$($a$为常数)在$x=\frac{\pi}{3}$处取得极值,则$a=$(　　).

(A)2;　　(B)1;

(C)0;　　(D)-1.

6. 若$f(x)$在区间(a,b)内有$f'(x)<0,f''(x)>0$,则$f(x)$在(a,b)内是(　　).

(A)单调减少,凹的;　　(B)单调减少,凸的;

(C)单调增加,凹的;　　(D)单调增加,凸的.

7. 曲线$y=\frac{x^2+1}{x-1}$(　　).

(A)有水平渐近线无垂直渐近线;　　(B)无水平渐近线有垂直渐近线;

(C)既无水平渐近线又无垂直渐近线;　　(D)既有水平渐近线又有垂直渐近线.

8. $f''(x_0)=0$ 是 $f(x)$ 的图形在 x_0 处有拐点的(　　).

(A)充分条件；　　(B)必要条件；

(C)充分必要条件；　　(D)以上说法都不对.

9. 下列函数的弹性函数不是常数的是(　　)，其中 a、b 为常数.

(A) $y=ax+b$；　　(B) $y=ax$；

(C) $y=\frac{a}{x}$；　　(D) $y=x^a$.

10. 某商品的需求函数为 $Q=e^{-\frac{p}{5}}$，则 $p=6$ 时的需求弹性为(　　).

(A)1；　　(B)1.1；

(C)1.2；　　(D)1.3.

三、计算题

1. 求函数 $f(x)=x-\frac{5}{2}x^{\frac{2}{5}}$ 的单调增减区间和极值.

2. 试作函数 $y=x^4-2x^3$ 的图形.

3. 生产某种商品 x 单位的利润是 $L(x)=5000+x-0.00001x^2$(元)，问生产多少单位时，获得利润最大？

4. 某工厂生产两种产品Ⅰ与Ⅱ，出售单价分别为10元与9元，生产 x 单位的产品Ⅰ与生产 y 单位的产品Ⅱ的总费用是 $C(x,y)=400+2x+3y+0.03x^2+0.01xy+0.03y^2$(元)，求取得最大利润时，两种产品的产量各多少？

5. 求函数 $z=xy(a-x-y)$ 的极值($a\neq 0$).

第四章　积　　分

第二章讨论了如何求一个函数的导数(微分)问题,现在来讨论它的逆问题,即要由一个函数的已知导数(微分)求原来的函数,由此产生了积分学.积分学由两个基本部分组成:不定积分和定积分.本章研究不定积分和定积分的概念、性质和基本积分方法,以及积分在经济中的应用.

第一节　不定积分

一、不定积分的概念与性质

定义 4.1　设$f(x)$是定义在某区间上的已知函数,若存在一个函数$F(x)$,对于该区间上每一点都满足$F'(x)=f(x)$,则称$F(x)$是$f(x)$在该区间的一个**原函数**.

例如,已知$f(x)=2x$,由于$F(x)=x^2$满足$F'(x)=(x^2)'=2x$,所以$F(x)=x^2$是$f(x)=2x$的一个原函数.同理,x^2+1,x^2-1,x^2+10等也都是$f(x)=2x$的原函数.

由此可知,已知函数的原函数不止一个.若$F(x)$是$f(x)$的一个原函数,则$F(x)+C$(C为任意常数)也是$f(x)$的原函数.且若$F(x)$,$G(x)$都是$f(x)$的原函数,则$(F(x)-G(x))'=F'(x)-G'(x)=f(x)-f(x)=0$,知$F(x)-G(x)=C$,即它们仅相差一个常数.因此,若$F(x)$是$f(x)$的一个原函数,则$f(x)$的所有原函数可以表示为$F(x)+C$.

定义 4.2　称函数$f(x)$的所有原函数为函数$f(x)$的**不定积分**,记作$\int f(x)\mathrm{d}x$,其中$f(x)$称为被积函数,$f(x)\mathrm{d}x$称为被积表达式,x称为积分变量,"$\int$"称为积分号.

显然,若$F(x)$是$f(x)$的一个原函数,则由定义4.2可知$\int f(x)\mathrm{d}x=F(x)+C$其中$C$是任意常数.

因此,求函数$f(x)$的不定积分,只需求出$f(x)$的一个原函数$F(x)$,再加上任意常数C即可.例如

$$\int 3x^2\mathrm{d}x=x^3+C$$

$$\int \sin x\mathrm{d}x=-\cos x+C$$

$$\int e^x\mathrm{d}x=e^x+C.$$

例 1　求函数$f(x)=\dfrac{1}{x}$的不定积分.

解　(1)当$x>0$时,$(\ln x)'=\dfrac{1}{x}$

所以
$$\int\frac{1}{x}\mathrm{d}x=\ln x+C\qquad(x>0)$$

(2)当 $x<0$ 时，$-x>0$

$$[\ln(-x)]'_x=\frac{1}{-x}\cdot(-x)'=\frac{1}{x}$$

所以

$$\int\frac{1}{x}\mathrm{d}x=\ln(-x)+C(x<0)$$

合并(1)、(2)两式得到：

$$\int\frac{1}{x}\mathrm{d}x=\ln|x|+C(x\neq0).$$

由不定积分的定义可知不定积分具有如下性质：

1. 求不定积分与求导数或微分互为逆运算.

(1) $\left[\int f(x)\mathrm{d}x\right]'=f(x)$ 或 $\mathrm{d}\left[\int f(x)\mathrm{d}x\right]=f(x)\mathrm{d}x$；

(2) $\int F'(x)\mathrm{d}x=F(x)+C$ 或 $\int\mathrm{d}F(x)=F(x)+C$.

2. $\int kf(x)\mathrm{d}x=k\int f(x)\mathrm{d}x$.

3. $\int[f(x)\pm g(x)]\mathrm{d}x=\int f(x)\mathrm{d}x\pm\int g(x)\mathrm{d}x$.

即两个函数代数和的不定积分等于各个函数不定积分的代数和,这个公式可以推广到任意有限多个函数的代数和的情况.

二、基本不定积分公式

由导数的基本公式对应地可以得到下面不定积分公式：

(1) $\int k\mathrm{d}x=kx+C$；

(2) $\int x^{\mu}\mathrm{d}x=\frac{1}{\mu+1}x^{\mu+1}+C(\mu\neq-1)$；

(3) $\int\frac{1}{x}\mathrm{d}x=\ln|x|+C$；

(4) $\int e^{x}\mathrm{d}x=e^{x}+C$；

(5) $\int a^{x}\mathrm{d}x=\frac{a^{x}}{\ln a}+C(a>0$ 且 $a\neq1)$；

(6) $\int\cos x\mathrm{d}x=\sin x+C$；

(7) $\int\sin x\mathrm{d}x=-\cos x+C$；

(8) $\int\sec^{2}x\mathrm{d}x=\tan x+C$；

(9) $\int\csc^{2}x\mathrm{d}x=-\cot x+C$；

(10) $\int\sec x\cdot\tan x\mathrm{d}x=\sec x+C$；

(11) $\int\csc x\cdot\cot x\mathrm{d}x=-\csc x+C$；

(12) $\int\frac{1}{1+x^{2}}\mathrm{d}x=\arctan x+C$；

(13) $\int\frac{1}{\sqrt{1-x^{2}}}\mathrm{d}x=\arcsin x+c$.

例2 求 $\int(x^{2}+2x+5)\mathrm{d}x$.

解 原式 $=\int x^{2}\mathrm{d}x+\int2x\mathrm{d}x+\int5\mathrm{d}x=\frac{1}{3}x^{3}+x^{2}+5x+C$.

注意:这里三个不定积分本来应该有三个任意常数,经过代数和之后,只要用一个任意常数.

例 3 求 $\int\sqrt{x}\,(x-3)\mathrm{d}x$.

解 原式 $=\int(x^{\frac{3}{2}}-3\sqrt{x})\mathrm{d}x=\int x^{\frac{3}{2}}\mathrm{d}x-3\int x^{\frac{1}{2}}\mathrm{d}x=\dfrac{2}{5}x^{\frac{5}{2}}-2x^{\frac{3}{2}}+C$.

例 4 求 $\int\tan^2 x\mathrm{d}x$.

解 原式 $=\int(\sec^2 x-1)\mathrm{d}x=\int\sec^2 x\mathrm{d}x-\int\mathrm{d}x=\tan x-x+C$.

例 5 设某厂生产某种商品的边际收入为 $R'(Q)=300-3Q$,其中 Q 为该商品的产量,如果该产品可在市场上全部售出,求总收入函数.

解 因为
$$R'(Q)=300-3Q$$
两边积分得
$$R(Q)=\int R'(Q)\mathrm{d}Q=\int(300-3Q)\mathrm{d}Q=300Q-\frac{3}{2}Q^2+C$$
又因为当 $Q=0$ 时,总收入 $R(0)=0$,从而 $C=0$. 所以总收入函数为 $R(Q)=300Q-\dfrac{3}{2}Q^2$.

三、不定积分的几何意义

若 $F(x)$ 是 $f(x)$ 的一个原函数,则曲线 $y=F(x)$ 称为 $f(x)$ 的一条积分曲线,将其沿 y 轴方向任意平行移动,就得到积分曲线族. 在每一条积分曲线上横坐标相同的点 x_0 处作切线,这些切线都是相互平行的,如图 4-1 所示.

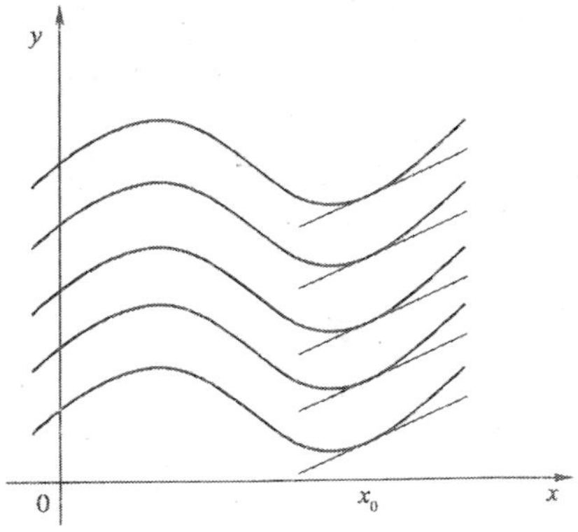

图 4-1

不定积分 $\int f(x)\mathrm{d}x$ 在几何上就表示全体积分曲线所组成的积分曲线族,它们的方程为 $y=F(x)+C$.

例 6 求过点 $(1,3)$ 且在点 (x,y) 处切线斜率为 $3x^2$ 的曲线方程.

解 设所求曲线方程为 $y=F(x)$.

因为 $y'=f'(x)=3x^2$,由不定积分定义,

有
$$F(x)=\int 3x^2\,\mathrm{d}x=x^3+C$$
因所求的曲线过点 $(1,3)$,代入得到 $C=2$. 于是所求的曲线方程为 $y=x^3+2$.

练 习 4.1

1. 求下列不定积分:

(1) $\int x^5\mathrm{d}x$; (2) $\int(x^6+2)\mathrm{d}x$;

(3) $\int 2^{x-3}\mathrm{d}x$; (4) $\int\left(\dfrac{1}{x}+3\right)\mathrm{d}x$;

(5) $\int\sqrt{x}(x^3-5)\mathrm{d}x$; (6) $\int\dfrac{(x-2)^2}{\sqrt{x}}\mathrm{d}x$;

(7) $\int\dfrac{x^2+\sqrt{x}+3}{\sqrt{x}}\mathrm{d}x$; (8) $\int\left(\dfrac{2}{x}+\dfrac{x}{3}\right)^2\mathrm{d}x$.

第二节　不定积分换元法和分部积分法

利用基本不定积分公式及性质只能求一些简单的不定积分，对于比较复杂的不定积分，需要学习其他的方法，下面介绍第一类换元积分法、第二类换元积分法和分部积分法. 应该指出，现在许多数学软件，如 Mathematica、Matlab 等都具有求不定积分功能，读者可以借助数学软件求不定积分，也可以通过查积分表求不定积分.

一、第一类换元积分法

例 1　求 $\int\cos(3x+1)\mathrm{d}x$.

解　选择新变量 $u=3x+1$，则 $x=\frac{1}{3}(u-1)$，$\mathrm{d}x=\frac{1}{3}\mathrm{d}u$

原式 $=\int\cos u\cdot\frac{1}{3}\mathrm{d}u=\frac{1}{3}\sin u+C=\frac{1}{3}\sin(3x+1)+C$.

第一类换元积分法主要在于选择新的变量 $u=\varphi(x)$，其中 $\varphi(x)$ 为连续可导的，原不定积分转换为可以使用基本不定积分公式. 为选择好新的变量，往往把原不定积分被积表达式 $f(x)\mathrm{d}x$ 凑成微分的形式，以便于使用基本公式，求出积分后，再还原为原积分变量.

例 2　求 $\int(2x+4)^3\mathrm{d}x$.

解　$$\int(2x+4)^3\mathrm{d}x\xlongequal{\text{凑微分}}\frac{1}{2}\int(2x+4)^3\mathrm{d}(2x+4)\xlongequal[u=2x+4]{\text{变量代换}}\frac{1}{2}\int u^3\mathrm{d}u$$

$$=\frac{1}{2}\cdot\frac{1}{1+3}u^{3+1}+C\xlongequal{\text{还原}}\frac{1}{8}(2x+4)^4+C.$$

例 3　求 $\int xe^{x^2}\mathrm{d}x$.

解　$$\int xe^{x^2}\mathrm{d}x\xlongequal{\text{凑微分}}\frac{1}{2}\int e^{x^2}\mathrm{d}x^2\xlongequal[u=x^2]{\text{变量代替}}\frac{1}{2}\int e^u\mathrm{d}u$$

$$=\frac{1}{2}e^u+C\xlongequal{\text{还原}}\frac{1}{2}e^{x^2}+C.$$

二、第二类换元积分法

第一类换元积分法是选择新变量 $u=\varphi(x)$，但对某些不定积分，则需要作相反的代换，即令 $x=\varphi(t)$，其中 $\varphi(t)$ 是连续可导的，以使积分化为能使用基本公式. 该类变量替换公式由于要求出 t 关于 x 的表达式，所以 $x=\varphi(t)$ 还须存在反函数.

例 4　求 $\int x\sqrt{x+1}\,\mathrm{d}x$.

解　令 $t=\sqrt{x+1}$，则 $x=t^2-1$，$\mathrm{d}x=2t\mathrm{d}t$

$$\text{原式}=\int(t^2-1)\cdot t\cdot 2t\mathrm{d}t=2\int(t^4-t^2)\mathrm{d}t$$

$$=\frac{2}{5}t^5-\frac{2}{3}t^3+C=\frac{2}{5}(x+1)^{\frac{5}{2}}-\frac{2}{3}(x+1)^{\frac{3}{2}}+C.$$

例 5 求 $\int \frac{1}{1+\sqrt{x}}dx$.

解 令 $t=\sqrt{x}$,则 $x=t^2$, $dx=2tdt$

$$原式=\int \frac{1}{1+t}\cdot 2tdt = 2\int \frac{t}{1+t}dt$$
$$=2\int \frac{1+t-1}{1+t}dt = 2\int\left(1-\frac{1}{1+t}\right)dt$$
$$=2(t-\ln|1+t|)+C$$
$$=2(\sqrt{x}-\ln|1+\sqrt{x}|)+C.$$

三、分部积分法

设函数 $u=u(x)$,$v=v(x)$有连续导数,由

$$(uv)'=u'v+uv'$$

得
$$uv'=(uv)'-u'v$$

两边求不定积分,

得
$$\int u\ v'dx = uv-\int u'vdx$$

为便于应用,上式可写成

$$\int udv = uv - \int vdu$$

这就是分部积分公式.如果求 $\int u\ v'dx$ 有困难,而求 $\int u'vdx$ 较容易时,就可以利用分部积分公式.

例 6 求 $\int \ln x dx$.

解 $\int \ln x dx \xlongequal{令u=\ln x,v=x} x\ln x-\int x d\ln x$

$$=x\cdot\ln x-\int x\cdot\frac{1}{x}dx = x\ln x - x + C.$$

例 7 求 $\int xe^x dx$.

解 $\int xe^x dx = \int x de^x \xlongequal{令u=x,v=e^x} xe^x-\int e^x dx = xe^x-e^x+C$.

例 8 求 $\int e^x \sin x\, dx$.

解 $\int e^x\sin x\, dx = \int \sin x\, d(e^x) = e^x\sin x - \int e^x\, d(\sin x)$

$$=e^x\sin x-\int e^x\cos xdx = e^x\sin x - \int\cos x\, de^x$$
$$=e^x\sin x - e^x\cos x + \int e^x\, d\cos x$$
$$=e^x\sin x - e^x\cos x - \int e^x\sin xdx.$$

由于上式右端的第三项就是所求的积分 $\int e^x \sin x \, dx$，将它移到等式左端去，两端再同除以2，即得

$$\int e^x \sin x \, dx = \frac{1}{2} e^x (\sin x - \cos x) + C .$$

练　习　4.2

1. 求下列不定积分：

(1) $\int (5x+3)^3 \, dx$；　(2) $\int (3-2x)^2 dx$；

(3) $\int e^{2+3x} \, dx$；　(4) $\int e^{2-x} dx$；

(5) $\int x\sin(x^2+2) \, dx$；　(6) $\int \cos x \sqrt{\sin x} dx$.

2. 求下列不定积分：

(1) $\int x \sqrt{x+2} \, dx$；　(2) $\int \frac{1}{3+\sqrt{x}} dx$.

3. 求下列不定积分：

(1) $\int x^2 \ln x \, dx$；　(2) $\int x e^{2x} dx$；

(3) $\int \ln 3x \, dx$；　(4) $\int e^x \cos x dx$.

4. 若 $\int f(x) dx = xe^{-x^2} + C$，求 $f(x)$.

5. 一曲线位于第一象限并过点 $(e,2)$，且过曲线上任一点的斜率等于该点横坐标的倒数，求该曲线方程.

6. 设某企业生产某产品，其边际成本 C' 与日产量 x(kg) 关系为 $C' = x+5$(美元/kg)，其固定成本为 2000 美元，试求成本函数.

第三节　定积分的概念与性质

一、面积问题

由连续曲线 $y=f(x)$，x 轴及直线 $x=a$，$x=b$ 所围成平面图形，称其为曲边梯形. 现在计算如图 4-2 所示的曲边梯形面积 A.

1. 分割

用分点 $a=x_0<x_1<\cdots<x_{n-1}<x_n=b$，

把区间 $[a,b]$ 任意分成 n 个小区间

$[x_0,x_1]$，$[x_1,x_2]$，$[x_2,x_3]$，$\cdots$，$[x_{n-1},x_n]$

每个小区间的长度为 $\Delta x_i = x_i - x_{i-1}$，相应的曲边梯形被分割成 n 个小曲边梯形 $\Delta A_i (i=1,2,\cdots n)$.

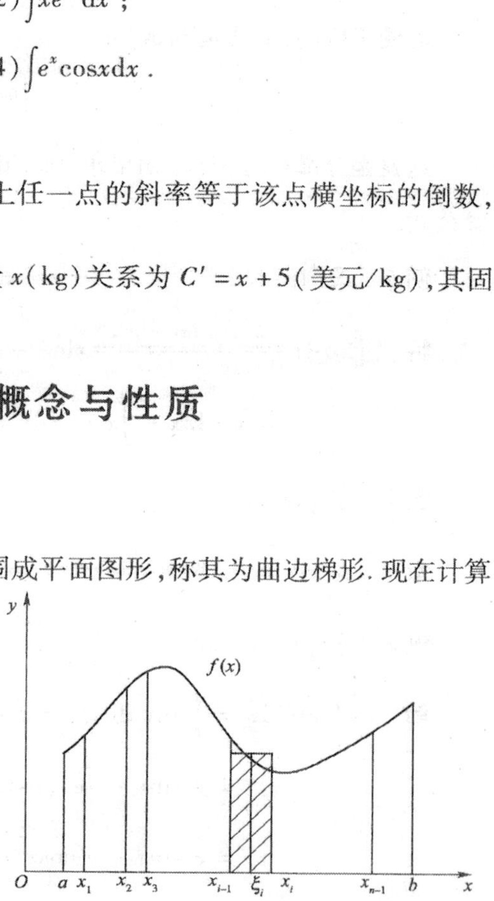

图 4-2

2. 近似

对于第 i 个小曲边梯形 ΔA_i，在小区间 $[x_{i-1},x_i]$

上任取一点 ξ_i，得到以 $[x_{i-1},x_i]$ 为底，$f(\xi_i)$ 为高的小矩形，用小矩形的面积 $f(\xi_i)\Delta x_i$ 近似代替小曲边梯形的面积 ΔA_i，

即 $$\Delta A_i = f(\xi_i)\Delta x_i (i=1,2,\cdots,n)$$

3. 求和

得曲边梯形面积 A 的近似值，

$$A \approx \sum_{i=1}^{n} f(\xi_i)\Delta x_i.$$

4. 取极限

小区间中最大区间长度记为 $\lambda = \max\limits_{1\leqslant i\leqslant n}\{\Delta x_i\}$，当 $\lambda\to 0$ 时，和式 $\sum\limits_{i=1}^{n} f(\xi_i)\Delta x_i$ 的极限便是曲边梯形的面积 A，即

$$A = \lim_{\lambda\to 0}\sum_{i=1}^{n} f(\xi_i)\Delta x_i.$$

二、定积分的概念

定义 4.3 设函数 $f(x)$ 在区间 $[a,b]$ 上有界，分点

$$a = x_0 < x_1 < \cdots < x_{n-1} < x_n = b$$

把区间 $[a,b]$ 分成 n 个小区间

$$[x_0,x_1],[x_1,x_2],[x_2,x_3],\cdots,[x_{n-1},x_n],$$

在每一个小区间 $[x_{i-1},x_i]$ 上任取一点 ξ_i，作和 $\sum\limits_{i=1}^{n} f(\xi_i)\Delta x_i$，记小区间中最大区间长度为 $\lambda = \max\limits_{1\leqslant i\leqslant n}\{\Delta x_i\}$，如果当 $\lambda\to 0$ 时，上述和式的极限存在，则称函数 $f(x)$ 在区间 $[a,b]$ 上可积，并称此极限值为 $f(x)$ 在区间 $[a,b]$ 上的定积分，记为 $\int_a^b f(x)\mathrm{d}x$，即

$$\int_a^b f(x)\mathrm{d}x = \lim_{\lambda\to 0}\sum_{i=1}^{n} f(\xi_i)\Delta x_i$$

其中"$\int$"称做积分号，$f(x)$ 称做被积函数，$f(x)\mathrm{d}x$ 称做被积表达式，x 称做积分变量，区间 $[a,b]$ 称做积分区间，a 与 b 分别称做积分下限与积分上限.

根据定积分定义，曲边梯形的面积 A 是函数 $y=f(x)\ (f(x)\geqslant 0)$ 在 $[a,b]$ 上的定积分，即 $A = \int_a^b f(x)\mathrm{d}x$.

关于定积分的定义，有以下几点说明：

(1) 函数 $f(x)$ 在区间 $[a,b]$ 上可积是指定积分 $\int_a^b f(x)\mathrm{d}x$ 存在，即不论对区间 $[a,b]$ 怎样划分及点 ξ_i 如何选取，当 $\lambda\to 0$ 时，和式 $\sum\limits_{i=1}^{n} f(\xi_i)\Delta x_i$ 的极限值都唯一存在，可以证明在 $[a,b]$ 上连续的函数 $f(x)$ 必定在区间 $[a,b]$ 上可积.

(2) 定积分表示一个数值，它只与被积函数及积分区间 $[a,b]$ 有关，而与积分变量用何字母表示无关.

下面积分变量分别用 x、u、t、w，其定积分表示式实际都是一样的.

$$\int_a^b f(x)\mathrm{d}x = \int_a^b f(u)\mathrm{d}u = \int_a^b f(t)\mathrm{d}t = \int_a^b f(w)\mathrm{d}w$$

(3) 在定义中曾假定 $a<b$，为今后应用方便，规定

(i) $\int_a^b f(x)\,dx = -\int_b^a f(x)\,dx$;

(ii) $\int_a^a f(x)\,dx = 0$.

(4)由前面叙述可知,当 $f(x) \geqslant 0$ 时,定积分 $\int_a^b f(x)\,dx$ 的几何意义是由曲线 $y=f(x)$,直线 $x=a, x=b$ 与 x 轴所围成曲边梯形的面积,但当 $f(x)$ 在区间 $[a,b]$ 上的值有正有负时,定积分 $\int_a^b f(x)\,dx$ 在几何上表示曲线 $y=f(x)$,直线 $x=a, x=b$ 与 x 轴围成的在 x 轴上方和下方曲边梯形面积的代数和.例如,图 4-3 所示的面积为

$$\int_a^b f(x)\,dx = S_1 - S_2 + S_3$$

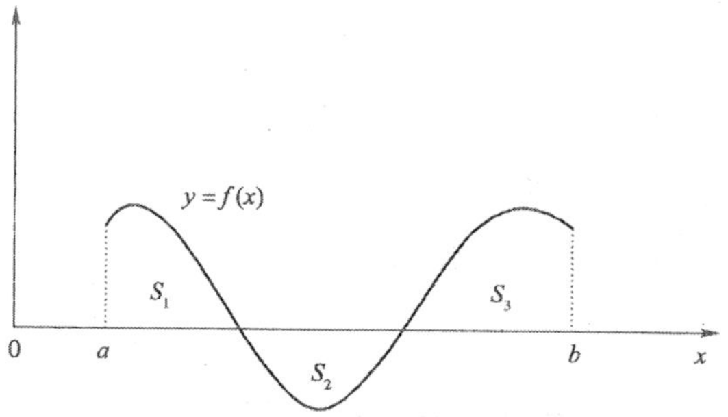

图 4-3

三、定积分的基本性质

下面定积分的性质均假定 $f(x)$、$g(x)$ 为可积的.

性质 4.1 两个函数代数和的定积分等于它们定积分的代数和,即

$$\int_a^b [f(x) \pm g(x)]\,dx = \int_a^b f(x)\,dx \pm \int_a^b g(x)\,dx$$

此性质可推广到有限多个函数代数和情形.

性质 4.2 被积函数的常数因子可以提到积分号外,即

$$\int_a^b kf(x)\,dx = k\int_a^b f(x)\,dx \ (k \text{ 是常数})$$

性质 4.3 对任意点 c,有

$$\int_a^b f(x)\,dx = \int_a^c f(x)\,dx + \int_c^b f(x)\,dx$$

该性质又称为定积分的积分区间可加性.

性质 4.4 如果 $f(x)$ 在区间 $[a,b]$ 上连续,则在区间 $[a,b]$ 上至少存在一点 ξ,使得

$$\int_a^b f(x)\,dx = f(\xi)(b-a)$$

该性质又称为积分中值定理.

以上性质的证明均从略.

对于积分中值定理,特别指出其几何意义是在 $[a,b]$ 上至少存在一点 ξ,使得以区间 $[a,b]$ 为底边,以曲线 $f(x)$ 为曲边的曲边梯形的面积等于同底边而高为 $f(\xi)$ 的矩形面积,如图 4-4 所示.

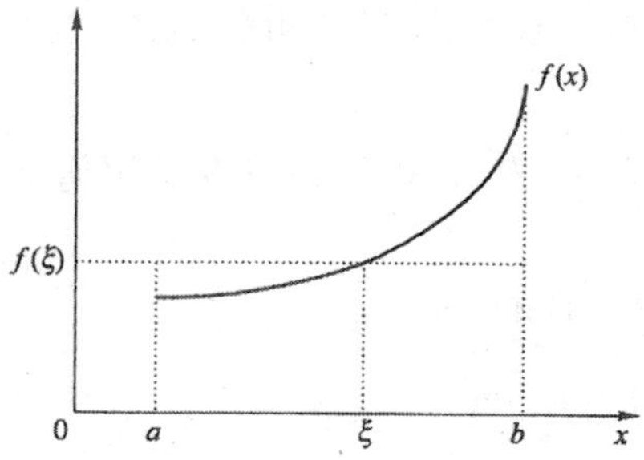

图 4-4

其中 $f(\xi) = \dfrac{1}{b-a}\int_a^b f(x)\,dx$ 又表示连续曲线 $f(x)$ 在闭区间 $[a,b]$ 上的平均高度,即函数 $f(x)$ 在区间 $[a,b]$ 上的平均值.这是有限个数算求平均值概念的推广,在实际中经常遇到.

例(平均价格) 已知需求函数为 $p=100e^{-0.05x}$(单位:元),试求出 x 在区间 $[40,60]$ 平均价格的表示式.

解　在区间[40,60]平均价格记为$\bar{p}$,则

$$\bar{p}=\frac{1}{60-40}\cdot\int_{40}^{60}100e^{-0.05x}\mathrm{d}x=5\int_{40}^{60}e^{-0.05x}\mathrm{d}x.$$

第四节　微积分基本定理

函数$f(x)$在$[a,b]$上的定积分是用和的极限来定义的,如果直接去求这个和的极限往往是困难的,有时甚至求不出.如何寻找计算定积分简便而有效的方法就成为解决有关实际问题的关键.

定理 4.1　设函数$f(x)$在区间$[a,b]$上连续,如果$F(x)$是$f(x)$的一个原函数,则

$$\int_a^b f(x)\mathrm{d}x=F(b)-F(a)$$

证　令$I(x)=\int_a^x f(t)\mathrm{d}t$,这是被积函数为$f(x)$的变上限定积分,可以证明$I'(x)=f(x)$,即变上限定积分的导数等于被积函数$f(x)$.因此变上限定积分是被积函数$f(x)$的一个原函数.由基本定理的条件,$F(x)$也是$f(x)$的一个原函数,因此$I(x)$与$F(x)$仅相差一个常数$C$,即$I(x)=F(x)+C$

所以
$$\int_a^x f(t)\mathrm{d}t=F(x)+C$$

令$x=a$,得
$$F(a)+C=\int_a^a f(t)\mathrm{d}t=0$$

因此
$$C=-F(a)$$

所以
$$\int_a^x f(t)\mathrm{d}t=F(x)-F(a)$$

再令$x=b$,得
$$\int_a^b f(t)\mathrm{d}t=F(b)-F(a)$$

或
$$\int_a^b f(x)\mathrm{d}x=F(b)-F(a).$$

该公式称为牛顿—莱不尼兹公式,它揭示了定积分与被积函数的原函数或不定积分的联系,也为定积分$\int_a^b f(x)\mathrm{d}x$的计算提供了有效的计算方法,即只需求出$f(x)$在区间$[a,b]$上的一个原函数$F(x)$然后计算$F(b)-F(a)$即可.牛顿—莱不尼兹公式也可记为

$$\int_a^b f(x)\mathrm{d}x=F(x)\Big|_a^b=F(b)-F(a)$$

例 1　$\int_0^{\frac{\pi}{2}}\sin x\mathrm{d}x$.

解　$\int_0^{\frac{\pi}{2}}\sin x\mathrm{d}x=[-\cos x]\Big|_0^{\frac{\pi}{2}}=(-\cos\frac{\pi}{2})-(-\cos 0)=1$.

例 2　计算　$\int_0^5 x^2\mathrm{d}x$.

解　$\int_0^5 x^2\mathrm{d}x=\frac{x^3}{3}\Big|_0^5=\frac{125}{3}$.

例 3　试求上节例题的平均价格.

解　$\bar{P} = 5\int_{40}^{60} e^{-0.05x}\mathrm{d}x = 5 \cdot \left.\frac{e^{-0.05x}}{-0.05}\right|_{40}^{60} = 100(e^{-2} - e^{-3}) = 8.52$(元).

下面例子说明为了求出定积分的值,可以充分利用求不定积分的技巧如换元法、分部积分法等.

例4　计算定积分 $\int_{-2}^{1} e^{\sqrt{x+3}}\mathrm{d}x$.

解　令 $\sqrt{x+3}=t$,则 $x=t^2-3$, $\mathrm{d}x=2t\mathrm{d}t$

$$\begin{aligned}\int e^{\sqrt{x+3}}\mathrm{d}x &= \int e^t 2t\mathrm{d}t \\ &= 2\int t\mathrm{d}e^t = 2(te^t) - 2\int e^t\,\mathrm{d}t \\ &= 2te^t - 2e^t + C \\ &= 2\sqrt{x+3}e^{\sqrt{x+3}} - 2e^{\sqrt{x+3}} + C\end{aligned}$$

所以
$$\int_{-2}^{1} e^{\sqrt{x+3}}\mathrm{d}x = \left.(2\sqrt{x+3} - 2)e^{\sqrt{x+3}}\right|_{-2}^{1} = 2e^2.$$

例5(奇偶函数的定积分计算)　设函数 $f(x)$ 在对称区间 $[-a,a]$ 上连续,则有

(1)若 $f(x)$ 为偶函数时,$\int_{-a}^{a} f(x)\mathrm{d}x = 2\int_0^a f(x)\mathrm{d}x$;

(2)若 $f(x)$ 为奇函数时,$\int_{-a}^{a} f(x)\mathrm{d}x = 0$.

上述结论可由定积分的几何意义直观得到.

练　习　4.4

1. 利用基本公式计算下列定积分:

(1) $\int_0^3 x^5\mathrm{d}x$;　　(2) $\int_0^{\pi}\cos x\mathrm{d}x$;

(3) $\int_{\frac{\pi}{4}}^{\frac{\pi}{3}} \frac{1}{\sin^2 x}\mathrm{d}x$;　　(4) $\int_0^1 \sqrt{x}(1+\sqrt[3]{x})\mathrm{d}x$.

2. 一曲边梯形由 $y=x^2-1$,x 轴和直线 $x=\frac{1}{2}$,$x=1$ 所围成,求此曲边梯形面积.

3. 计算下列定积分:

(1) $\int_0^1 (2x-3)^2\mathrm{d}x$;　　(2) $\int_0^{\pi}(1-3x)^3\mathrm{d}x$;

(3) $\int_0^3 \frac{e^{\sqrt{x}}}{\sqrt{x}}\mathrm{d}x$;　　(4) $\int_0^1 x\sin(x^2+1)\mathrm{d}x$.

4. 计算下列定积分:

(1) $\int_0^3 \frac{x}{1+\sqrt{1+x}}\mathrm{d}x$;　　(2) $\int_2^7 x\sqrt{x+2}\mathrm{d}x$.

5. 利用函数奇偶性及定积分几何意义计算定积分:

(1) $\int_{-\pi}^{\pi} x^4\sin^3 x\mathrm{d}x$;　　(2) $\int_{-5}^{5}\frac{x^3\sin^2 x}{1+x^2+x^4}\mathrm{d}x$.

6. 计算下列定积分:

(1) $\int_0^1 xe^{-x}\mathrm{d}x$；　　　　(2) $\int_0^{\frac{\pi}{2}} e^{-2x}\cos x\mathrm{d}x$.

7. 已知需求函数为 $P=30e^{-0.01x}$（单位：元），其中 x 为需求量，p 为价格，试求出 x 在区间 $[30,50]$ 时的平均价格.

8. 某公司测得其产品成本变化关系式为 $f(x)=300-\frac{x}{4}(100\leqslant x\leqslant 1000)$，其中 x 表示该产品生产的数量，$f(x)$ 表示当产品数量为 x 时，再增加一个单位产品时所增加的成本，试求当产品从 100 件增加到 1000 件时，该公司所增加的成本 C（单位：元）.

第五节　广义积分

前面所讨论的定积分，其积分区间都是有限区间. 在实际问题中，还会经常遇到积分区间为无穷区间的积分.

定义 4.4　设 $f(x)$ 在 $[a,+\infty)$ 上连续，取 $b>a$，极限 $\lim\limits_{b\to+\infty}\int_a^b f(x)\mathrm{d}x$ 称为 $f(x)$ 在无穷区间 $[a,+\infty)$ 上的积分，记做 $\int_a^{+\infty} f(x)\mathrm{d}x$，

即
$$\int_a^{\infty} f(x)\mathrm{d}x=\lim_{b\to+\infty}\int_a^b f(x)\mathrm{d}x$$

若上式等号右端的极限存在，则称此无穷区间上的积分 $\int_a^{+\infty} f(x)\mathrm{d}x$ 收敛，否则称为发散.

类似地，定义 $f(x)$ 在无穷区间 $(-\infty,b)$ 上的积分为
$$\int_{-\infty}^{b} f(x)\mathrm{d}x=\lim_{a\to-\infty}\int_a^b f(x)\mathrm{d}x$$
若上式等号右端的极限存在，则称为收敛，否则称为发散.

函数在无穷区间 $(-\infty,+\infty)$ 上的积分定义为
$$\int_{-\infty}^{\infty} f(x)\mathrm{d}x=\int_{-\infty}^{c} f(x)\mathrm{d}x+\int_c^{+\infty} f(x)\mathrm{d}x$$
其中 c 为任意实数，当上式右端两个积分都收敛时，则称为收敛，否则称为发散.

无穷区间上的积分也称为无穷积分或称广义积分.

例 1　计算无穷积分.

解　$\int_0^{+\infty} e^{-x}\mathrm{d}x=\lim\limits_{b\to+\infty}\int_0^b e^{-x}\mathrm{d}x=\lim\limits_{b\to+\infty}(-e^{-x})\Big|_0^b=\lim\limits_{b\to+\infty}\left(-\frac{1}{e^b}+1\right)=1$.

为了书写方便，在计算过程中可不写极限符号，用记号 $F(x)\big|_a^{+\infty}$ 表示 $\lim\limits_{x\to+\infty}[F(x)-F(a)]$，这样例 1 可写为 $\int_0^{+\infty} e^{-x}\mathrm{d}x=(-e^{-x})\Big|_0^{+\infty}=1$.

例 2　讨论无穷积分 $\int_1^{+\infty}\frac{1}{x^p}\mathrm{d}x$ 收敛性.

解　当 $p=1$ 时，$\int_1^{+\infty}\frac{1}{x}\mathrm{d}x=\ln|x|\Big|_1^{+\infty}=+\infty$，发散；

当 $p\neq 1$ 时，$\int_1^{+\infty}\frac{1}{x^p}\mathrm{d}x=\frac{x^{1-p}}{1-p}\Big|_1^{+\infty}=\begin{cases}+\infty, & p<1 \text{ 发散},\\ \frac{1}{p-1}, & p>1 \text{ 收敛}.\end{cases}$

练　习　4.5

1. 计算下列无穷积分:

(1) $\int_0^{+\infty} e^{-3x}\mathrm{d}x$;　　(2) $\int_1^{\infty} \frac{1}{x^3}\mathrm{d}x$;

(3) $\int_1^{\infty} \frac{1}{(1+x)^2}\mathrm{d}x$;　　(4) $\int_{-\infty}^{\infty} \frac{2x}{(x^2+1)^2}\mathrm{d}x$.

2. 求由曲线 $y=\frac{1}{x^2}$, x 轴以及直线 $x=1$ 所围成的图形(图 4-5)面积.

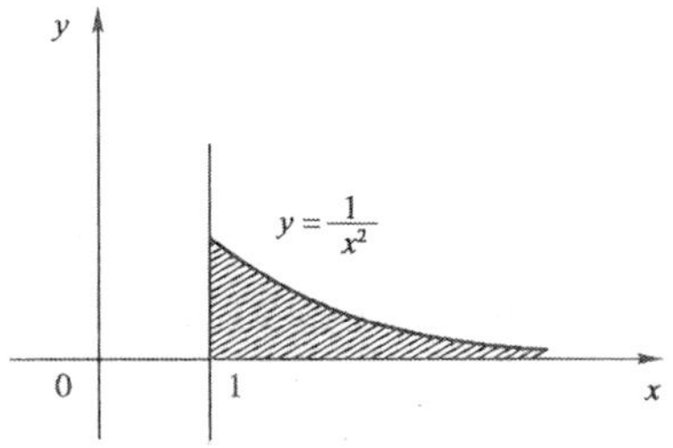

图　4-5

第六节　定积分在经济学中的应用

定积分在经济学中的应用是多方面的,下面前两例体现已知某经济量的变化率(即边际函数)如何求该经济量,后两例是关于平均值在经济中应用. 最后一个例子是关于有效时段问题.

例 1(利润问题)　某公司每个月生产 x 台电视机,边际利润(以美元为单位)为 $L'(x)=165-0.1x(0\leqslant x\leqslant 4000)$,目前公司每月生产 1500 台电视机,并计划提高产量,试求出与每月生产 1600 台电视机时,利润增加了多少?

解　$$L(1600)-L(1500)=\int_{1500}^{1600}L'(x)\mathrm{d}x=\int_{1500}^{1600}(165-0.1x)\mathrm{d}x$$
$$=(165x-0.05x^2)\Big|_{1500}^{1600}$$
$$=1000(\text{美元}).$$

答:当每月电视机生产从 1500 台增加到 1600 台时,利润增加 1000(美元).

例 2(收益问题)　已知生产某商品 x 单位时,边际收益为 $R'(x)=20-\frac{x}{30}$(万元/单位),试求生产 x 单位时总收益函数 $R(x)$ 以及平均单位收益函数 $\overline{R}(x)$,并求生产这种产品 120 单位时的总收益与平均收益.

解　因为总收益是边际收益函数在$[0,x]$上的定积分,所以生产 x 单位时总收益函数为

$$R(x)=\int_0^x\left(20-\frac{t}{30}\right)\mathrm{d}t=\left[20t-\frac{t^2}{60}\right]\Big|_0^x=20x-\frac{x^2}{60}$$

则平均收益函数为

$$\overline{R}(x)=\frac{R(x)}{x}=20-\frac{x}{60}$$

当生产这种产品 120 单位时,总收益为

$$R(120)=20\times120-\frac{120\times120}{60}=2160\ (\text{万元})$$

平均收益为　　$$\overline{R}(120)=20-\frac{120}{60}=18\ (\text{万元}).$$

例 3(平均供应价格)　已知某商品供应函数为 $P=8(e^{0.05x}-1)$,其中 x 为某商品供应量,

P 为该商品的价格(美元),试求在商品供应区间[40,50]上平均供应价格.

解 在商品供应区间[40,50]上平均供应价格 $\bar{p}$ 可用定积分计算如下:

$$\begin{aligned}\bar{p} &= \frac{1}{50-40}\int_{40}^{50} 8(e^{0.05x}-1)\,dx \\ &= (0.8)\cdot\int_{40}^{50} e^{0.05x}\,dx - \int_{40}^{50}(0.8)\,dx \\ &= 16\cdot(e^{2.5}-e^{2})-8 \\ &= 68.64(\text{美元}).\end{aligned}$$

答:在供应区间[40,50]上该商品平均供应价格为 68.64 美元.

例 4(平均存货) 假设某货物去年各月的存货量关系式为 $I(t)=10+30t-3t^2(0\leqslant t\leqslant 12)$,其中 t 表示月份,$I(t)$ 表示在 t 月份的存货量.试求去年第二季度平均存货量(单位:t).

解 去年第二季度的平均存货量记为 $\overline{I_2}$,则

$$\overline{I_2}=\frac{1}{6-3}\int_3^6(10+30t-3t^2)\,dt=\frac{1}{3}\left(10t+\frac{30t^2}{2}-\frac{3t^3}{3}\right)\Big|_3^6 \doteq 82\ (\text{t}).$$

答:某货物在去年第二季度平均货存量为 82t.

例 5(有效时段) 某娱乐公司把一种娱乐设施安装在一个公众活动的地点,用 $C(t)$ 和 $R(t)$ 分别表示该娱乐设施的成本函数与收益函数,其中 t 表示已安装使用的时间(单位:年).已知 $C'(t)=2$,$R'(t)=9e^{-0.5t}$(单位:万元),使 $C'(t)=R'(t)$ 成立的 t 值称为该娱乐设施有效时段,几何意义如图 4-6 所示.

$$C'(t)=R'(t)$$
$$9e^{-0.5t}=2$$
$$t=-2\ln\frac{2}{9}\doteq 3.$$

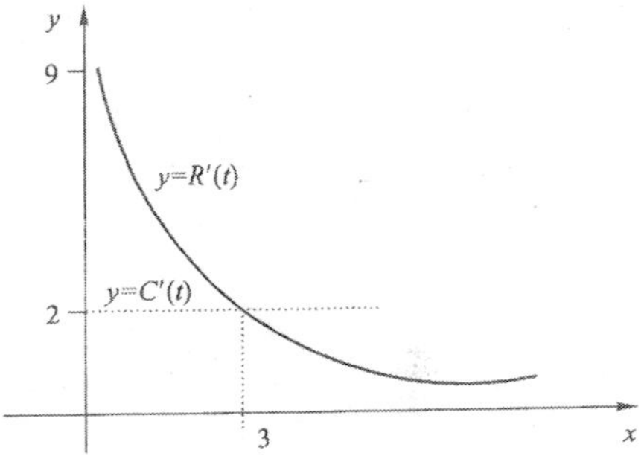

图 4-6

该娱乐设施有效时段约为 3 年.超过这个使用时段,该娱乐公司所安装的娱乐设施是亏本的.试求出在有效时段内,所取得全部利润.

解 有效时段为[0,3],因此所取得全部利润 L 为

$$\begin{aligned}L(3)-L(0) &= \int_0^3 L'(t)\,dt = \int_0^3[R'(t)-C'(t)]\,dt \\ &= \int_0^3(9e^{-0.5t}-2)\,dt = (-18e^{-0.5t}-2t)\Big|_0^3 \\ &= 7.984(\text{万元})\end{aligned}$$

练 习 4.6

1. 已知某商品的边际成本为 $C'(x)=0.8x+42$(元/单位),固定成本为50(元),求总成本函数.

2. 已知某商品的边际收益为 $R'(x)=200-\dfrac{x}{2}$(元/单位),其中 x 表示该商品的产量,求该商品的总收益函数,并求当商品的产量达到 100 单位时的总收益和平均收益.

3. 某汽车生产商估计一种新型车在投入生产之后销售逐月增加,增加的比率关系式为 $S'(t)=4e^{-0.08t}(0\leqslant t\leqslant 24)$,其中 t 表示新型车投入生产之后的第 t 月份.试求该新型车销售量

$S(t)$的表达式,并求出投入生产之后的前六个月的月平均销售量.

4. 例5中若 $C'(t)=1, R'(t)=7.5e^{-0.5t}$,试求在有效时段内公司所取得的全部利润.

5. 设某茶叶生产企业,生产某品牌出口茶叶的边际成本,边际收入是日产量 x(kg)的函数,边际成本为$(x+10)$(美元/kg),边际收益为$(210-4x)$(美元/kg),固定成本为3000美元.求:

(1)日产量为多少时,利润最大?

(2)在获得最大利润时,总收益、平均单位收益、总成本、总利润是多少?

复习题四

一、填空题

1. 一曲线经过点$(1,0)$,且在其上任一点 $M(x,y)$ 处的切线斜率为 $3x^2$,则此曲线方程为______.

2. 设 $f'(x)=1$,且 $f(0)=0$,则 $\int f(x)\mathrm{d}x=$__________.

3. 若 $f'(x)=f(x)$,则 $\int \sin x f(\cos x)\mathrm{d}x=$__________.

4. $\int \frac{1}{1-x}\mathrm{d}x=$____.

5. $\int e^{-x}\sin e^{-x}\mathrm{d}x=$__________.

6. $\int$___$\mathrm{d}x=xe^x+C$.

7. 函数 $y=\frac{1}{\sqrt[3]{x}}$ 在区间$[1,8]$上的平均值为____.

8. 函数 $\cos 2x$ 的原函数是__________.

9. 函数 $\cos 2x$ 是函数__________的原函数.

10. 若 $\int_{-\infty}^{+\infty}\frac{A}{1+x^2}\mathrm{d}x=1$,则 $A=$____.

二、选择题

1. 若 $F(x)$,$G(x)$都是函数 $f(x)$ 的原函数,则必有(　　).

(A)$F(x)=G(x)$;　　(B)$F(x)=kG(x)$;

(C)$F(x)=G(x)+C$;　　(D) $F(x)=\frac{1}{k}G(x)$.

2. 函数 $f(x)=e^{-x}$ 的不定积分为(　　).

(A)e^{-x};　　(B)$-e^{-x}$;

(C)$e^{-x}+C$;　　(D)$-e^{-x}+C$.

3. 设 $f'(x)$ 存在且连续,则 $[\int \mathrm{d}f(x)]'=$(　　).

(A)$f(x)$;　　(B)$f'(x)$;

(C)$f'(x)+C$;　　(D)$f(x)+C$.

4. 设$f(x)=k\tan 2x$的一个原函数为$\frac{2}{3}\ln\cos 2x$,则k等于(　　).

(A) $-\frac{2}{3}$;　　(B) $\frac{3}{2}$;

(C) $-\frac{4}{3}$;　　(D) $\frac{3}{4}$.

5. 如果$f(x)=e^{-x}$,则$\int\frac{f'(\ln x)}{x}dx=$(　　).

(A) $-\frac{1}{x}+C$;　　(B) $\frac{1}{x}+C$;

(C) $-\ln x+C$;　　(D) $\ln x+C$.

6. $\frac{d}{dx}\int_a^b \arctan x dx=$(　　).

(A) $\arctan x$;　　(B) $\frac{1}{1+x^2}$;

(C) $\arctan b-\arctan a$;　　(D) 0.

7. 设函数$f(x)=\int_0^x(t-1)(t+2)dt$,则$f'(-2)=$(　　).

(A) 0;　　(B) 1;

(C) 2;　　(D) -1.

8. $\int_1^e\frac{\ln x}{x}dx=$(　　).

(A) $\frac{1}{2}$;　　(B) $\frac{1}{2}(e^2-1)$;

(C) $\frac{1}{2}(\frac{1}{e^2}-1)$;　　(D) -1.

9. 若$\int_0^1(2x+k)dx=2$,则$k=$(　　).

(A) 0;　　(B) 1;

(C) 2;　　(D) -1.

10. 下列广义积分中收敛的是(　　).

(A) $\int_e^{+\infty}\frac{\ln x}{x}dx$;　　(B) $\int_e^{+\infty}\frac{1}{x\ln x}dx$;

(C) $\int_e^{+\infty}\frac{1}{x(\ln x)^2}dx$;　　(D) $\int_e^{+\infty}\frac{1}{x\sqrt[3]{\ln x}}dx$.

三、计算题

1. 求下列不定积分:

(1) $\int x\sin(x^2+1)dx$　　(2) $\int(3x-5)^3dx$;

(3) $\int\frac{1}{2+\sqrt{x+2}}dx$;　　(4) $\int x^3\ln x dx$.

2. 求下列定积分：

(1) $\int_0^{\frac{\pi}{2}} 2\sin^3 x\cos x\mathrm{d}x$；

(2) $\int_1^e \frac{4}{x(1+\ln x)}\mathrm{d}x$；

(3) $\int_0^3 \frac{3}{\sqrt{2+x}}\mathrm{d}x$；

(4) $\int_1^e x^2\ln x\mathrm{d}x$.

3. 试求曲线 $y=e^{-x}$ 及 y 轴在区间 $[0,+\infty)$ 围成图形的面积.

4. 某公司对其产品的成本函数的边际成本估计为 $C'(x)=300-\frac{x}{2}(0\leqslant x\leqslant 600)$，其中 x 表示该产品的产量，试求当产品产量从100件增到300件时，公司所增加的成本.

5. 设某产品需求函数为 $P=5e^{-0.03x}$（单位：美元），其中 x 表示需求量，试求在需求区间 $[30,50]$ 上的平均价格.

6. **(有效时段)** 设某煤矿累计成本函数 $C(t)$ 和收益函数 $R(t)$（单位：万元），已知 $C'(t)=3$，$R'(t)=15e^{-0.1t}$，这里 t 表示该煤矿投入使用的时间. 试求该煤矿有效时段以及在该时段所取得全部利润.

7. **(利润问题)** 设某商品每天生产 x 单位时的固定成本200（百元），边际成本函数为 $C'(x)=4x+15$（百元/单位），求总成本函数 $C(x)$. 如果这种商品销售的单价为59（百元），且产品全部售出，求总利润函数 $L(x)$，并问每天生产多少单位时才能获得最大利润，此时最大利润是多少？

第五章 微分方程

在科学技术和经济管理中有些实际问题,往往需要通过未知函数及其导数所满足的关系式去求未知函数,这种关系式就是微分方程.本章主要讨论微分方程的一些基本概念以及几种常用的、基本的微分方程的解法.

第一节 微分方程的概念

例1 某曲线上任意一点 $M(x,y)$ 处的切线斜率为 $3x^2$,且该曲线通过(1,2)点,求这个曲线的方程.

解 设所求的曲线方程为 $y=y(x)$,由题意,$y=y(x)$ 应满足方程

$$\frac{dy}{dx}=3x^2 \tag{5.1}$$

对方程(5.1)两边积分,得

$$y=\int 3x^2 dx=x^3+C \tag{5.2}$$

把(1,2)代入(5.2),得 $C=1$

因此,所求曲线方程为

$$y=x^3+1. \tag{5.3}$$

一般地,我们把含有未知函数的导数(或微分)的方程称为**微分方程**.微分方程中出现的未知函数的最高阶导数的阶数,称为**微分方程的阶**.例如方程(5.1)是一阶微分方程,方程 $\frac{d^2y}{dx^2}+2x^3-3y^4=0$ 是二阶微分方程.

如果把某个函数以及它的各阶导数代入微分方程,能使方程成为恒等式,这个函数就称为微分方程的解.例如函数式(5.2)和式(5.3)就是微分方程(5.1)的解.微分方程的解有两种不同的形式,一种是微分方程的解中含有任意常数,且独立的任意常数的个数与微分方程的阶数相同,这样的解叫做**微分方程的通解**.另一种是解中不含任意常数,称为**特解**.函数式(5.2)是微分方程式(5.1)的通解;函数式(5.3)是微分方程(5.1)的特解.

用来确定特解的条件称为**初始条件**.对于给定的微分方程,如果其中的未知函数是一元函数,这样的微分方程称为**常微分方程**.如果未知函数是多元函数时,这样的微分方程称为**偏微分方程**.本章只研究常微分方程.

练 习 5.1

1. 指出下列各微分方程的自变量、未知函数、方程的阶数:

(1) $y'=x^2+5$;

(2) $\frac{d^2y}{dx^2}+2x^3-3y^4=0$;

(3) $y^{(5)}-2y^{(3)}+y^4+x^6=0$.

2. 验证下列函数是否为所给微分方程的解：

(1) $y=Cx^{-3}, x\frac{dy}{dx}+3y=0$;

(2) $y=C_1e^{kx}+C_2e^{-kx}, y''-k^2y=0$;

(3) $y=C_1\cos\omega x+C_2\sin\omega x, \frac{d^2y}{dx^2}+\omega^2y=0$.

第二节　一阶微分方程

一、可分离变量的一阶微分方程

如果一阶微分方程能表达成

$$\frac{dy}{dx}=f(x)g(y) \tag{5.4}$$

则称方程(5.4)为可分离变量的一阶微分方程.

例 1　求微分方程$\frac{dy}{dx}=\frac{x}{y}$满足初始条件$y|_{x=0}=1$的特解.

解　将所给方程分离变量得 $ydy=xdx$，两边积分

$$\int ydy=\int xdx$$

得通解

$$y=\pm\sqrt{x^2+C} \tag{5.5}$$

将初始条件$y|_{x=0}=1$代入(5.5)得 $C=1$，且根号前"+"号，故所求特解为

$$y=\sqrt{x^2+1}.$$

例 2　求方程$\frac{dy}{dx}=\frac{y^2+1}{y(x^2-1)}$的通解.

解　将所给方程分离变量得

$$\frac{y}{y^2+1}dy=\frac{1}{x^2-1}dx$$

两边积分

$$\int\frac{y}{y^2+1}dy=\int\frac{1}{x^2-1}dx$$

得

$$\frac{1}{2}\ln(y^2+1)=\frac{1}{2}\ln\frac{x-1}{x+1}+\frac{1}{2}\ln C.$$

故所求通解为

$$y^2+1=C\frac{x-1}{x+1}\text{（}C\text{ 为任意常数）}.$$

二、一阶线性微分方程

形如

$$\frac{dy}{dx}+p(x)y=q(x) \tag{5.6}$$

的方程，称为一阶线性微分方程.

若式(5.6)中 $q(x)\equiv0$，则方程(5.6)成为

$$\frac{dy}{dx}+p(x)y=0 \tag{5.7}$$

我们称方程(5.7)为一阶齐次线性微分方程.若式(5.6)中 $q(x)\neq 0$,方程(5.6)称为一阶非齐次线性微分方程.并称式(5.7)为式(5.6)所对应的一阶齐次线性微分方程.

将方程(5.7)分离变量,得

$$\frac{dy}{y}=-p(x)dx$$

两边积分得

$$\ln y=-\int p(x)dx+C_1$$

得通解

$$y=Ce^{-\int p(x)dx} \tag{5.8}$$

其中 $C=\pm e^{C_1}$ 为任意常数.下面我们来求方程(5.6)的通解.

设方程(5.6)的通解为

$$y=C(x)e^{-\int p(x)dx}$$

则

$$y'=C'(x)e^{-\int p(x)dx}+C(x)e^{-\int p(x)dx}[-p(x)] \tag{5.9}$$

将式(5.9)代入式(5.6)有

$$C'(x)=q(x)e^{\int p(x)dx} \tag{5.10}$$

两边积分得

$$C(x)=\int q(x)e^{\int p(x)dx}dx+C$$

由此可得方程(5.6)的通解为

$$y=e^{-\int p(x)dx}\left[\int q(x)e^{\int p(x)dx}dx+C\right] \tag{5.11}$$

将齐次线性微分方程(5.7)的通解中任意常数,换成待定函数 $C(x)$,然后求得非齐次线性微分方程(5.6)的通解的方法,叫做**常数变易法**.

例 3 求微分方程 $\frac{dy}{dx}+2xy=2xe^{-x^2}$ 的通解.

解 对应的齐次方程为

$$\frac{dy}{dx}+2xy=0$$

分离变量后,

得

$$\frac{dy}{y}=-2xdx$$

两边积分得

$$y=Ce^{-x^2}\ (C\text{ 为任意常数})$$

现在用常数变易法求对应的非齐次方程的通解.设原方程的通解为 $y=C(x)e^{-x^2}$,

则

$$y'=C'(x)e^{-x^2}-2xC(x)e^{-x^2}$$

代入原方程得

$$C'(x)e^{-x^2}-2xC(x)e^{-x^2}+2xC(x)e^{-x^2}=2xe^{-x^2}$$

化简得

$$\frac{dC(x)}{dx}=2x$$

积分得

$$C(x)=x^2+C$$

则所求方程的通解为

$$y=(x^2+C)e^{-x^2}.$$

例 4 求方程 $y'\cos^2x+y-\tan x=0$ 满足初始条件 $y|_{x=0}=0$ 的特解.

解 方程两边同除以 $\cos^2x$,

得

$$y'+\frac{y}{\cos^2x}=\frac{\sin x}{\cos^3x}$$

令 $p(x)=\dfrac{1}{\cos^2 x}$，$q(x)=\dfrac{\sin x}{\cos^3 x}$，代入(5.11)式有

$$\begin{aligned}
y &= e^{-\int\frac{dx}{\cos^2 x}}\left[\int \frac{\sin x}{\cos^3 x}e^{\int\frac{dx}{\cos^2 x}}dx + C\right]\\
&= e^{-\tan x}\left[\int \frac{\sin x}{\cos^3 x}e^{\tan x}dx + C\right]\\
&= e^{-\tan x}\left[\int \tan x e^{\tan x}d\tan x + C\right]\\
&= e^{-\tan x}\left[\int \tan x de^{\tan x} + C\right]\\
&= e^{-\tan x}\left[\tan x e^{\tan x} - \int e^{\tan x}d\tan x + C\right]\\
&= e^{-\tan x}[\tan x e^{\tan x} - e^{\tan x} + C]\\
&= e^{-\tan x}[e^{\tan x}(\tan x - 1) + C]\\
&= \tan x - 1 + Ce^{-\tan x}.
\end{aligned}$$

由初始条件 $y|_{x=0}=0$，得 $C=1$

从而，所求方程的特解为 $y=\tan x-1+e^{-\tan x}$.

练　习 5.2

1. 求解下列微分方程：

(1) $y'=e^{x+y}$；

(2) $(1-x)dy-(1+y)dx=0$；

(3) $xydx+\sqrt{1-x^2}dy=0$，$y|_{x=1}=\dfrac{1}{2}$；

(4) $y'=1-x+y^2-xy^2$，$y|_{x=0}=1$.

2. 求解下列微分方程：

(1) $y'+y\cos x=\dfrac{1}{2}\sin 2x$；

(2) $xy'-y-\dfrac{x}{\ln x}=0$；

(3) $y'-\dfrac{2y}{x}=x^2e^x$，$y|_{x=1}=0$；

(4) $y'-\dfrac{y}{x}=x\sin x$，$y|_{x=\frac{\pi}{2}}=1$.

第三节　可降阶的高阶微分方程

二阶及二阶以上的微分方程统称为高阶微分方程．本节讨论几类特殊的高阶微分方程．

一、$y^{(n)}=f(x)$型的微分方程

例1 求微分方程 $y'''=xe^x$ 的通解.

解 方程两边积分得

$$y''=\int xe^x\mathrm{d}x=\int x\mathrm{d}e^x=xe^x-\int e^x\mathrm{d}x=xe^x-e^x+C_1$$

将上式积分得

$$y'=\int(xe^x-e^x+C_1)\mathrm{d}x=\int xe^x\mathrm{d}x-\int e^x\mathrm{d}x+\int C_1\mathrm{d}x$$
$$=xe^x-2e^x+C_1x+C_2$$

将上式再积分得

$$y=\int(xe^x-2e^x+C_1x+C_2)\mathrm{d}x$$
$$=\int xe^x\mathrm{d}x-2\int e^x\mathrm{d}x+C_1\int x\mathrm{d}x+\int C_2\mathrm{d}x$$
$$=xe^x-3e^x+\frac{1}{2}C_1x^2+C_2x+C_3.$$

二、$y''=f(x,y')$型的微分方程

这类二阶方程的特点是右端不显含未知函数 y,可令 $y'=p$,则 $y''=p'$,于是原方程化为以 p 为未知函数的一阶方程 $p'=f(x,p)$,求出 p 后,即可求出 y.

例2 求方程 $y''=y'+x$ 满足初始条件 $y|_{x=0}=0,y'|_{x=0}=0$ 的特解.

解 令 $y'=p$,则 $y''=p'$,代入方程,得 $p'=p+x$,即 $p'-p=x$

由一阶线性方程的通解公式,得

$$p=e^{-\int-\mathrm{d}x}\left[\int xe^{\int-\mathrm{d}x}\mathrm{d}x+C_1\right]=e^x\left[\int xe^{-x}\mathrm{d}x+C_1\right]$$
$$=e^x(-xe^{-x}-e^{-x}+C_1)=C_1e^x-x-1$$

所以
$$y'=p=C_1e^x-x-1$$

由初始条件 $y'|_{x=0}=0$,得
$$C_1=1$$

因此,
$$y'=e^x-x-1$$

两边积分,得
$$y=e^x-\frac{x^2}{2}-x+C_2$$

再由初始条件 $y|_{x=0}=0$,得
$$C_2=-1$$

于是所求特解为
$$y=e^x-\frac{x^2}{2}-x-1.$$

三、$y''=f(y,y')$型的微分方程

这类二阶方程的特点是右端不显含自变量 x,仍可令 $y'=p$.

由于
$$y''=\frac{\mathrm{d}^2y}{\mathrm{d}x^2}=\frac{\mathrm{d}p}{\mathrm{d}x}=\frac{\mathrm{d}p}{\mathrm{d}y}\frac{\mathrm{d}y}{\mathrm{d}x}=p\frac{\mathrm{d}p}{\mathrm{d}y}$$

这样可把方程化为
$$p\frac{\mathrm{d}p}{\mathrm{d}y}=f(y,p)$$

这是以 y 为自变量、p 为未知函数的一阶微分方程.求出 p 后,即可求出 y.

例 3 求微分方程 $yy''-y'^2=0$ 的通解.

解 设 $y'=p$,则 $y''=p\dfrac{dp}{dy}$. 代入原方程,

得
$$yp\frac{dp}{dy}-p^2=0$$

若 $p\neq 0$,那么消去 p 并分离变量,

得
$$\frac{dp}{p}=\frac{dy}{y}$$

两边积分
$$\ln p=\ln y+\ln C_1$$

得
$$p=C_1y$$

即
$$\frac{dy}{dx}=C_1y$$

再分离变量并积分,

得
$$\ln y=C_1x_1+\ln C_2$$

即
$$y=C_2e^{C_1x}$$

若 $p=0$,则得 $y=C$(任意常数),显然,它包含在解 $y=C_2e^{C_1x}$ 中(只需取 $C_1=0$).

所以原方程的通解为

$$y = C_2e^{C_1x}.$$

练 习 5.3

求下列微分方程的解:

1. $x^2y'''+1=0$;
2. $y''=y'+1$;
3. $(1-x^2)y''-xy'=0, y|_{x=0}=0, y'|_{x=0}=1$;
4. $y^3y''+1=0, y|_{x=1}=1, y'|_{x=1}=0$.

第四节 微分方程在经济分析中的应用举例

例 1 设某商品的需求价格弹性 $e=-k$(k 为常数),求该商品的需求函数 $D=f(P)$.

解 根据需求价格弹性的定义,

得
$$\frac{P}{D}\frac{dD}{dP}=-k$$

分离变量,得
$$\frac{dD}{D}=-k\frac{dP}{P}$$

两边积分,得
$$\ln D=-k\ln P+\ln C$$

因此
$$D=Ce^{-k\ln P}.$$

例 2 已知某厂的纯利润 L 对广告费 x 的变化率 $\dfrac{dL}{dx}$ 与常数 A 和纯利润 L 之差成正比. 当 $x=0$ 时 $L=L_0$. 试求纯利润 L 与广告费 x 之间的函数关系.

解 由题意列出方程

$$\begin{cases}\dfrac{\mathrm{d}L}{\mathrm{d}x} = k(A - L) \\ L|_{x=0} = L_0\end{cases} \quad (k\text{ 为常数})$$

分离变量,得
$$\frac{\mathrm{d}L}{A-L} = k\mathrm{d}x$$

两边积分,得
$$-\ln(A-L) = kx + \ln C_1$$

$$A - L = Ce^{-kx}\left(\text{其中 } C = \frac{1}{C_1}\right)$$

$$L = A - Ce^{-kx}$$

由初始条件
$$L|_{x=0} = L_0$$

得
$$C = A - L_0$$

所以纯利润 L 与广告费 x 之间的函数关系为
$$L = A - (A - L_0)e^{-kx}.$$

例 3 (市场动态均衡价格)设某商品的市场价格 $P = P(t)$ 随时间 t 变动,其需求函数 $D_d = b - aP(a,b>0)$,供给函数 $D_s = -d + cP(c,d>0)$. 又设价格 P 随时间 t 变化率与超额需求$(D_d - D_s)$成正比,求价格函数 $P = P(t)$.

解 根据题意,价格函数 $P(t)$ 满足微分方程
$$\frac{\mathrm{d}P}{\mathrm{d}t} = A(D_d - D_S) = -A(a+c)P + A(b+d)\ (A\text{ 为正常数})$$

由一阶线性方程的通解公式,

得
$$\begin{aligned} P &= e^{-\int A(a+c)\mathrm{d}t}\left[\int A(b+d)e^{\int A(a+c)\mathrm{d}t}\mathrm{d}t + C_1\right] \\ &= e^{-A(a+c)t}\left[\frac{A(b+d)}{A(a+c)}e^{A(a+c)t} + C_1\right] \\ &= \frac{b+d}{a+c} + C_1e^{-A(a+c)t}\end{aligned}$$

由初始条件
$$t = 0, P = P(0)$$

得
$$C_1 = P(0) - \frac{b+d}{a+c},$$

代入上式,得
$$P = \left[P(0) - \frac{b+d}{a+c}\right]e^{-A(a+c)t} + \frac{b+d}{a+c}$$

由解的表达式可得,当 $t\to+\infty$ 时,$P(t)\to\dfrac{b+d}{a+c}$,称$\dfrac{b+d}{a+c}$为均衡价格,即当 $t\to+\infty$ 时,价格逐步趋向均衡价格.

练　习　5.4

1. 设某商品的需求价格弹性为 $-P\ln 3$,已知该商品的最大需求量为 1500(即当 $P=0$ 时,$D=1500$),求需求量 D 对价格 P 的函数关系.

2. 已知储存在仓库中汽油的加仑数 x 与支付仓库管理费 y 之间的关系是
$$\begin{cases}\dfrac{\mathrm{d}y}{\mathrm{d}x} = ax + b \quad (a,b\text{ 为常数}) \\ y|_{x=0} = y_0\end{cases}$$

试求 y 与 x 的函数关系.

3. 某企业成本控制部门发现,随着企业规模扩大可向办公室提供的平均月费用 y 与办公室工作人员数 x 之间关系为 $\frac{dy}{dx}+2y=x^2e^{-x}$,已知 $y(0)=3$,求 $y=y(x)$.

复习题五

一、填空题

1. 微分方程 $y'+e^{x-y}=0$ 的通解为__________.

2. 微分方程 $y''-(y')^2=xy-1$ 的通解中有____个互相独立的任意常数.

3. 微分方程 $y''=\sin x$ 的通解为__________.

4. 微分方程 $x\frac{dy}{dx}=y$ 的类型是属于__________方程.

5. 微分方程 $x\frac{dy}{dx}=y+x^2\sin x$ 的类型是属于__________方程,其通解为__________.

6. 微分方程 $xyy'=1-x^2$ 的通解为__________.

7. 微分方程 $y'+2xy=0$ 的通解为__________.

8. 微分方程 $y''+2x=0$ 的通解为__________.

9. 已知边际成本 $C'(x)=1+\frac{2}{1+x}$,固定成本 $C(0)=0$,则成本函数 $C(x)=$__________.

10. 设某商品的需求量 Q 对价格 P 的弹性为 $\frac{1}{2}P$. 当价格 $P=2$ 时,$Q=4$,则该商品的需求函数 $Q(P)=$__________.

二、选择题

1. 微分方程 $(y')^2+y'(y'')^3+xy^4=0$ 的阶数为(　　).

(A)1;　　(B)2;　　(C)3;　　(D)4.

2. 下列函数中,是微分方程 $dy-2xdx=0$ 的解的是(　　).

(A) $y=2x$;　　(B) $y=x^2$;　　(C) $y=-2x$;　　(D) $y=-x^2$.

3. 下列函数中,可以是微分方程 $y''+y=0$ 的解的函数是(　　).

(A) $y=1$;　　(B) $y=x$;　　(C) $y=\sin x$;　　(D) $y=e^x$.

4. 微分方程 $y'''-x^2y''-x^5=1$ 的通解中应含有独立的任意常数的个数为(　　).

(A)3;　　(B)5;　　(C)4;　　(D)2.

5. 微分方程 $\frac{dy}{dx}-\frac{y}{x}=0$ 的通解是(　　).

(A) $\frac{C}{x}$;　　(B) Cx;　　(C) $\frac{1}{x}+C$;　　(D) $x+C$.

6. 微分方程 $y'-y=1$ 的通解为(　　).

(A) $y=Ce^x$;　　(B) $y=Ce^x+1$;

(C) $y=Ce^x-1$;　　(D) $y=(C+1)e^x$.

7. 微分方程 $y\ln x dx=x\ln y dy$ 满足初始条件 $y|_{x=1}=1$ 的特解为(　　).

(A) $\ln^2x+\ln^2y=0$;　　(B) $\ln^2x+\ln^2y=1$;

(C) $\ln^2x=\ln^2y$;　　(D) $\ln^2x=\ln^2y+1$.

8. 微分方程 $y' = 3y^{\frac{2}{3}}$ 的一个特解是(　　).

(A) $y = x^3 + 1$;　　(B) $y = (x+2)^3$;

(C) $y = (x+C)^2$;　　(D) $y = C(x+1)^3$.

9. 在下列微分方程中,其通解为 $y = C_1\cos x + C_2\sin x$ 的是(　　).

(A) $y'' - y' = 0$;　　(B) $y'' + y' = 0$;

(C) $y'' + y = 0$;　　(D) $y'' - y = 0$.

10. 下列方程中变量可分离的微分方程是(　　).

(A) $x\mathrm{d}y + y\mathrm{d}x + \sin(xy)xy = 0$;　　(B) $(xy^2 + x)\mathrm{d}x + (x^2y - y)\mathrm{d}y = 0$;

(C) $\dfrac{\mathrm{d}y}{\mathrm{d}x} = x^3 + y^3$;　　(D) $y'^2 + xy = 1$.

三、计算题

1. 求下列微分方程的通解:

(1) $\dfrac{\mathrm{d}y}{\mathrm{d}x} = 2xy\ (y \neq 0)$;　　(2) $\dfrac{\mathrm{d}y}{\mathrm{d}x} = \dfrac{y}{x+1}$;

(3) $y' + y\tan x = \cos x$;　　(4) $y' + y = x^2e^x$.

2. 求下列微分方程满足初始条件的特解:

(1) $y'' = \dfrac{3}{2}y^2,\ y|_{x=3} = 1,\ y'|_{x=3} = 1$;

(2) $y'' - \dfrac{2x}{1+x^2}y' = 0,\ y|_{x=0} = 1,\ y'|_{x=0} = 3$.

下篇　物流数学

第六章　销售与市场

在现代社会中,市场环境是一个完全的买方市场,因此,销售物流活动便带有极强的服务性,以满足买方的要求,最终实现销售.

第一节　数据的整理

从事物流管理工作的人员不可避免地要和大量的统计数据打交道,要想从这些数据中提取有价值的信息,就应该学会如何整理统计数据.在这一节中,我们就介绍如何整理数据.

一、数据的种类

在统计中,我们把对事物现象的特征的描述称为**变量**,如果描述的是事物现象的品质、种类特征,则称为**分类型变量**;如果描述的是事物现象的数量特征,则称为**数量型变量**.

例如:若用 X 来表示人的性别,当要描述的人是男性,可以用 $X=1$ 来表示;类似地,若用 $X=0$ 来表示女性,这里的数字1或0,虽然是数字,但它们描述的却是人们的性别,因此,变量 X 是分类型变量,又如:若用 X 来表示人的年龄,那么,某人年龄为20岁,则可用 $X=20$ 来描述,这时变量 X 便是数量型变量.

数量型变量所取的数值是数量型数据;分类型数据则是分类型变量所取的数值.

数据按被描述的对象与时间的关系,也可以分为截面数据(或横向数据)和时间序列数据(或纵向数据).

截面数据描述的是事物在某一特定时刻的变化情况,例如:在同一个时刻,某一变量在不同地区所取的值就形成截面数据.

时间序列数据描述的是随着时间变化,某一变量在不同时间所取的数值,这样形成的数据为时间序列数据.

截面数据与时间序列数据组合而成的数据,为**平行数据**.

例如:仓库1与仓库2有关需求量的数据如表6-1所示.

仓库1和仓库2的需求量　　表6-1

周 仓库	1	2	3	4	5	6	7	8	9	10	11	12
仓库1	35	47	53	43	39	36	43	44	45	39	41	44
仓库2	117	108	123	114	116	126	119	118	111	96	120	117

这一组数据就是平行数据,仓库1或仓库2各周的需求量形成两个时间序列数据;而它们在同一周的需求量又形成了截面数据.

在许多情况下,我们所研究的变量是数量型的,因此常直接称数量型变量为变量.

二、数据的整理

1.数据分组

数据分组是数据整理的一项初步工作,它是根据实际需要,将数据按照某种特征或标准分成不同的组别，再计算出所有类别或者数据在各组出现的次数（也叫频数），就形成了频数分布表（即全部数据在各组中的分配状况）. 频数除以数据总个数所得的商称为频率，这样就可以形成频率分布表.

（1）分类型数据按类计算出各类的频数或频率，就可以形成频数或者频率分布表.

例 1 某车间有 25 个工人，加工某种零件，表 6-2 记录的是他们某月的平均日产量，车间规定平均日产量超过 120 件的工人当月奖金为一等，在 110 ~ 120 件之间的工人奖金为二等，低于 110 件的没有奖金. 试统计该车间 25 个工人中得一等、二等及没有得奖的人数，并列出频率分布表.

表中有两个 * 的为一等奖，有一个 * 的为二等奖，没有 * 的为没有得奖.

工人的平均日产量 表 6-2

工人序号	平均日产量	工人序号	平均日产量	工人序号	平均日产量	工人序号	平均日产量	工人序号	平均日产量
1	115 *	6	103	11	121 * *	16	107	21	111 *
2	100	7	108	12	116 *	17	119 *	22	116 *
3	113 *	8	112 *	13	125 * *	18	113 *	23	123 * *
4	124 * *	9	117 *	14	105	19	128 * *	24	126 * *
5	99	10	120 *	15	92	20	111 *	25	106

这个数据集不是分类型数据集，但是其数据可以按照奖金等级标准分类.

25 个工人中有 6 个一等奖，11 个二等奖，8 个没有得奖，其频数、频率分布如表 6-3 所示.

频数、频率分布表 表 6-3

	频 数	频 率
一等奖	6	24%
二等奖	11	44%
无奖	8	32%
合计	25	100%

分类型数据按类分组时，注意既不能重复也不能遗漏，这就要求所有类别必须有明确的界定，比如例 1 中，平均日产量为 110 件和 120 件的工人获几等奖必须明确，此例将其界定为获二等奖的范围中.

（2）对于数量型数据的分组方法，主要介绍以下两种.

①单变量值分组法：它适用于数据较少或分布比较集中的情况，这种方法就是把每一个变量值作为一个组.

例 2 某单位有职工 20 人，6 月份该单位职工请假天数的记录情况如下：

$$0,0,1,0,2,1,0,0,0,1,2,0,5,1,1,0,0,0,10,0.$$

从这 20 个数据可以看出，其中只有 5 个不同的数：

$$0,1,2,5,10.$$

采用单变量值分组法，分为 5 组，如表 6-4 所示.

频数、频率分布表 表 6-4

请假天数	频数	频率
0	11	55%
1	5	25%
2	2	10%
5	1	5%
10	1	5%
合计	20	100%

②组距分组法：它适用于数量型数据较多时采用.

下面用例子来说明组距分组法的步骤：

例 3 用组距分组法整理以下 30 个数据：

6.56,5.12,6.23,6.32,6.12,6.70,6.15,6.09,5.33,7.05,6.75,6.41,5.90,7.28,6.47,6.28,6.91,7.15,5.70,6.53,5.61,7.21,7.10,8.03,8.80,6.57,6.49,6.89,5.49,6.45. 并列出频率分布表.

第一步：从这些数据中找出最大数和最小数：

$$max = 8.80, min = 5.12.$$

第二步：确定组数，计算组距.

30 个数据，可以分 5 组，组距为：

$$d = \frac{b-a}{5}, a \leqslant 5.12, b \geqslant 8.80.$$

令 $a = 5, b = 9$，则 $d = \frac{9-5}{5} = \frac{4}{5} = 0.8$.

第三步：计算各组上、下限及组中值.

分组：[5,5.8]，[5.8,6.6]，[6.6,7.4]，[7.4,8.2]，[8.2,9]

组中值：5.4，6.2，7，7.8，8.6.

第四步：列出频率分布表（如表 6-5），画出频率直方图（如图 6-1）.

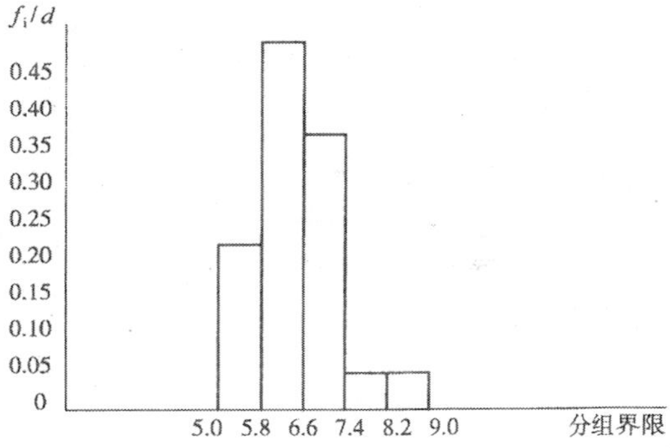

图 6-1

频率分布表 表 6-5

组号	分组界限	组中值	f_i/d	频数 v_i	频率 f_i
1	[5.0,5.8)	5.4	0.21	5	17%
2	[5.8,6.6)	6.2	0.59	14	47%
3	[6.6,7.4)	7	0.38	9	30%
4	[7.4,8.2)	7.8	0.04	1	3%
5	[8.2,9]	8.6	0.04	1	3%
合计				30	100%

2. 数据的图形显示

除了频率直方图，还有一些用图形显示数据的形式.

1)饼形图

饼形图是用一个圆来描述各个成分占全部的百分比,一般用若干扇形所对应的面占圆面积的百分比来表现.

注意:(1)饼形图中的成分最好不要多于6个,如果多于6个的话,则从中挑选出5个主要的,把其余的合并到"其他"之中.

(2)各成分的份额之和必须是100%.

(3)各成分的百分比要和扇形区域占面面积的百分比一致.

例4 用饼形图表示:某校MBA学生中有26%大学本科专业是人文与社会科学,有45%大学本科专业是工学,有12%大学本科专业是自然科学.其饼形图如图6-2所示.

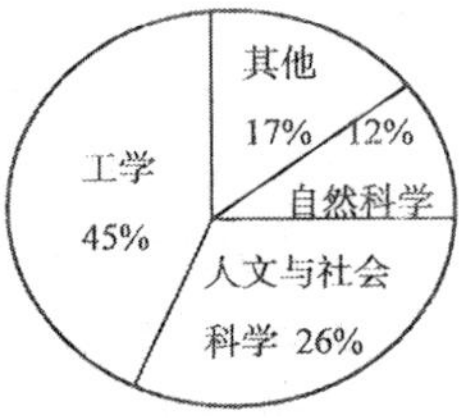

图 6-2

2)条形图和柱形图

(1)要对数据中的各种信息进行比较,就用条形图.条形图的纵坐标只用来标注各项信息的名称,没有尺度.

图6-3是一个条形图,用于反映某年日本、美国、韩国和我国港澳台地区来北京旅游的人次(单位:10万人).

(2)如果数据是同一事物在若干不同时间点或时间段上的度量(即时间序列数据),则应该以横坐标表示时间,纵坐标表示数据的大小,这时应该用柱形图表示.

例如,表6-6所示的是1995~2000年某种产品的市场需求量,用柱形图表示.如图6-4所示.

产品市场需求量表 表6-6

年份	1995	1996	1997	1998	1999	2000
需求量	10	13	17	20	19	23

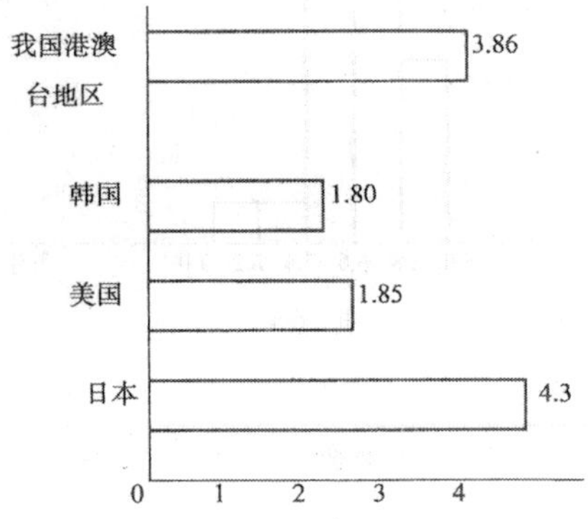

图 6-3

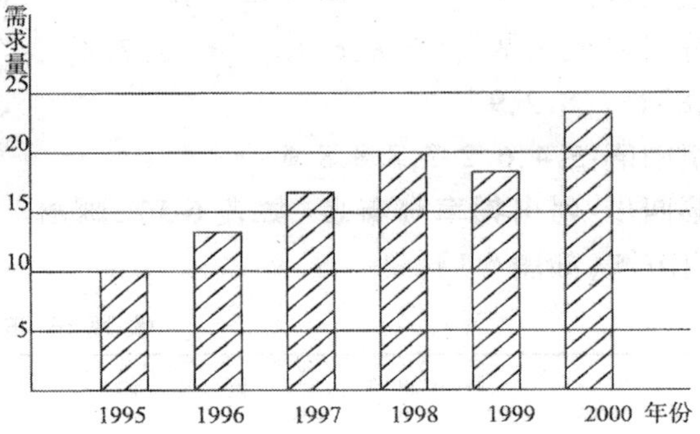

图 6-4

三、数据集中趋势的度量

数据集中趋势即数据集的中心位置.

1.平均数

1)算术平均数

设数据为$x_1,x_2,\cdots,x_n$,则这组数据的算术平均数为:

$$\bar{x}=\frac{1}{n}\sum_{i=1}^{n}x_i$$

这是最常用的度量数据集中趋势的方法.

例如:从某班数学考试的试卷中抽出 8 份,其成绩分别为:

62,86,79,65,69,75,90,60.

则这 8 份试卷的平均成绩为:

$$\bar{x}=\frac{1}{8}(62+86+79+65+69+75+90+60)=73.25.$$

平均数的主要缺点是它对极端值很敏感,极端值即数据中特别大或特别小的数.

例如:数据 1,2,3,9,2,1 中 9 是极端值.

$$\bar{x}=\frac{1}{6}(1+2+3+9+2+1)=3.$$

当把极端值 9 剔除后,再求平均数,得

$$\bar{x}=\frac{1}{5}(1+2+3+2+1)=1.8.$$

由此可见,极端值 9 把平均数拉大了.

2)几何平均数

设数据为 $x_1,x_2,\cdots,x_n$,则这组数据的几何平均数为:

$$G(x)=\sqrt[n]{x_1x_2\cdots x_n}$$

例如,某工厂生产一个零件需要三道工序,其合格率分别为 80%,95%,90%,则这三道工序的平均合格率 $G(x)=\sqrt[3]{0.8\times0.95\times0.9}=0.88$.

3)调和平均数

设数据为 $x_1,x_2,\cdots,x_n$,则这组数据的调和平均数为:

$$H(x)=\frac{n}{\frac{1}{x_1}+\frac{1}{x_2}+\cdots+\frac{1}{x_n}}$$

例如,三种水果每千克价格分别为 2 元,1.8 元,1.5 元,若三种水果各买 1 元钱,则此种情况下三种水果的平均价格为

$$H(x)=\frac{3}{\frac{1}{2}+\frac{1}{1.8}+\frac{1}{1.3}}=1.64$$

注意:三种平均数的关系为 $H(x)\leqslant G(x)\leqslant\bar{x}$.

2. 中位数

把数据集的元素按由小到大的顺序排列起来,位于数列正中间的数就是这个数据集的中位数.

具体计算方法为,设 $x_1\leqslant x_2\leqslant x_3\leqslant\cdots\leqslant x_n$.

当 n 为奇数时,中位数为 $x_{\frac{n+1}{2}}$;

当 n 为偶数时,中位数为$\frac{1}{2}(x_{\frac{n}{2}}+x_{\frac{n}{2}+1})$(即位于数列的正中间两个数的平均数).

例如:1,2,3,4,5 中 3 是中位数;

1,2,3,4,5,6 中$\frac{3+4}{2}=3.5$是中位数.

用中位数描述数据集中趋势的优点是它对极端值不像平均数那么敏感,对包含极端值的数据集来说,用中位数描述集中趋势比用平均数要合适.

3. 众数

众数是数据集中出现次数最多的数值.

众数的主要缺点在于有的数据集中没有众数,如:1,2,3,4,5 中就没有众数;而有的数据集中就可能有多个众数,如 1,1,2,2,3,3,4,4,5 中就有 4 个众数:1,2,3,4.

众数反映了数据集中最常见的数值,它不仅对数量型数据有意义,对分类型数据也有意义,它可以反映最普遍、最流行的款式、尺寸、色彩等商品特征,从而帮助人们进行生产计划决策.

4. 分组数据的平均数的计算(加权平均)

当把数据集整理成为频数分布表后,可以得出如下近似计算数据集的平均数:

$$\bar{x}=\frac{\sum_{i=1}^{m}v_i y_i}{\sum_{i=1}^{m}v_i} \quad 或 \quad \bar{x}=\sum_{i=1}^{m}f_i y_i.$$

式中:v_i——第 i 组的频数;

y_i——第 i 组的组中值;

f_i——第 i 组的频率($i=1,2,\cdots,m$).

对于前面的例 3,我们可以利用其频率分布表计算数据集的平均数的近似值:

$$\bar{x}=\frac{5.4\times5+6.2\times14+7\times9+7.8\times1+8.6\times1}{5+14+9+1+1}=6.44$$

或 $\quad \bar{x}\approx5.4\times0.17+6.2\times0.47+7\times0.3+7.8\times0.03+8.6\times0.03=6.424.$

四、数据集离散趋势的度量

首先看一个例子.

例 5 有两种品牌的灯泡质量需要考察,从中各抽取 10 只,测得它们的寿命如表 6-7 所示:

灯泡寿命表(单位:h) 表 6-7

品牌 1	995	1010	1005	990	1015	985	1010	1010	975	1005
品牌 2	1020	890	1130	1050	920	870	1100	930	1070	1020

品牌 1 与品牌 2 两种灯泡的平均寿命均为 100h,但是,品牌 1 中最大数是 1015,最小数是 975,它们的差是 1015 − 975 = 40;而品牌 2 中最大数是 1130,最小数是 870,它们的差是 1130 − 870 = 260. 这说明:品牌 1 的灯泡的寿命在 1000h 上下,起落的幅度很小;而品牌 2 的灯泡的寿命也在 1000h 上下,但起落的幅度远远超过品牌 1,即品牌 1 的质量比品牌 2 的好.

因此,衡量一组数据所代表的事物某项指标是否合乎要求,不仅要看平均水平的高低,而且要看稳定程度或离散程度的大小.

1. 极差

数据集$\{x_1,x_2,\cdots,x_n\}$中的最大数值与最小数值的差,称为该数据集的极差,记为 R,即

$$R=\max\{x_1,x_2,\cdots,x_n\}-\min\{x_1,x_2,\cdots,x_n\}$$

R 的大小反映了该数据集分散范围的大小，R 越大，说明数据越分散，散布范围越广，离散程度越高，越不稳定；R 越小，数据越集中，离散程度越低，就越稳定.

虽然极差作为度量数据集的离散程度的一个指标，既直观，又简便，但是，它对极端值是敏感的，极容易受极端值的影响，如果数据集中存在极端值，则极差就不能反映数据集的离散程度了.

2. 四分位点与四分位极差

把数据集中的数据先从小到大排列起来：$x_1 \leqslant x_2 \leqslant x_3 \leqslant \cdots \leqslant x_n$.

(1) 先找出其中位数，记为 Q_2（称为第二四分位点）.

(2) 再把数据集中所有小于 Q_2 的数据组成的数据集的中位数（记为 Q_1，称为第一四分位点）找出来.

(3) 最后再把所有大于第二四分位点 Q_2 的数据组成的数据集的中位数（记为 Q_3）找出来，称之为第三四分位点.

第三四分位点 Q_3 与第一四分位点 Q_1 的差 $Q_3 - Q_1$ 称为这个数据集的四分位极差，这个数据集中有 50% 的数据散布在 Q_1 与 Q_3 之间. 有 50% 的数据在 Q_1 与 Q_3 之外，因而四分位极差没有充分地利用这些数据中的信息，虽然它不受极端值的影响，但没有充分利用数据集中所包含的信息，这是四分位极差不足的地方.

3. 方差与标准差

度量数据集 $\{x_1 \leqslant x_2 \leqslant x_3 \leqslant \cdots \leqslant x_n\}$ 的离散程度的指标，经常用的是方差或标准差. 数据集的方差表达式是：

$$\sigma^2 = \frac{1}{n}\sum_{i=1}^{n}(x_i - \bar{x})^2 = \frac{\sum_{i=1}^{n}x_i^2 - n\bar{x}^2}{n}$$

式中：$\bar{x}$——数据集的平均数，其计算公式是：

$$\bar{x} = \frac{1}{n}\sum_{i=1}^{n}x_i.$$

为了保持离散程度的度量与原数据的量纲的一致性，我们可以用标准差来度量数据集的离散程度.

数据集的标准差的表达式是：

$$\sigma = \sqrt{\sigma^2} = \sqrt{\frac{1}{n}\sum_{i=1}^{n}(x_i - \bar{x})^2} = \sqrt{\frac{\sum_{i=1}^{n}x_i^2 - n\bar{x}^2}{n}}.$$

我们可以用计算器算出例 5 中两个品牌灯泡寿命的数据标准差：

$$\sigma_1 \approx 12.45(\text{h}), \sigma_2 \approx 86.83(\text{h}).$$

除了上述计算方差和标准差的方法外，还可以利用分组数据、频数分布表、频率分布表和组中值近似计算方差和标准差：

$$\sigma^2 = \frac{\sum_{i=1}^{m}v_i(y_i - \bar{y})^2}{\sum_{i=1}^{m}v_i}(i = 1,2,\cdots,m)$$

或

$$\sigma^2 = \frac{\sum_{i=1}^{m}v_i y_i^2 - n\bar{y}^2}{n}(i = 1,2,\cdots,m)$$

式中：v_i——i 组频数；

y_i——i 组组中值；

$\bar{y}=\frac{1}{n}\sum_{i=1}^{m}v_iy_i,\sum_{i=1}^{m}v_i=n.$

标准差的近似值由方差易得.

4. 变异系数

上述的方差、标准差、极差、四分位极差都只能用来比较同一类具有同一属性的、单位相同的两组数据的离散程度. 特别当两组数据的平均数相等时，可以直接用方差或者标准差来说明数据的离散程度. 但是，两组数据如果具有不同的平均数，或属于不同类的两种事物，或计量单位是不同的，就不能直接用方差或标准差进行比较，因为方差是根据平均数计算出来的，它是数据与其平均数之差的平方的平均值. 由此可见，方差的大小不仅与数据本身的离散程度有关，还与平均数的大小有关，下面我们引进变异系数的定义.

变异系数定义为：

$$V=\frac{\sigma}{\bar{x}}\times 100\%$$

即标准差与平均数的比值，表示数据相对于其平均数的分散程度.

例 6 某公司在某一年年底的平均资产为 11270（单位：百万），标准差为 2780（百万）；该公司的平均价格收益比为 31，标准差为 8. 问哪一个指标的差异大？

解

$$V_{资}=\frac{\sigma_1}{\bar{x}_1}=\frac{2780}{11270}\approx 24.67\%,$$

$$V_{收}=\frac{\sigma_2}{\bar{x}_2}=\frac{8}{31}\approx 25.8\%,$$

故平均资产的变异程度小于平均价格收益比的变异程度.

第二节 市场需求的预测

需求预测就是要在研究需求变化现象及其规律的基础上揭示未来的需求. 物流系统的存储、运输等各项业务活动的计划都是以预测资料为基础制定的，因而预测资料的准确与否，直接影响到计划的可行性，进而决定企业经营的成败.

这里要介绍的定量预测方法（或称统计预测法），其主要特点是利用统计资料和数学模型进行预测.

常用的定量预测方法有时间序列分析法和线性回归分析法，下面首先介绍时间序列分析法.

所谓时间序列分析法是指先要收集、整理历史资料，编制时间序列，即按一定的时间间隔和事件发生的先后顺序把数据排列起来，然后对其进行分析.

注意，收集的历史资料的时间长短应该适中，满足需要，并应把时间序列中的极端值剔除.

常见的时间序列分析法有简单平均法和简单移动平均法等.

一、简单平均法

1. 简单算术平均法

简单算术平均法是指以一定观察期内预测变量的时间数列的算术平均数作为下期的预测

值，一般适用于趋势比较稳定的时间序列的短期预测.

根据简单算术平均法，$\overline{X}=\frac{1}{n}\sum_{i=1}^{n}X_i$ 可以作为 X_{n+1} 的预测值，其中 n 为历史资料或历史数据即预测期的长度，n 越小，反应速度较快，灵敏性高；n 越大，反应速度较慢，灵敏性弱.

简单算术平均法主要适用于水平变动状态的预测.

例 1 某物品的需求历史数据如表 6-8 所示，利用简单算术平均法对第 4 周的需求量进行预测.

某物品的需求历史数据 表 6-8

周	需求量（实际值）	需求量（预测值）	周	需求量（实际值）	需求量（预测值）
1	120kg		3	180kg	
2	140kg		4		146.67kg

解 设 $D_i(i=1,2,3)$ 表示 i 周的实际需求量，用 F_i 表示第 i 周的需求量的预测值，则有

$$F_4=\frac{1}{3}(D_1+D_2+D_3)=\frac{1}{3}(120+140+180)\approx 146.67(\mathrm{kg})$$

在没有明显的上升或下降趋势时，用简单算术平均法进行预测比较合理，预测值较接近于实际值.

2. 加权平均法

当需求呈现出某种趋势时，在进行预测时应更注重使用最近的需求数据，近期的数据要比早期的数据对下一时期的需求影响更大，加权平均法的计算公式为：

$$F_{t+1}=\sum_{i=1}^{t}W_iD_i$$

其中 F_{t+1} 为第 $t+1$ 期的预测值，D_i 为第 i 期实际需求量，W_i 为第 i 期实际需求量的权重值，$W_i\geqslant 0$ 且 $\sum_{i=1}^{t}W_i=1$. 通常 $W_i=\frac{i}{1+2+\cdots+n}(i=1,2,\cdots,n)$.

例 2 利用表 6-8 的数据，用加权平均法预测第 4 周的需求量.

解 $$F_4=\frac{1}{6}\times 120+\frac{2}{6}\times 140+\frac{3}{6}\times 180\approx 20+46.67+90=156.67.$$

二、简单移动平均法

简单移动平均法是指在简单平均模型里用最新实际值代替最旧实际值，其预测公式为：

$$F_t=\frac{D_{t-1}+D_{t-2}+\cdots+D_{t-n}}{n}$$

式中：D_i——第 i 期实际需求数值，$i=t-n,t-n+1,\cdots,t-1$；

n——移动平均的时期数；

F_t——第 t 期的预测值.

例 3 某种物品的逐月销售记录如表 6-9 所示. 取 $n=3,n=4$，用简单移动平均法进行预测.

某种物品的逐月销售记录　　表 6-9

月份	1	2	3	4	5	6	7	8	9	10	11	12
实际销售量	30	31	33	34	35	37	36	35	36	38	37	39
$n=3$,预测值				31.3	32.7	34	35.3	36	36	35.7	36.3	37
$n=4$,预测值					32	33.25	34.75	35.5	35.75	36	36	36.5

解　　$n=3$ 时:

$$F_4=\frac{1}{3}(D_1+D_2+D_3)=\frac{1}{3}(30+31+33)\approx 31.3,$$

$$F_5=\frac{1}{3}(D_2+D_3+D_4)=\frac{1}{3}(31+33+34)\approx 32.7,$$

$$F_6=\frac{1}{3}(D_3+D_4+D_5)=\frac{1}{3}(33+34+35)=34,$$

$$F_7=\frac{1}{3}(D_4+D_5+D_6)=\frac{1}{3}(34+35+37)\approx 35.3,$$

$$F_8=\frac{1}{3}(D_5+D_6+D_7)=\frac{1}{3}(35+37+36)=36,$$

$$F_9=\frac{1}{3}(D_6+D_7+D_8)=\frac{1}{3}(37+36+35)=36,$$

$$F_{10}=\frac{1}{3}(D_7+D_8+D_9)=\frac{1}{3}(36+35+36)\approx 35.7,$$

$$F_{11}=\frac{1}{3}(D_8+D_9+D_{10})=\frac{1}{3}(35+36+38)\approx 36.3,$$

$$F_{12}=\frac{1}{3}(D_9+D_{10}+D_{11})=\frac{1}{3}(36+38+37)=37.$$

以上是 3 项移动平均.

$n=4$ 时:

$$F_5=\frac{1}{4}(D_1+D_2+D_3+D_4)=\frac{1}{4}(30+31+33+34)=32,$$

$$F_6=\frac{1}{4}(D_2+D_3+D_4+D_5)=\frac{1}{4}(31+33+34+35)=33.25,$$

$$F_7=\frac{1}{4}(D_3+D_4+D_5+D_6)=\frac{1}{4}(33+34+35+37)=34.75,$$

$$F_8=\frac{1}{4}(D_4+D_5+D_6+D_7)=\frac{1}{4}(34+35+37+36)=35.5,$$

$$F_9=\frac{1}{4}(D_5+D_6+D_7+D_8)=\frac{1}{4}(35+37+36+35)=35.75,$$

$$F_{10}=\frac{1}{4}(D_6+D_7+D_8+D_9)=\frac{1}{4}(37+36+35+36)=36,$$

$$F_{11} = \frac{1}{4}(D_7 + D_8 + D_9 + D_{10}) = \frac{1}{4}(36 + 35 + 36 + 38) = 36.25,$$

$$F_{12} = \frac{1}{4}(D_8 + D_9 + D_{10} + D_{11}) = \frac{1}{4}(35 + 36 + 38 + 37) = 36.5.$$

以上是 4 项移动平均.

简单移动平均法能够修匀历史数据,消除随机波动的影响,从而使长期趋势显现出来,以便进行长期预测.

移动平均的目的在于消除原数列中的短期波动,因此移动间隔的长短应该适中,移动间隔 n 越长,所得趋势值越少,个别观察值的影响作用越弱,移动平均序列所表现的趋势越明显. 但移动间隔过长,有时会脱离实际发展的趋势. 反之,移动间隔 n 越短,个别观察值的影响作用就越大,有时由于不能完全消除数列中短期偶然因素的影响,从而看不出现象发展的变动趋势.

一般说来,如果现象的发展具有一定的周期性,应以周期长度为移动间隔 n. 例如,若时间数列是季度资料,应采用 $n=4$ 的移动平均;若为月份资料,应用 $n=12$ 的移动平均. 这样才能真实地表现出时间序列的变动趋势.

三、增长量平均法

设时间序列为 $Y_1, Y_2, \cdots, Y_t$,增长量为 $\Delta Y_t(\Delta Y_t = Y_t - Y_{t-1})(t=2,3,\cdots,n)$.

平均增长量为$\overline{\Delta Y_t}(\overline{\Delta Y_t} = \frac{1}{n-1}\sum_{t=2}^{n}\Delta Y_t)$,第 $t+1$ 期的预测值为$\hat{Y}_{t+1}$.

则$\hat{Y}_{t+1} = Y_t + \overline{\Delta Y_t}$

例 4 某企业 2003 ~ 2009 年产品销售利润如表 6-10 第 2 列所示. 用增长量平均法预测 2010 年的销售利润.

2003 ~ 2009 年产品销售利润表 表 6-10

年　份	年销售利润	逐期增长量 ΔY_t	平均增长量$\overline{\Delta Y_t}$	趋势值$\hat{Y}_{t+1}$
2003	410	—	—	—
2004	470	60	—	—
2005	535	65	62.5	530
2006	600	65	63.3	597.5
2007	670	70	65	663.3
2008	735	65	65	735
2009	805	70	65.8	800
2010				870.8

解 $\hat{Y}_{2010} = Y_{2009} + \overline{\Delta Y_t} = 805 + \frac{1}{6}(60+65+65+70+65+70) = 870.8$

四、发展速度平均法

设时间序列为 $Y_1, Y_2, \cdots, Y_t$,

各期环比发展速度为 $G_t(G_t = \frac{Y_t}{Y_{t-1}} \times 100\%)(t=2,3,\cdots,n)$.

各期环比发展速度平均数为$\overline{G_t}$($\overline{G_t}=\sqrt[n-1]{G_2G_3\cdots G_n}=\sqrt[n-1]{\frac{Y_t}{Y_1}}$),

第 $t+T$ 期的预测值为$\hat{Y}_{t+T}$.

则$\hat{Y}_{t+T}=Y_t\cdot\overline{G_t}^T$.

例 5 某旅游公司 2003 ~ 2009 年接待游客人数如表 6-11 第 2 列所示. 用发展速度平均法预测 2010 年、2011 年、2012 年的游客人数.

2003 ~ 2009 年接待游客人数表 表 6-11

年份	游客人数	环比发展速度 G_t	发展速度平均数$\overline{G_t}$	趋势值$\hat{Y}_{t+1}$
2003	4820	—	—	—
2004	5400	112.03	—	—
2005	6030	111.67	111.85	6050
2006	6750	111.94	111.88	6745
2007	7570	112.15	111.95	7552
2008	8480	112.02	111.96	8474
2009	9490	111.91	111.95	9494
2010				10624
2011				11894
2012				13315

解 先计算各期环比发展速度(上表第三列),从表中可见各期环比发展速度较接近,可用发展速度平均预测法.

$$\hat{Y}_{2010}=Y_{2009}\overline{G_t}=9490\times1.1195=10624(\text{人})$$

$$\hat{Y}_{2011}=Y_{2009}\overline{G_t}^2=9490\times1.1195^2=11894(\text{人})$$

$$\hat{Y}_{2012}=Y_{2009}\overline{G_t}^3=9490\times1.1195^3=13315(\text{人})$$

第三节 一次性定货量的确定

下面结合具体的例子介绍在只了解预期收益或损失的情况下的决策准则.

例 1 某批发商要准备一批商品在节日期间销售. 由于短期内只能一次订货,所以必须决定订货的数量. 所订商品每单位购入成本为 2 元,售价 6 元,订购成本可忽略不计. 未售出的商品只能作处理品,每单位按 1 元销售. 节日期间用户对该商品的需求量可能有以下三种情况:30(单位)、70(单位)、110(单位). 若订货量只能为 10 的倍数,试确定该批发商应订购多少单位该商品.

解 先列出益损值表,如表 6-12 所示.

益损值表 表 6-12

订购量 \ 益损值 \ 需求量	30	70	110
30	120	120	120
70	80	280	280
110	40	240	440

注意:益损值 =6 × 销售量 −2 × 订购量 +1 × 处理品数量.

决策准则有以下 5 种:

1. 算术平均准则

订购量为 30 时,益损值的算术平均值为

$$\frac{1}{3}(120+120+120)=120;$$

订购量为 70 时,益损值的算术平均值为

$$\frac{1}{3}(80+280+280)=213.3;$$

订购量为 110 时,益损值的算术平均值为

$$\frac{1}{3}(40+240+440)=240.$$

由上可知,订购量为 110 时,收益的算术平均值最大,因此,批发商应订购 110 单位的这种商品.

2. 极大极大准则

先在各方案的各种情形中找出最大收益值,然后在这些最大收益中再找最大值,此最大收益对应的方案就为应确定的方案.

订购量为 30 时,

$$\max\{120,120,120\}=120;$$

订购量为 70 时,

$$\max\{80,280,280\}=280;$$

订购量为 110 时,

$$\max\{40,240,440\}=440.$$

因为

$$\max\{120,280,440\}=440.$$

所以应订货 110 单位.

3. 极小极大准则

先在各方案的各种情形中找出最小收益值,再从这些最小收益中找出最大值,此最大收益对应的方案就为应确定的方案.

订购量为 30 时,

$$\min\{120,120,120\}=120;$$

订购量为 70 时,

$$\min\{80,280,280\}=80;$$

订购量为 110 时，

$$\min\{40,240,440\}=40.$$

因为

$$\max\{120,80,40\}=120,$$

所以应订货 30 单位.

4. 加权系数准则

给各方案收益的最大值和最小值分别赋以权数. 可以根据自己的估计，给最大值一个权数 $\alpha(0\leqslant\alpha\leqslant 1)$，给最小值的权数为 $1-\alpha$，然后对每一个方案分别计算加权平均值，加权平均值最大的方案即为应该确定的方案.

本例中取 $\alpha=0.7$，则 $1-\alpha=0.3$.

订购量为 30 时，

$$0.7\times120+0.3\times120=120;$$

订购量为 70 时，

$$0.7\times280+0.3\times80=220;$$

订购量为 110 时，

$$0.7\times440+0.3\times40=320.$$

因此订货量为 110 单位是该批发商的决定.

5. 机会损失值最小准则

机会损失是指由于没有选择正确的方案而带来的损失. 机会损失值应该在每一个可能发生的情形下进行计算，即给定一种可能的情形，我们就能确定在此情形下的机会损失值. 这时任意方案的**机会损失值等于该情形下最好方案的收益减去该方案的收益**. 我们可以先列出表 6-13 所示的机会损失值.

机会损失值表　　表 6-13

需求量 / 机会损失值 / 订购量	30	70	110
30	0	160	320
70	40	0	160
110	80	40	0

然后，在各方案中选取最大的机会损失值，最后在各方案的最大机会损失值中选取最小值. 这个最小值对应的方案应该是确定要采用的方案.

订购量为 30 时，

$$\max\{0,160,320\}=320;$$

订购量为 70 时，

$$\max\{40,0,160\}=160;$$

订购量为 110 时，

$$\max\{80,40,0\}=80.$$

因为

$$\min\{320,160,80\}=80,$$

所以应订货 110 单位.

上面的例子中，各种决策都是在假定各种情形发生的可能性均等的条件下做出的．下面结合具体例子介绍各种情形发生都有一定概率的情况下如何决策．

例2 某公司甲发明了一种新的家电设备，并拥有专利权．该公司对该产品今后5年的回报进行了研究，认为如果该产品未来的销售情况很好的话，5年中的利润为80万元；如果销售量一般，5年的利润为20万元；如果销售较差，5年的亏损将为10万元．另有一家公司乙愿意购买该产品的专利权，并会根据产品的销售情况向公司甲支付报酬．公司甲估计，在这种情况下，如果销售情况好的话，它的收益将为40万元；销售一般，收益将为10万元；销售较差，收益将为5万元．具体数据列成表6-14的形式．

甲公司在各种情况下的收益表

表6-14

可能情况	概率	方案一（自己生产）	方案二（卖出专利）
销售良好	0.2	80	40
销售一般	0.5	20	10
销售较差	0.3	-10	5

在这种情况下，决策的准则有以下几种．

1．最小机会损失期望原则

在给定一种可能情况下，就能确定哪个方案最好．这时任一方案的机会损失等于该情况下最好方案的收益减去该方案的收益．

如表6-15所示，方案一机会损失的期望值为

$$0.2\times0+0.5\times0+0.3\times15=4.5;$$

方案二机会损失的期望值为

$$0.2\times40+0.5\times10+0.3\times0=13.$$

机会损失值表

表6-15

可能情况	概率	方案一	方案二	方案一机会损失	方案二机会损失
销售良好	0.2	80	40	0	40
销售一般	0.5	20	10	0	10
销售较差	0.3	-10	5	15	0

由于应选择期望损失最小的方案，因此选择方案一．

2．最大收益期望原则

方案一的收益期望为

$$0.2\times80+0.5\times20+0.3\times(-10)=23;$$

方案二的收益期望为

$$0.2\times40+0.5\times10+0.3\times5=14.5.$$

由于应选择收益期望最大的方案，因此选择方案一．

第四节　订货与存储

合理化的存储是物流管理过程中的重要环节，本节主要介绍库存控制策略的简单的确定性的数学模型．

一、瞬时送货,不允许短缺

1. 假设条件

(1)当存货降至零时,立即补充.

(2)需求是连续均匀的,设需求率是常数 R(即单位时间的需求量是常数),因此,在时间 t 内的需求量为 $Q=Rt$.

(3)每次订货费用为 c,不变;单位时间内每单位数量的货物的存储费为 d,也不变.

(4)每次订货量相同.

2. 建立存储模型

每经时间 t 便补充一次库存(即订货周期为 t),订购量为 Q(即批量),且订购量必须满足这一时间内的需求,故 $Q=Rt$.

设货物的单价为 k,又已知每次订货费用为 c,单位时间内单位数量货物的存储费为 d,因此订货总费用为

$$c+kQ=c+kRt.$$

于是单位时间内的订购费为

$$\frac{c}{t}+kR.$$

设 $y(x)$ 是时刻 x 时的存储量($0\leqslant x\leqslant t$),当 $0<x<t$ 时,不需要补充货物.

在图 6-5 中,由于 $\Delta BEP\backsim\Delta OBA$,

所以 $\dfrac{EB}{OB}=\dfrac{EP}{OA}$,即$\dfrac{Q-y}{Q}=\dfrac{x}{t}$.

把 $Q=Rt$ 代入上式,得

$$\frac{Rt-y}{Rt}=\frac{x}{t}$$

解得 $y=R(t-x)\ (0\leqslant x\leqslant t)$

这就是时刻 x 时的存储量.

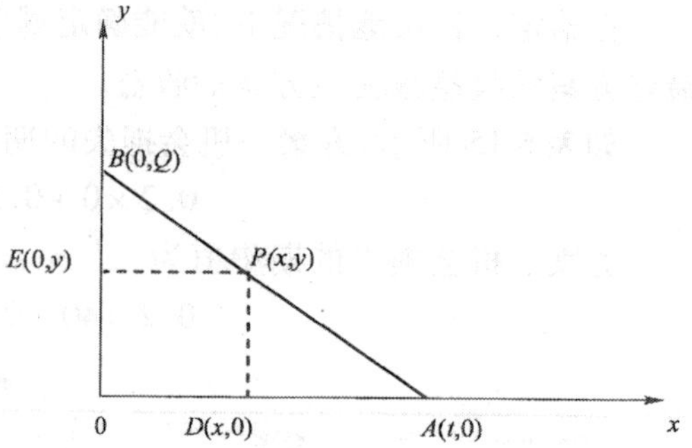

图 6-5

当 x 从 0 变到 t 时,总存储量是图 6-5 中 ΔOBA 的面积:

$$\frac{1}{2}Qt=\frac{1}{2}Rt^2,$$

所以,在 0 到 t 这段时间里,单位时间中的平均存储费为$\frac{1}{2}dRt$.

因此,在 t 这段时间间隔内,单位时间总平均费用为

$$C(t)=\frac{1}{2}dRt+\frac{c}{t}+kR.$$

当订货周期 t 取何值时,$C(t)=\frac{1}{2}dRt+\frac{c}{t}+kR$ 取到最小值?

对 $C(t)$ 求导,并令 $C'(t)=0$.

由
$$C'(t)=\frac{1}{2}dR-\frac{c}{t^2}=0$$

得
$$t_0=\sqrt{\frac{2c}{dR}}$$

因为
$$C''(t)=\frac{2c}{t^3}$$
所以
$$C''(t_0)=\frac{dR\sqrt{dR}}{\sqrt{2c}}>0$$
因此，$t_0=\sqrt{\frac{2c}{dR}}$时，$C(t)$取得最小值.

令
$$C_1(t)=\frac{1}{2}dRt+\frac{c}{t}$$
即
$$C_1(t_0)=\frac{1}{2}dRt_0+\frac{c}{t_0}=\sqrt{2dRc}$$
是 $C_1(t)$ 的最小值.

最佳订货周期 $$t_0=\sqrt{\frac{2c}{dR}}$$

最佳订货量(即批量) $$Q_0=Rt_0=R\sqrt{\frac{2c}{dR}}=\sqrt{\frac{2cR}{d}}$$

单位时间存储总费用最小值 $C(t_0)=\sqrt{2dRc}$.

例1 某商场每月需要某种货物200件，每批订货费为20元，若每批货物到达后先存入仓库，每月每件的存储费为0.8元. 试计算其经济订货批量.

解 用上述最佳订货批量公式 $Q_0=\sqrt{\frac{2cR}{d}}$.

由题意知：$R=200$ 件，$c=20$ 元/批，$d=0.8$ 元/(月·件)，

所以
$$Q_0=\sqrt{\frac{2\times20\times200}{0.8}}=100(\text{件/批})$$
即经济订货批量为100件.

最佳订货周期
$$t_0=\sqrt{\frac{2c}{dR}}=\sqrt{\frac{2\times20}{0.8\times200}}=\frac{1}{2}(\text{月})$$
$$C(t_0)=\sqrt{2\times0.8\times200\times20}=80(\text{元})$$
即半个月订购一批，每批100件可使每月总平均费用最小.

二、逐渐补充库存，不允许短缺

假说库存的补充是逐渐进行的，而不是瞬时完成的. 其他条件与瞬时进货中的条件相同.

设一定时间 t_p 内某产品的生产批量为 Q，单位时间内的产量为 p(即生产速率为 p)，单位时间内的需求量为 R(即需求率为 R)，不允许缺货，即 $p>R$.

由于在 t_p 这段时间内每单位时间生产 p 件产品，提取了 R 件产品，因此，在单位时间内的存储量为 $p-R$，到 t_p 终止时的存储量为 $(p-R)t_p$.

由瞬时进货中的假设知：
$$pt_p=Q=Rt$$
所以
$$t_p=\frac{R}{p}t$$
于是在时间 t 内平均存储量为
$$\frac{1}{2}(p-R)t_p=\frac{1}{2}(p-R)\frac{R}{p}t=\frac{p-R}{2p}Rt$$

相应的单位时间内的存储费用为 $\frac{1}{2}d\frac{p-R}{p}Rt$

从而单位时间内的存储总费用为

$$C(t)=\frac{1}{2}\frac{p-R}{p}dRt+\frac{c}{t}.$$

因为 $$C'(t)=\frac{1}{2}\frac{p-R}{p}dR-\frac{c}{t^2}$$

令 $C'(t)=0$,得 $$t_0=\sqrt{\frac{p}{p-R}}\sqrt{\frac{2c}{dR}}$$

所以,**最小费用** $$C(t_0)=\frac{1}{2}\frac{p-R}{p}dRt_0+\frac{c}{t_0}=\sqrt{\frac{p-R}{p}}\sqrt{2cdR}$$

最佳订货量(即批量) $$Q_0=Rt_0=\sqrt{\frac{p}{p-R}}\sqrt{\frac{2cR}{d}}$$

最佳订货周期 $$t_0=\sqrt{\frac{p}{p-R}}\sqrt{\frac{2c}{dR}}.$$

注意:当 p 无限增大时(即 $t_p=\frac{Rt}{p}$ 无限接近于 0 时),也就是生产可以在极短的时间内完成,$\sqrt{\frac{p}{p-R}}$与$\sqrt{\frac{p-R}{p}}$都无限接近于 1,此时就和前面的瞬时进货,不允许缺货情形相同了.

复习题六

1. 某班 6 个学生数学考试成绩分别为 88、90、71、83、65、42.
求这 6 个学生数学考试成绩:

(1)算术平均数、几何平均数、调和平均数、众数、中位数.

(2)极差、四分位点、方差及标准差.

2. 某公司的产品在过去 5 年里的销售数据如表 6-16 所示.

(1)求过去 5 年销售量的算术平均数、几何平均数、调和平均数.

(2)试分别用简单平均法,加权平均法和移动平均法(三项移动平均和四项移动平均)对 2010 年的销售量作出预测.

2005~2009 年产品销售数据 表 6-16

年份	销售量	年份	销售量
2005	495	2008	560
2006	490	2009	580
2007	510		

3. 某商店要订购某种商品,市场需求量有三种可能情况:50、150、300. 问商品应该订购多少? 其中购入单价为 4 元,销售单价为 6 元,销售不完的处理单价为 2 元.

4. 某公司在各种情况下的收益情况如表 6-17 所示：

某公司收益情况 表 6-17

可能情况	概率	方案一	方案二
销售好	0.3	80	70
销售一般	0.5	50	60
销售差	0.2	10	20

分别用最小机会损失期望原则和最大收益原则，为该公司确定最佳订货量.

5. 设某工厂每年需用某种原料 1800t，瞬时进货，但不得缺货，设每吨原料每月保管费用为 60 元，每次订货费用为 200 元，求最佳订购批量，最优订货周期.

6. 设某超市每月需要某货物 6000 件，每批订货费用为 30 元，每次货物到达后先存入仓库，每月每件存储费用 0.25 元，求最佳订购批量及每月平均总费用.

7. 某装配车间每月需零件 800 件，该零件由厂内生产，生产速率为 1600 件/月，生产准备费用为 200 元/批，每月每件存储费为 1 元. 求经济批量.

第七章　生产作业计划安排

一项或者一种产品的生产由许多道工序所组成,各工序之间又有比较复杂的衔接关系,因此,事先妥善地做出生产作业计划安排是很有必要的.若事先计划安排不当,就可能出现前后工序脱节的现象,某些工序窝工等待,这样不仅延误了生产进度,也浪费了人力、物力和财力,造成经济损失.本章主要介绍工序安排,生产的组织与规划,合理下料与机器的合理利用.

第一节　加工顺序的安排

这里我们介绍每种产品必须先后经过两道工序加工完毕才算完成的简单情形.如果有若干种产品,每种产品在每道工序加工所需的时间为已知时,如何安排加工顺序,可使总的加工时间最短?下面举例说明.

例 1　某车间生产 4 种产品,都要依次经过甲、乙两台设备的加工,假定每种产品都必须在设备甲上加工完毕后,才能进入设备乙上加工,每种产品在每台设备上所需的加工时间如表 7-1 所示.问如何安排这些产品的加工顺序,可使总的加工时间最短?

产品加工时间(单位:天)　　　　表 7-1

设备＼产品	1	2	3	4
甲	3	7	4	5
乙	6	2	7	3

解　这个问题有以下两个特点:

(1)在设备甲上一种产品加工完后就马上可以加工另一种产品,但是,在设备乙上一种产品加工完后,由于后面要加工的产品还在设备甲上未加工完,就要出现设备乙不得不空闲着等待设备甲正加工着的另一种产品的情况.因此,要想使总的加工时间尽可能短,即是要求设备的空闲时间的总和尽可能小.

(2)如果安排在两个设备上的加工顺序不一样的话,总可以将其调换成同样的顺序,而不会增加设备乙的空闲时间.如图 7-1 所示,将设备乙上的加工顺序换成与设备甲上的加工顺序

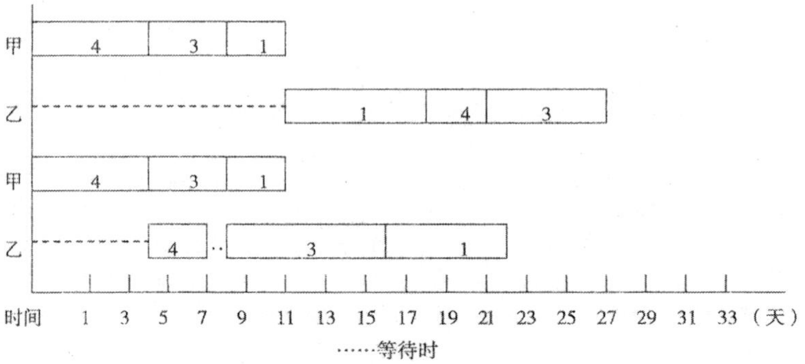

图　7-1

一样后，并不增加设备乙的等待时间，甚至还可以缩短等待时间. 因此，只考虑两台设备加工顺序相同的安排，也就是确定一个顺序.

由于4种产品有4! =24种不同的加工顺序，因此要从这24种顺序中找出一个最优的. 如果一个个进行比较，实际上有时是行不通的. 在此介绍一个求最优安排的简单方法，这个方法可以归结为下面的八句话：

排好时间表，从中数最小；
属于第一行，应该尽先排；
属于第二行，次序往尾排；
划掉已排者，剩下照样办.

可以证明，按这八句话来安排，必得最优方案. 下面来看例1的表7-1. 第一行是设备甲上画需的时间，第二行是设备乙上所需的时间. 表7-1中的最小数是2(若最小数不止一个，任意选其中一个)，它属于第二行，因此应该把产品2排在最后加工，划去第二列(产品2的列)；剩下表中最小的数是3，有两个3，不妨选产品1这一列的3，于是产品1应该先加工，再画去产品1所在的第一列；剩下表中最小的数是3，它在第二行，所以产品4应该在倒数第二个加工；最后剩下第三列，产品3第二加工. 因此，加工顺序为1,3,4,2时最好，相应的生产日程以条形图7-2所示.

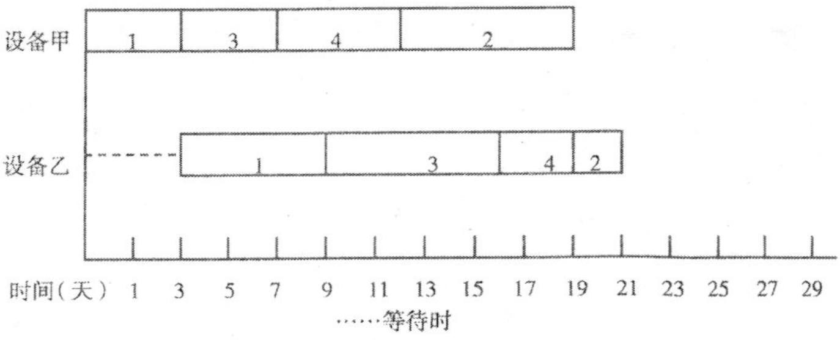

图 7-2

总加工时间为21天，设备乙等待3天.

不管有多少种产品，只要依次通过两台设备加工，都可以按照上述介绍的八句话来操作，这样一定能找到最好的安排.

例2 某车间生产5种产品，都要依次经过甲、乙两台设备的加工，假定每种产品都必须在设备甲上加工完毕后，才能进入设备乙上加工，每种产品在每台设备上所需的加工时间如表7-2所示. 问如何安排这些产品的加工顺序，可使总的加工时间最少?

产品加工时间(单位:天)　　表7-2

设备＼产品	1	2	3	4	5
甲	6	2	7	3	4
乙	3	7	4	5	7

解 表7-2中最小的数2在第一行第二列，因此先加工产品2，划去第二列；剩下的表中数最小为3，可以选第一行第四列的3，第二个加工产品4，再划去第四列；剩下的表中数最小的是3，它在第二行第一列，所以产品1最后加工，划去第一列；剩下的最小数是4，选第一行第五列的这个4，所以产品5第三个加工，划去第五列；剩下第三列，产品3第四个加工. 加工顺序

2,4,5,3,1 是使总加工时间最短的安排,如图 7-3 所示.

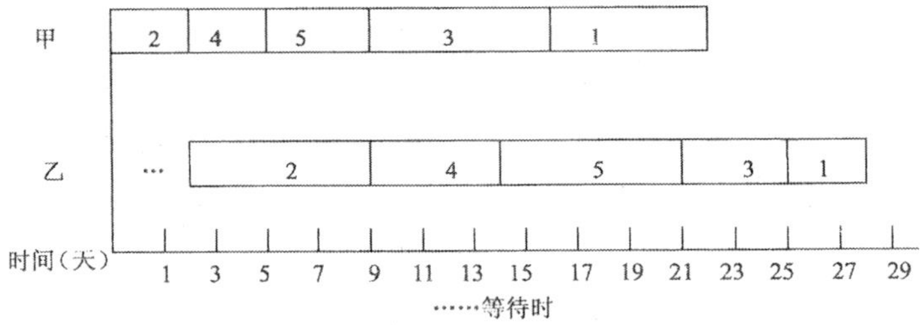

图 7-3

总加工时间为 28 天,设备乙等待 2 天. 加工顺序问题的类型很多,求最优解也比较复杂.

第二节 生产的管理与规划

人们在经济活动中,希望能在有限的资源(人力、物力、财力)的限制下,求得最大的经济效益或支付最低的成本的方案. 当方案不止一个,且收益、成本和限制条件均可用多元一次函数来表示时,这类经济和生产活动的问题就是线性规划问题.

一、线性规划问题的数学模型

例 1 (合理下料问题)工地上需 3m 和 4m 长钢筋各 100 根,而库房里只有 10m 长的钢筋,问怎样下料才最合理?

解 由于每根钢筋(10m 长)的下料方法只有三种:

(1)截成 3 根 3m 长,剩残料 1m;

(2)截成 2 根 3m 长,一根 4m 长无残料;

(3)截成 2 根 4m 长,残料 2m.

现在设从库房中取出钢筋分别是 x_1, x_2, x_3 根用于上面三种下料方案. 那么得到 3m 长钢筋有:$(3x_1+2x_2)$根,4m 长钢筋(x_2+2x_3)根,依题意得约束条件为

$$\begin{cases} 3x_1+2x_2 \geqslant 100 \\ x_2+2x_3 \geqslant 100 \\ x_1, x_2, x_3 \geqslant 0 \end{cases}$$

那么最合理的下料应该使 $s=x_1+x_2+x_3$ 取最小值.

这样我们得到了线性规划问题的数学模型

求 $$\min s = x_1+x_2+x_3$$

满足约束条件 $$\begin{cases} 3x_1+2x_2 \geqslant 100 \\ x_2+2x_3 \geqslant 100 \\ x_1, x_2, x_3 \geqslant 0 \end{cases}$$

例 2 某工厂在计划期内要安排生产甲、乙两种产品,已知生产单位产品(kg)所需的设备台数,A、B 种原材料量以及每件产品所获得的利润为表 7-3,问应该如何安排生产计划使该厂获利最多?(只写出数学模型)

每件产品利润表 表7-3

	甲	乙	资源限量
设备	1	2	8(台)
原材料A	3	0	16(kg)
原材料B	1	2	12(kg)
单位产品利润(美元)	20	30	

解 设计划安排甲、乙两种产品各生产 x_1(kg),x_2(kg)

该线性规划问题的数学模型为

$$\max s = 20x_1 + 30x_2$$

$$\text{满足}\begin{cases} x_1 + 2x_2 \leqslant 8 \\ 3x_1 \leqslant 16 \\ x_1 + 2x_2 \leqslant 12 \\ x_1 \geqslant 0, x_2 \geqslant 0 \end{cases}$$

例3 某投资公司有一批资金用于4个项目投资,其各项所得的收益,如表7-4所示.由于宏观调控政策要求,项目甲的投资不能大于其他三项投资的总和,而乙、丙的投资要大于丁项的投资.试建立一个投资方案,使得该投资公司能获得最大利润.

投资收益表 表7-4

项目	甲	乙	丙	丁
收益(%)	12	10	8	20

解 设 z_1,z_2,z_3,z_4 表示该投资公司对甲、乙、丙、丁四个项目的投资额,M 为总投资额,$x_i = \frac{z_i}{M}(i=1,2,3,4)$ 表示投资公司对4个项目投资所占的百分比数,因而该问题的数学模型为

$$\max(0.12z_1 + 0.10z_2 + 0.08z_3 + 0.20z_4)$$

$$\text{满足}\begin{cases} z_1 \leqslant z_2 + z_3 + z_4 \\ z_2 + z_3 \geqslant z_4 \\ z_1 + z_2 + z_3 + z_4 = M \\ z_i \geqslant 0 \quad i = 1,2,3,4 \end{cases}$$

等价于,

$$\max s = 0.12x_1 + 0.10x_2 + 0.08x_3 + 0.20x_4$$

$$\text{满足}\begin{cases} x_1 - x_2 - x_3 - x_4 \leqslant 0 \\ x_2 + x_3 - x_4 \geqslant 0 \\ x_1 + x_2 + x_3 + x_4 = 1 \\ x_i \geqslant 0 \quad i = 1,2,3,4 \end{cases}$$

例4 有两个原料供给地A、B,分别可供60(万t)、100(万t)原料,它供给甲、乙、丙三个工厂用料,而这三个工厂各需原料45(万t)、75(万t)、40(万t),现已知两个原料供给地与三个工厂之间距离(单位:km)如表7-5所示.

原料供应地与工厂间距离 表 7-5

原料供给地 \ 工厂	甲	乙	丙
A	10	5	6
B	4	8	15

若每万 t · km 运费都是一元. 问如何调配使总运费最省?

解 设 x_{ij} 为第 i 原料供给地运往第 j 个工厂的原料数(单位:万 t),则

$$\min s = 10x_{11} + 5x_{12} + 6x_{13} + 4x_{21} + 8x_{22} + 15x_{23}$$

$$\text{满足}\begin{cases} x_{11} + x_{12} + x_{13} = 60 \\ x_{21} + x_{22} + x_{23} = 100 \\ x_{11} + x_{21} = 45 \\ x_{12} + x_{22} = 75 \\ x_{13} + x_{23} = 40 \\ x_{ij} \geqslant 0 \quad i = 1,2; j = 1,2,3 \end{cases}$$

一般地,线性规划问题的数学模型可以表示为:

求 $$\min(\max) s = c_1x_1 + c_2x_2 + \cdots + c_nx_n$$

$$\text{满足}\begin{cases} a_{11}x_1 + a_{12}x_2 + \cdots + a_{1n}x_n \leqslant b_1 \\ a_{21}x_1 + a_{22}x_2 + \cdots + a_{2n}x_n \leqslant b_2 \\ \qquad\vdots \\ a_{m1}x_1 + a_{m2}x_2 + \cdots + a_{mn}x_n \leqslant b_m \\ d_{11}x_1 + d_{12}x_2 + \cdots + d_{1n}x_n = e_1 \\ d_{21}x_1 + d_{22}x_2 + \cdots + d_{2n}x_n = e_2 \\ \qquad\vdots \\ d_{k1}x_1 + d_{k2}x_2 + \cdots + d_{kn}x_n = e_k \\ x_i \geqslant 0 \quad i = 1, 2, \cdots, n \end{cases}$$

任何满足约束条件的一个有序数 $\{x_1, x_2, \cdots, x_n\}$ 都称为线性规划问题的可行解. 所有可行解构成的集合称为可行域. 使目标函数 s 达到最小(大)值的可行解称为最优解,此时 s 的值称为最优值.

二、线性规划问题的图解法

两个变量的线性规划问题,可用图解方式求出,称为线性规划问题的图解法. 下面用例子来说明这一方法.

例 5 用图解法求线性规划问题:

$$\max s = 50x_1 + 30x_2$$

$$\text{s. t.}\begin{cases} 2x_1 + x_2 \leqslant 80 \\ x_1 \geqslant 10 \\ x_2 \leqslant 40 \\ x_1, x_2 \geqslant 0 \end{cases}$$

解 1. 求可行域：

(1) 建立直角坐标系 x_1ox_2

(2) 作直线 l_1: $x_2=80-2x_1$，显然满足 $2x_1+x_2\leqslant 80$ 的部分在直线 l_1 的左下半平面；

(3) 作直线 l_2: $x_1=10$，显然满足 $x_1\geqslant 10$ 是 l_2 的右半平面；

(4) 作直线 l_3: $x_2=40$，显然满足 $x_2\leqslant 40$ 是 l_3 的下半平面.

于是约束条件组成由 l_1,l_2,l_3 以及 x_1 轴围成的区域 $ABCD$ 是该线性规划问题的可行域，如图 7-4 所示.

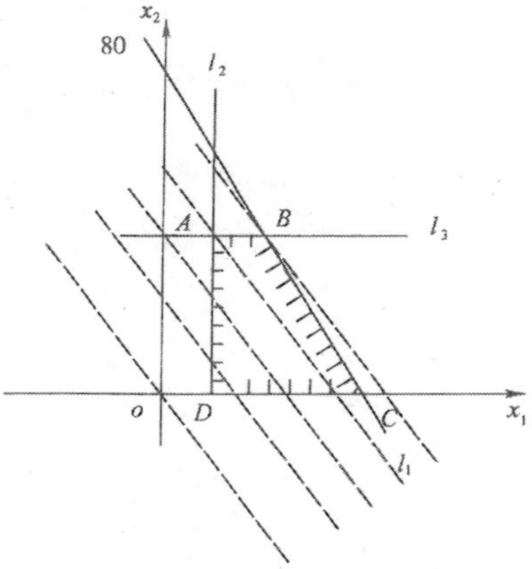

图 7-4

2. 求最优解

对于目标函数 $s=50x_1+30x_2\geqslant 0$，取 $s=0,30,80,\cdots,2200$ 得到一组平行的等值线，显然当等值线向右上方平移时 s 值越大，而与 B 点重合时，就是满足约束条件的 s 的最大值，B 点是 l_1 与 l_3 的交点. 因此满足：$\begin{cases}x_2=80-2x_1\\x_2=40\end{cases}$，解得 $B(20,40)$. 于是，得到最优解为 $x_1=20$，$x_2=40$，代入目标函数中，得到最优值 $s_{max}=50\times 20+30\times 40=2200$.

例 6 用图解法求线性规划问题：

$$\min s=x_1+2x_2$$

$$\text{s.t.}\begin{cases}x_1-x_2\geqslant -2\\x_1+x_2\geqslant 2\\x_1,x_2\geqslant 0\end{cases}$$

解 1. 求可行域

(1) 建立直角坐标系 x_1ox_2；

(2) 作直线 l_1: $x_2=2+x_1$，显然满足 $x_1-x_2\geqslant -2$ 是直线 l_1 的右下半平面；

(3) 作直线 l_2: $x_2=2-x_1$，显然满足 $x_1+x_2\geqslant 2$ 是 l_2 的右上平面.

于是约束条件就组成了无界区域 $ABCD$，如图 7-5 所示.

2. 求最优解

在目标函数 $s=x_1+2x_2$ 中，令 $s=0,8,4,2$ 得到一组平行的等值线，显然等值线离原点越近，目标函数 s 的值就越小，因此当等值线过 B 点时是满足约束条件的 s 的最小值，B 点坐标是 $(2,0)$，于是得到该线性规划问题的最优解为 $x_1=2$，$x_2=0$，此时最优值 $s_{min}=2$.

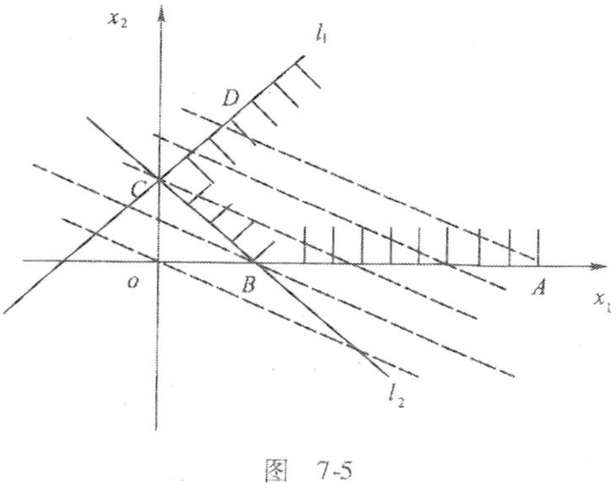

图 7-5

图解法只适用于两个变量的线性规划问题，当变量个数超过两个时，用图解法求解线性规划问题是十分困难的，甚至无法求出，因此必须探讨其他的一般解法，如单纯形法、表上作业法等，随着计算机的普及和发展，应用软件层出不穷，给变量个数较多，求解过程较复杂的线性规划问题的求解带来极大的方便.

第三节　生产能力的合理分配问题

本节主要介绍如何合理组织生产能力，以发挥全体生产能力的最大效益.

一、一般性的问题

设有 n 台机床，在这些机床上制造有 m 个不同的零件组成的产品. 假设在第 i 台机床上加工第 k 种零件，一天能生产 Q_{ik} 个零件，这些是已知的(注意：如果在第 i 台机床上不能加工第 k 种零件，则认为 $Q_{ik}=0$)，问怎样来分配零件的加工，可以使制造出来的零件组成的产品最多?

设 t_{ik} 表示在第 i 台机床上生产第 k 种零件的时间(用占一个工作日的份额表示)，是未知的，它应该根据得到最大产量的条件来确定. 确定 t_{ik} 有这样一些条件：

$t_{ik}\geqslant 0$，$\sum\limits_{k=1}^{m}t_{ik}=1(i=1,2,\cdots,n)$，它表示第 i 台机床上生产所有零件的时间总计为一个工作日. 又由于 $Q_{ik}t_{ik}$ 是在第 i 台机床上生产第 k 种零件的数量，所以所生产的第 k 种零件的总数是 $z_k=\sum\limits_{i=1}^{n}Q_{ik}t_{ik}(k=1,2,\cdots,m)$，并且为了得到成套的产品，应该有 $z_1=z_2=\cdots=z_m$.

由上可知，问题的一般提法是：

根据下述条件确定 $t_{ik}(i=1,2,\cdots,n;k=1,2,\cdots,m)$：

(1) $t_{ik}\geqslant 0$；

(2) $\sum\limits_{k=1}^{m}t_{ik}=1(i=1,2,\cdots,n)$；

(3) 设 $z_k=\sum\limits_{i=1}^{n}Q_{ik}t_{ik}(k=1,2,\cdots,m)$.

求 t_{ik}，使 $z_1=z_2=\cdots=z_m=z$(最大).

二、效率比法

下面，我们来介绍最简单的情况：$m=2$(即一个成品由两个零件组成)，$n=3,4,\cdots$.

根据下述条件求 t_{i1} 和 t_{i2}：

(1) $t_{i1}\geqslant 0,t_{i2}\geqslant 0$；

(2) $t_{i1}+t_{i2}=1$；

(3) $z_1=\sum\limits_{i=1}^{n}Q_{i1}t_{i1}=z_2=\sum\limits_{i=1}^{n}Q_{i2}t_{i2}=z$.

求 t_{i1} 和 t_{i2}，使 z 最大.

例1　设有两种零件，在单位时间内工人甲生产 50 个零件Ⅰ，60 个零件Ⅱ；工人乙生产 30 个零件Ⅰ，90 个零件Ⅱ；工人丙生产 20 个零件Ⅰ，80 个零件Ⅱ. 每种零件各一个就能配成套. 问如何分配任务，可在单位时间内生产出最多的套数.

解　将甲、乙、丙三个工人在单位时间内生产各种零件的个数(生产效率)列表，如表 7-6 所示：

三工人在单位时间内生产各种零件的数量(个)　　表 7-6

工人 / 零件	甲	乙	丙
Ⅰ	50	30	20
Ⅱ	60	90	80

1. 每个工人单独成套生产

设工人甲单独生产零件Ⅰ所占的时间份额为 x,则 $1-x$ 是工人甲单独生产零件Ⅱ所占的时间份额,则有

$$50x=60(1-x),$$

解得

$$x=\frac{6}{11},1-x=\frac{5}{11}.$$

那么,工人甲在单位时间内可生产 $50\times\frac{6}{11}=60\times\frac{5}{11}\approx27$(套).

同理,工人乙在单位时间内可单独生产 22 套,工人丙在单位时间内可单独生产 16 套.

上述计算结果列表如表 7-7 所示:

每个工人单独成套生产零件的个数 表 7-7

工人 零件	甲	乙	丙
Ⅰ	27	22	16
Ⅱ	27	22	16

即三个工人分别单独成套生产,单位时间可生产 65 套.但是这种分配任务的方法未必能得到最多的套数.

2. 谁加工哪种零件最快谁就加工哪种零件

让工人甲加工零件Ⅰ50 个,工人丙加工零件Ⅰ20 个,工人乙加工Ⅰ与Ⅱ两种零件.设 t 与 $1-t$为乙分别加工Ⅰ与Ⅱ两种零件占用的时间份额,则有

$$50+20+30t=90(1-t)$$

解得

$$t=\frac{1}{6},1-t=\frac{5}{6}$$

则

$$30\times\frac{1}{6}=5,90\times\frac{5}{6}=15\times5=75.$$

结果列表如表 7-8:

生产零件个数表 表 7-8

工人 零件	甲	乙	丙
Ⅰ	50	5	20
Ⅱ		75	

共生产了 75 套,比前面的分配方法多了 10 套.

3. 效率比法

下面介绍一种当 $m=2$(即一个产品由两个零件组成),$n\geqslant3$(即机床至少有 3 台)时分配任务的效率比法,这种方法既简单又容易掌握.

仍然以例 1 来说明.先求出甲、乙、丙三位工人生产这两种零件的效率比,如表 7-9 所示:

生产两种零件的效益比 表 7-9

工人 效率比	甲	乙	丙
$\frac{Ⅰ}{Ⅱ}$	$\frac{5}{6}$	$\frac{1}{3}$	$\frac{1}{4}$

可以看出甲生产零件的 I 的效率最高，丙生产零件 II 的效率最高. 因此，让工人甲生产零件 I，工人丙生产零件 II，如表 7-10 所示：

甲、丙生产零件个数　　表 7-10

工人 / 零件	甲	乙	丙
I	50		
II			80

让工人乙生产零件 I 和 II 以便调配成套.

设乙生产零件 Ix 个，零件 II y 个，那么乙生产 x 个零件 I 要占用时间份额$\frac{x}{30}$，而生产 y 个零件 II 占成的时间份额$\frac{y}{90}$，从而有

$$\begin{cases}50 + x = 80 + y \\ \frac{x}{30} + \frac{y}{90} = 1\end{cases}$$

解得 $x = 30, y = 0$.

于是得分配方案，如表 7-11 所示：

甲、乙、丙生产零件个数　　表 7-11

工人 / 零件	甲	乙	丙
I	50	30	
II			80

共可生产 80 套，比第二个分配方案又多了 5 套.

在没有任何消耗的情况下，只是重新分配了下生产任务便有这样的效果，这是我们应该注意掌握的知识.

例 2　某农场的一个生产组，有壮年劳力 11 人，每人每天可种白薯 1.1 亩或锄小麦 2 亩；有青年劳力 5 人，每人每天可种白薯 1.5 亩或锄小麦 3 亩；有妇女劳力 16 人，每人每天可种白薯 1.1 亩或锄小麦 1.5 亩；有老年劳力 8 人，每天每人可种白薯 0.8 亩或锄小麦 1 亩. 求在种白薯 26 亩的情况下，锄小麦越多越好的分配方案.

解　此例与例 1 不同之处是任务的要求不同，例 1 要求生产出的成套产品越多越好，此例要求在种白薯 26 亩的任务完成的情况下，锄小麦的亩数的最大值.

先求各种劳动力的效率比，如表 7-12 所示.

各种劳动力效率比表　　表 7-12

劳动力 / 效率比	壮年 11 人	青年 5 人	妇女 16 人	老年 8 人
锄小麦(亩)	2	3	1.5	1
种白薯(亩)	1.1	1.5	1.1	0.8
$\frac{锄小麦}{种白薯}$	1.8	2	1.36	1.25

老年劳力的效率比最低，青年劳力的效率比最高，因此 8 位老年劳力种白薯，可种 8 ×

0.8 = 6.4 亩，16 位妇女劳力也种白薯，可种 $16 \times 1.1 = 17.6$ 亩，这样就完成了 $17.6 + 6.4 = 24$ 亩种白薯的任务，还差 2 亩白薯，再分配 2 位壮年劳力去种白薯，可种 $2 \times 1.1 = 2.2$ 亩，于是共种白薯 $24 + 2.2 = 26.2$ 亩，剩下的劳动力全锄小麦，即 5 位青年劳力，9 位壮年劳力的都锄小麦，共锄小麦 $9 \times 2 + 5 \times 3 = 33$ 亩. 这一分配方案可列表如表 7-13 所示.

劳动力分配方案表　　表 7-13

任务＼劳动力	壮年	青年	妇女	老年
种白薯	2		16	8
锄小麦	9	5		

以上介绍了只有两种任务（$m = 2$）时分配生产能力的效率比法.

现在我们介绍至少有三种任务时的分配生产能力的一般方法.

三、生产能力最优分配的一般方法

例 3　有 A、B、C 三台机床，加工 Ⅰ、Ⅱ、Ⅲ 三种零件，他们在一天内的效率表如表 7-14 所示.

效　率　表　　表 7-14

零件＼效率＼机床	A	B	C
Ⅰ	105	107	64
Ⅱ	56	66	38
Ⅲ	56	83	53

如果加工的零件只要数量相等就成套，问如何分配机床的加工任务，使得在一天内（或一段时间内）能生产出最多的套数？

解　若让 A、B、C 三台机床整天都生产零件 Ⅰ，那么共生产零件 Ⅰ 的数量为

$$105 + 107 + 64 = 276(\text{个})$$

这样，机床 A 一天内生产出来的零件 Ⅰ 数占三台机床一天内生产的零件 Ⅰ 总数的份额为

$$\frac{105}{276} \approx 0.380$$

同样，机床 B 一天内生产的零件 Ⅰ 数所占的份额为

$$\frac{107}{276} \approx 0.388$$

机床 C 一天内生产的零件 Ⅰ 数所占份额为

$$\frac{64}{276} \approx 0.232$$

对零件 Ⅱ 和零件 Ⅲ 都可用以上方法求出 A、B、C 三台机床生产的数所占的份额为

$$56 + 66 + 38 = 160$$

得

$$\frac{56}{160} \approx 0.350, \frac{66}{160} \approx 0.413, \frac{38}{160} \approx 0.238$$

$$56 + 83 + 53 = 192$$

得 $$\frac{56}{192}\approx 0.292,\frac{83}{192}\approx 0.432,\frac{53}{192}\approx 0.276.$$

将这些数据列表，如表 7-15 所示.

比值及 0 次近似表 表 7-15

	比值			0 次近似			
	A	B	C	A	B	C	z_k
Ⅰ	<u>0.380</u>	0.388	0.232	105×1	107×0	64×0	105
Ⅱ	0.350	0.413	0.238	56×0	66×0	38×0	0
Ⅲ	0.292	<u>0.432</u>	<u>0.276</u>	56×0	83×1	53×1	136

对这个表中的各机床找出比值的最大数(即各列中的最大数)，在其下边画一条横线. 比值表中，各个画了横线的比值所对应位置上均填上 1 乘上效率表中相应位置的效率值，没有画横线的比值所对应位置上均填上 0 乘上效率表中相应位置的效率值，就得到 0 次近似表，同时在 0 次近似表的最右边一列填上各个零件的总数 z_1、z_2、z_3，如表 7-15 所示.

上面的操作表明，机床 A 生产零件Ⅰ所占的比值大(第一列的最大值)，机床 B 和机床 C 生产零件Ⅲ所占的比值都大(第二列和第三列的最大数都在第三行上). 我们要按比值大的优先分配，不成套再进行调整.

因此，安排机床 A 整天生产零件Ⅰ，机床 B 和 C 整天都生产零件Ⅲ，这样便得到表 7-15 中的 0 次近似的这一部分. 可是在这个 0 次近似的分配中，零件Ⅱ没有机床进行生产. 因此，要对 0 次近似分配进行调整，那么应该由 A、B、C 三台机床中哪一台生产零件Ⅱ较为合算呢？再看表 7-15 中比值表这一部分，在第二行中的 0.413 与第二列中的最大数 0.432 最接近，把这个比值表的第二行都乘上$\frac{432}{413}$，使 0.413 变为 0.432 值，得出下面表 7-16 的左边部分.

比值及第一次近似表 表 7-16

	比值			第一次近似			
	A	B	C	A	B	C	z_k
Ⅰ	<u>0.380</u>	0.388	0.232	105×1	107×0	64×0	105
Ⅱ	0.366	<u>0.432</u>	0.249	56×0	66×0.913	38×0	60.3
Ⅲ	0.292	<u>0.432</u>	0.276	56×0	83×0.087	53×1	60.2

由表 7-16 的比值这一部分(表 7-16 的左边部分)可以看出，为了成套，机床 B 加工零件Ⅱ最合算，但机床 B 加工零件Ⅱ用多少时间才不至于使零件Ⅲ又少了？

设机床 B 生产零件Ⅱ所用的时间为 x，那么生产零件Ⅲ所用的时间为 $1-x$，所以一天内机床 B 加工出 $66x$ 个零件Ⅱ，$83(1-x)$ 个零件Ⅲ，再加上机床 C 所加工的零件Ⅲ53 个，总共是 $83(1-x)+53$ 个. 由成套要求知

$$66x=83(1-x)+53$$

解得 $$x=0.913,1-x=0.087.$$

从而得到表 7-16 中的第一次近似分配方案. 但是由表 7-16 看出，零件Ⅰ生产多了，还应该进一步调整.

表 7-16 的比值表部分，第一列最大数 0.380 最靠近第一列中的第二行的数 0.366，因此第一行乘以$\frac{366}{380}$，得如表 7-17 左边部分的比值.

比值及第二次近似表 表 7-17

	比值			第二次近似			
	A	B	C	A	B	C	z_k
Ⅰ	<u>0.366</u>	0.374	0.223	0.671×105	107×0	64×0	70.46
Ⅱ	<u>0.366</u>	<u>0.432</u>	0.249	0.329×56	66×0.789	38×0	70.50
Ⅲ	0.292	<u>0.432</u>	<u>0.276</u>	56×0	83×0.211	53×1	70.51

由表 7-17 中的比值可以看出，为了成套，机床 A 生产零件Ⅱ也比较合算，这样又影响了机床 B 生产零件Ⅱ和零件Ⅲ的时间分配了.

设机床 A 生产零件Ⅰ的时间为 x，生产零件Ⅱ的时间为 $1-x$；机床 B 生产零件Ⅱ的时间为 y，生产零件Ⅲ的时间为 $1-y$，则一天内共生产出：

零件Ⅰ：$105x$（个）；

零件Ⅱ：$56(1-x)+66y$（个）；

零件Ⅲ：$83(1-y)+53$（个）.

由成套的要求得：

$$105x=56(1-x)+66y=83(1-y)+53$$

整理得

$$\begin{cases}161x-66y=56\\105x+83y=136\end{cases}$$

解出

$$x\approx0.671,y\approx0.789$$

$$1-x\approx0.329,1-y\approx0.211.$$

于是得表 7-17 中第二次近似的部分. 它给出了 A、B、C 三台机床加工第Ⅰ，零件Ⅱ和零件Ⅲ的时间，即：

机床 A：加工零件Ⅰ用 0.671 个工作日，加工零件Ⅱ用 0.329 个工作日；

机床 B：加工零件Ⅱ用 0.789 个工作日，加工零件Ⅲ用 0.211 个工作日；

机床 C：用 1 个工作日加工零件Ⅲ.

总共三台机床加工出约 70 套产品.

复习题七

1. 设有四项加工任务 J_1、J_2、J_3、J_4，使用机器的顺序为先 A 后 B，所需时间见表 7-18. 问如何安排加工顺序可使加工总时间最短（时间单位：天）？

加工任务时间表 表 7-18

机器 \ 任务	J_1	J_2	J_3	J_4
A	5	10	9	5
B	7	5	7	8

2. 某企业生产 A、B 两种产品，已知生产单位产品 A 和 B 分别需要消耗钢材 8t 和 9t，煤 5t 和 8t，电 6 度和 4 度，劳动力 4 人日和 12 人日，现该企业有钢材 400t，煤 320t，电力 280t，劳动力 350 人日，又知生产单位产品 A 和 B 各能获利 8 千元和 1 万元，问应如何安排生产，可使企业利润最大？（只要求列出线性规划的数学模型）.

3. 设有两个工厂 A、B，它们生产的砖供应甲、乙、丙三个工地需要，砖厂的产量，工地的需要量，以及各砖厂到工地的运价如表 7-19 所示，试写出使总运费最省的方案的数学模型.

产量、需要量及运价表 表 7-19

运费（元/万块）工地 / 砖厂	甲	乙	丙	供给量（万块）
A	50	60	70	23
B	60	110	160	27
需求量（万块）	17	18	15	50

4. 设有甲、乙、丙三个煤矿，日产量分别为 4、9、11（单位：千 t），这些煤需运往 A、B、C、D 四个城市，这 4 个城市需求量分别为 5、4、7、8（单位：千 t），产地到销售地的运价如表 7-20 所示（单位：元/t）. 问如何安排运输方案，才能使运费最省（只要求写出该线性规划问题的约束条件和目标函数）.

运价表（单位：元/t） 表 7-20

销售地 / 产地	A	B	C	D
甲	12	11	8	11
乙	9	11	11	13
丙	10	14	13	7

5. 某工厂加工小组有 A_1、A_2 两种车床，可用于加工 B_1、B_2、B_3 三种工件，假设这两台车床可用的台时数，需加工的三种工件的数量、用这两种车床加工单位工件所需的加工台时数以及单位工件加工费用如表 7-21 所示，问怎样分配车床的加工任务，才能满足加工工件的要求，又使加工费最省（只要求写出该线性规划问题的约束条件和目标函数）.

加工各工件所需加工台时数、加工费及可用台时数 表 7-21

车床	单位工件所需加工台时数			单位工件的加工费（元）			可用台时数
	B_1	B_2	B_3	B_1	B_2	B_3	
A_1	0.4	1.1	1.0	13	9	10	800
A_2	0.5	1.2	1.3	11	12	8	900
加工量	400	600	500				

6. 用图解法求下列各题

（1）
$$\max s = 2x_1 + 2x_2$$
$$\text{s. t.} \begin{cases} x_1 - x_2 \geqslant 1 \\ x_1 + 2x_2 \leqslant 2 \\ x_1, x_2 \geqslant 0 \end{cases}$$

（2）
$$\max s = -x_1 + 2x_2$$
$$\text{s. t.} \begin{cases} x_1 - x_2 \geqslant -2 \\ x_1, x_2 \geqslant 0 \end{cases}$$

（3）
$$\min s = x_1 + x_2$$

$$
\text{s.t.}\begin{cases}x_1+x_2\geqslant 1\\ x_1-3x_2\geqslant -3\\ x_1,x_2\geqslant 0\end{cases}
$$

（4）

$$
\min s=2x_1+2x_2
$$

$$
\text{s.t.}\begin{cases}x_1-x_2\geqslant 1\\ -x_1+2x_2\leqslant 0\\ x_1,x_2\geqslant 0\end{cases}
$$

7. 在某种产品的零件加工中，零件Ⅰ在A、B、C三种机床上都能加工；零件Ⅱ在A、B、C三种机床上也全能够加工，每个产品仅由一个零件Ⅰ和一个零件Ⅱ组成.

每种零件的产量是：一个工作日中，机床A能够生产出10个零件Ⅰ或者20个零件Ⅱ；机床B能够生产20个零件Ⅰ或30个零件Ⅱ；机床C能够生产出30个零件Ⅰ或80个零件Ⅱ. 现有机床A 3台，机床B 3台，机床C 1台，试求在一个工作日里，怎样分配这些机床的工作，可使成套产品达到最多？

8. 有三种工具，每种工具都可以加工三类零件；零件Ⅰ、零件Ⅱ、零件Ⅲ. 各种工具在一个单位的工作时间里可以加工各类零件的个数如表7-22所示：

各工具加工各类零件的个数　　表7-22

零件＼工具	甲	乙	丙
Ⅰ	20	10	40
Ⅱ	24	30	15
Ⅲ	60	36	20

三类零件数量的比例要求2:3:4，怎样分配这三种工具在一个单位工作时间中的工作，可使零件产量最多.

第八章　配送与运输

配送与运输管理是物流管理中最重要的环节之一，通常企业的物流成本中，大部分属于运输与配送管理的成本.

第一节　物资调运中的表上作业法

在物资调运时，由于运输工具不同，单位运价不同，有时总的吨公里数最小的调运方案不一定是总运费最省的．表上作业法可以在不同运输工具和不同单位运价的情况下，在组织调运时，找到使总运费最省或吨公里数最小的方案.

当有一批产品，要从几个生产地供应若干消费地，各地产量和销量都是已知的，各地运费也已知．如何调运才能使总运费（或总吨公里数）最小？我国数学家研究出在表上进行分析、计算、判断的解决方法（即表上作业法），从而使问题的解决大大地简化了.

下面介绍表上作业法.

首先，编制产销平衡表和运费表（或里程表），再根据上述产销平衡表和运费表编制出可行的初始调运方案．然后，用一种方法来判断这个初始方案是否最好，若不是最好的，则在这个方案的基础上进行调整．通常每调整一次所得到的新方案就比原方案好一些，经过若干次调整，最后必能得到最好的调运方案.

一、制定初始方案

表上作业法的关键是如何编制初始调运方案，如何判断方案是否最优，怎样进行调整以及这些步骤如何在表上进行，下面先用例子说明.

例 1　有民用煤的产销平衡表和运费表分别如表 8-1 和表 8-2 所示．试求使总运费最省的调运方案.

解　表 8-1 是产销平衡表，表 8-2 是从发点到收点之间 1t 煤的运费．例如，由 B_1 点运 1t 煤到 A_3 这个收点，运费是 4.01 元.

产销平衡表（单位：t）　　表 8-1

收点／发点	A_1	A_2	A_3	A_4	发量
B_1					5000
B_2					7000
B_3					6000
收量	3000	8000	2000	5000	18000

发点到收点的运费表(单位:元/t)　　表8-2

发点＼收点	A_1	A_2	A_3	A_4
B_1	2.38	3.20	4.01	4.01
B_2	4.35	2.11	2.93	6.39
B_3	7.51	2.38	1.57	9.17

下面用最小元素法(列或行中的最小元素)来制定初始可行方案.初始可行方案的好坏直接影响下一步的计算量,初始方案制定得好,下一步计算的工作量就小,并且可以较快地得到最优方案.

列的最小元素法,就是列中运费最小的尽可能先满足供应的方法.

在运费表8-2中,从某一列开始,不妨从左边第一列开始,这列的最小数是2.38,它属于第一行,收点A_1所需要的3000t,尽可能地由发点B_1供应.这时,应该在表8-1的第一行第一列的空格里填上3000,得表8-3.

产销平衡表一(单位:t)　　表8-3

发点＼收点	A_1	A_2	A_3	A_4	发量
B_1	3000				5000
B_2					7000
B_3					6000
收量	3000	8000	2000	5000	18000

因为A_1所需的3000t已全部满足,可以在运费表8-2中,画去A_1所在的第一列,得表8-4.

运费表一(单位:元/t)　　表8-4

发点＼收点	A_1	A_2	A_3	A_4
B_1	2.38	3.20	4.01	4.01
B_2	4.35	2.11	2.93	6.39
B_3	7.51	2.38	1.57	9.17

表8-4中用虚线画去了A_1所在的列,再从运费表8-4的第二列中找到该列的最小数2.11,它属于第二行,A_2点需要的8000t,由B_2点将其全部发量7000t供应给A_2,这时,在平衡表8-3中的第二列第二行的空格里填上7000,把运费表8-4的第二行用虚线画去,得表8-5和表8-6.

产销平衡表二(单位:t)　　表8-5

发点＼收点	A_1	A_2	A_3	A_4	发量
B_1	3000				5000
B_2		7000			7000
B_3					6000
收量	3000	8000	2000	5000	18000

运 费 表 二(单位:元 / t)　　表 8-6

收点 发点	A_1	A_2	A_3	A_4
B_1	2.38	3.20	4.01	4.01
B_2	4.35	2.11	2.93	6.39
B_3	7.51	2.38	1.57	9.17

运费表 8-6 中第二列未全画去,是因为 A_2 点只收了 7000t,还差 1000t,因此,还应在表 8-6 的第二列再找一个最小数 2.38,它属于第三行,因此,从 B_3 点发出 1000t 到 A_2 点就满足了 A_2 点 8000t 的全部需要了.这时,运费表 8-6 的第二列可全部画去了,得到表 8-7 和表 8-8.

产销平衡表三(单位:t)　　表 8-7

收点 发点	A_1	A_2	A_3	A_4	发量
B_1	3000				5000
B_2		7000			7000
B_3		1000			6000
收量	3000	8000	2000	5000	18000

运 费 表 三(单位:元 / t)　　表 8-8

收点 发点	A_1	A_2	A_3	A_4
B_1	2.38	3.20	4.01	4.01
B_2	4.35	2.11	2.93	6.39
B_3	7.51	2.38	1.57	9.17

运费表 8-8 中第三列最小数为 1.57,它属于第三行,于是,从发点 B_3 发出 2000t 全部满足了 A_3 的需要.画去表 8-8 的第三列,得表 8-9 和表 8-10.

产销平衡表四(单位:t)　　表 8-9

收点 发点	A_1	A_2	A_3	A_4	发量
B_1	3000				5000
B_2		7000			7000
B_3		1000	2000		6000
收量	3000	8000	2000	5000	18000

运 费 表 四(单位:元 / t)　　表 8-10

收点 发点	A_1	A_2	A_3	A_4
B_1	2.38	3.20	4.01	4.01
B_2	4.35	2.11	2.93	6.39
B_3	7.51	2.38	1.57	9.17

运费表8-10中最后一列未被全画去. A_4 点所需要的5000t还未被满足, B_1 点还剩下2000t尚未发出,可将这2000t运给 A_4 点; B_3 点还剩下3000t尚未发出, A_4 点的需求还差3000t就可满足,因此,从 B_3 点发出3000t到 A_4 ,运费表8-10的第四列可以画去,得表8-11和表8-12.

产销平衡表五(单位:t)　　表8-11

收点 发点	A_1	A_2	A_3	A_4	发量
B_1	3000			2000	5000
B_2		7000			7000
B_3		1000	2000	3000	6000
收量	3000	8000	2000	5000	18000

运费表五(单位:元/t)　　表8-12

收点 发点	A_1	A_2	A_3	A_4
B_1	2.38	3.20	4.01	4.01
B_2	4.35	2.11	2.93	6.39
B_3	7.51	2.38	1.57	9.17

表8-11就是用最小元素法所得到的初始调运方案.

注意:(1)产销平衡表中收点个数为 n,发点个数为 m,那么在初始调运方案中,产销平衡表中填数的格子必须是 $m+n-1$ 个. 如表8-11中,填数的格子为6个,恰好等于 $3+4-1$.

(2)在制定初始调运方案时,若在填上第 i 行第 j 列的空格中的数之后,第 i 行发量已全发完,第 j 列收量也已满足,那么运费表中就会出现第 i 行和第 j 列要同时画去的情形. 此时,只能画去第 j 列或第 i 行中的一个. 在以后若再出现第 j 列或第 i 行未被画去的元素是运费表上该列或该行中的最小元素时,会出现第 i 行全发完或第 j 列已全满足需要,这时,在产销平衡表中对应的空格中填上零,以后应把这个填零的格子和其他填了数的格子同样看待. 这样就可以保证调运方案的产销平衡表中填数的格子是 $m+n-1$ 个. 如表8-13和8-14所示的物资调运产销平衡表和运费表.

平衡表一(单位:t)　　表8-13

收点 发点	B_1	B_2	B_3	发量
A_1				4
A_2				4
A_3	3			3
收量	3	2	6	

运费表一(单位:元/t)　　表8-14

收点 发点	B_1	B_2	B_3
A_1	3	5	7
A_2	9	4	6
A_3	1	3	2

表 8-14 的第一列的最小数为 1，它属于第三行，把 A_3 的全部供应量 3 都供应 B_1 的全部需要. 只画去运费表的第一列而保留第三行不画. 表 8-14 中未划去的数中第三列有最小数 2，它属于第三行，但 A_3 已无货供应了，因此，在平衡表中的第三行第三列的空格中填上 0，同时画去运费表的第三行得到以下的平衡表 8-15 和运费表 8-16.

平 衡 表 二(单位:t) 表 8-15

收点 发点	B_1	B_2	B_3	发量
A_1				4
A_2				4
A_3	3		0	3
收量	3	2	6	

运 费 表 二(单位:元/t) 表 8-16

收点 发点	B_1	B_2	B_3
A_1	3	5	7
A_2	9	4	6
A_3	1	3	2

继续用最小元素法. 最后，得到初始调运方案的平衡表 8-17，处理后的运费表如表 8-18.

平 衡 表 三(单位:t) 表 8-17

收点 发点	B_1	B_2	B_3	发量
A_1			4	4
A_2		2	2	4
A_3	3		0	3
收量	3	2	6	

运 费 表 三(单位:元/t) 表 8-18

收点 发点	B_1	B_2	B_3
A_1	3	5	7
A_2	9	4	6
A_3	1	3	2

平衡表 8-17（初始调运方案）中填数的格子，恰好有 $3+3-1=5$ 个，其中包括填 0 的格子.

二、求检验数

用闭回路求检验数，由此来判断上述所得的初始调运方案是否为最优的，其具体做法如下.

1. 作闭回路

从初始调运方案:产销平衡表8-11中的任意一个空格出发,沿着水平或铅直的方向前进.遇到一个适当的有数字的格子时,就按与方向垂直的方向前进,又必定会再遇到一个适当的有数字的格子,同样地再转向前进,这样继续前进和转向,经过若干次转向前进后,必然回到原来出发的那个空格.这样就形成了一条由水平线段和垂直线段组成的封闭折线,称为闭回路.可以证明:每个空格必能作出唯一的一条闭回路,但要注意选择适当的转向点.

例如,由表8-11中第二行第一列的空格出发,向上到第一行第一列这个有数的格子转向,向右直到第一行第四列这个有数的格子,再转向下到第三行第四列的有数的格子,转向左直到第三行第二列的有数格子,转向上到第二第二列的有数格子,再转向左就回到了出发的第二行第一列这个空格.这样就得到了如表8-19所画的闭回路.

闭　回　路(单位:t)　　表8-19

收点 / 发点	A_1	A_2	A_3	A_4	发量
B_1	3000			2000	5000
B_2		7000			7000
B_3		1000	2000	3000	6000
收量	3000	8000	2000	5000	18000

2. 求检验数

选择初始空格,如表8-19中第二行第一列的空格,将其对应的闭回路中偶数次转向点对应的运费的和减去奇数次转向点对应的运费之和差,称为对应于这个空格的检验数.即该空格对应的运费减去第一个转向点对应的运费加上第二个转向点对应的运费减去第三个转向点对应的运费,依此类推直到最后一个转向点对应的运费为止.为了方便,我们将表8-20中对应于闭回路中的各转向点用圆括号括起来,把初始空格用尖括号括起来.

闭回路对应的运费表(单位:元/t)　　表8-20

收点 / 发点	A_1	A_2	A_3	A_4
B_1	(2.38)	3.20	4.01	(4.01)
B_2	〈4.35〉	(2.11)	2.93	6.39
B_3	7.51	(2.38)	1.57	(9.17)

这样,在表8-19中,第二行第一列这个空格的检验数就等于:

$$4.35-2.38+4.01-9.17+2.38-2.11=2.92$$

第三行第一列空格的检验等于:

$$7.51-2.38+4.01-9.17=-0.03$$

第一行第二列空格的检验数等于:

$$3.20-4.01+9.17-2.38=5.98$$

第一行第三列空格的检验数等于:

$$4.01-4.01+9.17-1.57=7.60$$

第二行第三列空格的检验数等于:

$$2.93-1.57+2.38-2.11=1.63$$

第二行第四列空格的检验数等于：

$$6.39-9.17+2.38-2.11=-2.51$$

各个空格的检验数我们已经算出，现将其列表，得表 8-21.

检验数表 表 8-21

收点 发点	A_1	A_2	A_3	A_4
B_1		5.98	7.60	
B_2	-2.92		1.63	-2.51
B_3	-0.03			

注意：各个空格的检验数还可以按以下步骤来计算：

(1)在运费表上把对应于有调运数的那些运费用括号括起来.

(2)再把运费表上在同一行(或同一列)中的各个数加(或减)一个相等数，使括号内的数全变为零. 这时，运费表中其他没有加括号的数就都变为检验数了.

例如，对初始方案(表 8-19)的运费表(表 8-20)按照上述步骤计算，所得结果分别如表 8-22 ~ 表 8-25 所示.

步 骤 一 表 8-22

收点 发点	A_1	A_2	A_3	A_4
B_1	(2.38)	3.20	4.01	(4.01)
B_2	4.35	(2.11)	2.93	6.39
B_3	7.51	(2.38)	(1.57)	(9.17)
	(-2.38)	(-2.11)	(-1.57)	(-4.01)

步 骤 二 表 8-23

收点 发点	A_1	A_2	A_3	A_4	
B_1	(0)	1.09	2.44	(0)	
B_2	1.97	(0)	1.36	2.38	
B_3	5.13	(0.27)	(0)	(5.16)	(-5.16)

步 骤 三 表 8-24

收点 发点	A_1	A_2	A_3	A_4
B_1	(0)	1.09	2.44	(0)
B_2	1.97	(0)	1.36	2.38
B_3	-0.03	(-4.89)	(-5.16)	(0)
		(+4.89)	(+5.16)	

步　骤　四　　表 8-25

收点 / 发点	A_1	A_2	A_3	A_4	
B_1	(0)	5.98	7.60	(0)	
B_2	1.97	(4.89)	6.52	2.38	(−4.89)
B_3	−0.03	(0)	(0)	(0)	

表 8-25 第二行各个数都加上(−4.89),得表 8-26.

步　骤　五　　表 8-26

收点 / 发点	A_1	A_2	A_3	A_4
B_1	(0)	5.98	7.60	(0)
B_2	−2.92	(0)	1.63	−2.51
B_3	−0.03	(0)	(0)	(0)

表 8-26 与表 8-21 相同.

三、检验初始调运方案是否最优

若所有空格的检验数都不是负数,则这个方案就是最优的. 反之,所有检验数中只要有一个负数,则这个方案就不是最优的,应该进行调整.

由表 8-26 可以看出,初始调运方案(表 8-19)不是最优的,应该调整.

四、调整

仍以前面的例子来说明. 从检验数(表 8-26)中找出负数中的最小数 −2.92,由这个数对应的空格出发作闭回路,如表 8-19 所示.

在闭回路的所有奇数次转向点的运量中,找最小的运量,如表 8-19 中是 3000,这个数称为调整数. 所有奇数次转向点的运量都减去这个调整数,在表 8-19 中,闭回路的奇数次转向点处的运量均减去 3000. 与此同时,初始空格及偶数次转向点处的运量均加上这个调整数,在表 8-19 是初始空格处以及偶数次转向点处的运量上都加上 3000,得表 8-27. 这是一个新的调运方案,其运费表如表 8-28 所示.

调整后的调运方案(单位:t)　　表 8-27

收点 / 发点	A_1	A_2	A_3	A_4	发量
B_1	0			5000	5000
B_2	3000	4000			7000
B_3		4000	2000		6000
收量	3000	8000	2000	5000	18000

新调运方案的运费表(单位:元/t)　　表 8-28

收点 发点	A_1	A_2	A_3	A_4
B_1	(2.38)	3.20	4.01	(4.01)
B_2	〈4.35〉	(2.11)	2.93	6.39
B_3	7.51	(2.38)	(1.57)	9.17

表 8-27 所示调运方案的检验数表为表 8-29,全是正数,因此,表 8-27 所示调运方案是最优的. 其总运费为

$3000\times4.35+4000\times2.11+4000\times2.38+2000\times1.57+5000\times4.01=54200$(元),这就是完成例 1 中的调运任务花钱最少的.

新调运方案的检验数表　　表 8-29

收点 发点	A_1	A_2	A_3	A_4
B_1		3.06	4.68	
B_2			1.63	0.41
B_3	2.89			2.92

注意:在方案调整过程中,在闭回路的奇数次转向点处的运量中找出最小的运量作调整数,一是为了使填的数不会出现负数,另外也是为了保证新方案中填了数的格子保持 $m+n-1$ 个(当奇数次转向点处的运量都减去调整数时,若出现了几个零时,把最下边那一行最右边出现的那个零的地方当作空格,其他地方的零要保留在格子里,当作有数字的格子看待).

上面介绍了在产销平衡的条件下,物资调运最优方案的寻求方法. 下面就简要地介绍产销不平衡的条件下,如何寻求最优调运方案.

一般地,我们主要是通过一定的方法将产销不平衡条件下的物资调运问题转化成产销平衡条件下的物资调运问题来解决.

例 2　求表 8-30 中产销不平衡问题的最优解.

产销不平衡及运费表(运费单位:元/t)　　表 8-30

收点 发点	B_1	B_2	B_3	B_4	发量(t)
A_1	2	11	3	4	7
A_2	10	3	5	9	5
A_3	7	8	1	2	7
收量(t)	2	3	4	6	19 15

解　这个表中给出了各发点 $A_i(i=1,2,3)$ 的发量,各收点 $B_j(j=1,2,3,4)$ 的收量以及 A_i 到 B_j 的运费,比如 A_2 到 B_3 的运费为 5 元 / t,等等.

表中 A_1、A_2、A_3 的总发量为 19t,B_1、B_2、B_3、B_4 的总收量为 15t,总发量比总收量多出 4t. 不论怎样,总库存量都是 4t,这是不变的. 这样,我们就表中收点处增加一列库存,同时运费表中也增加一列运费都是零,如表 8-31 所示.

表 8-31

产销“平衡”及运费表(单位:元/t)

收点 / 发点	B_1	B_2	B_3	B_4	库存	发量(t)
A_1	(2)	11	3	(4)	0	7
A_2	10	(3)	5	9	0	5
A_3	7	8	(1)	(2)	0	7
收量(t)	2	3	4	6	4	(19)

这样,我们就把产销不平衡条件下的物资调运问题转变为产销平衡条件下的物资调运问题来解决了.

在用最小元素法求初始调运方案时,要先把运费表中库存一列的零运费去掉,然后再逐次选取最小运费制定初始调运方案并检验之,如表 8-32 和表 8-33 所示.

表 8-32

初始调运方案(单位:t)

收点 / 发点	B_1	B_2	B_3	B_4	库存	发量
A_1	2			3	2	7
A_2		3			2	5
A_3			4	3		7
收量	2	3	4	6	4	

表 8-33

检 验 数 表

收点 / 发点	B_1	B_2	B_3	B_4	库存
A_1		8	0		
A_2	8		2	5	
A_3	7	7			2

由表 8-33 知,检验数全不是负数,所以表 8-32 是最优调运方案.

第二节　物资调运问题的数学模型

一、作物布局问题

例 1　某农场的一个分场要用 1320 亩土地种植玉米、地瓜、谷子、大豆四种作物.由土地的肥沃程度和水利条件的差别,这些土地可分成五个等级的土壤:Ⅰ级土壤 30 亩,Ⅱ级土壤 150 亩,Ⅲ级土壤 160 亩,Ⅳ级土壤 770 亩,Ⅴ级土壤 210 亩.要播种玉米 305 亩,地瓜 620 亩,谷子 55 亩,大豆 340 亩,并且有产量表(亩产量)如表 8-34 所示.

产量表(单位:kg)　　表 8-34

土壤 / 亩产量 / 作物	Ⅰ	Ⅱ	Ⅲ	Ⅳ	Ⅴ
玉米	300	250	230	200	150
地瓜			450	400	350
谷子	280	240	220	170	140
大豆	220	280	155	125	110

求在各级土壤的土地上,应如何合理安排各种作物的播种面积,使总产量最大.

解　用最大元素法,即产量表 8-34 中最大的产量尽可能优先供给的准则来编制初始播种方案(如表 8-35),然后用闭回路法求检验数. 若全部检验数均不为正数,则方案为最优的,否则应调整.

初始播种方案　　表 8-35

土壤 / 作物	Ⅰ	Ⅱ	Ⅲ	Ⅳ	Ⅴ	播种亩数
玉米	30			275		305
地瓜			160	460		620
谷子				35	20	55
大豆		150			190	340
土壤亩数	30	150	160	770	210	1320

求检验数,得检验数表 8-36.

检 验 数 表　　表 8-36

土壤 / 作物	Ⅰ	Ⅱ	Ⅲ	Ⅳ	Ⅴ
玉米		-90	-20		-20
地瓜	-500	-450			-20
谷子	10	-70	0		
大豆	-20		-35	-15	

表 8-36 中,第三行第一列交处的检验数是正数,所以表 8-35 所表示的播种方案不是最优的,应该调整. 调整后得表 8-37.

新播种方案　　表 8-37

土壤 / 作物	Ⅰ	Ⅱ	Ⅲ	Ⅳ	Ⅴ	播种亩数
玉米				305		305
地瓜			160	460		620
谷子	30			5	20	55
大豆		150			190	340
土壤亩数	30	150	160	770	210	1320

求出其检验数表如表 8-38.

检验数表 表 8-38

作物＼土壤	Ⅰ	Ⅱ	Ⅲ	Ⅳ	Ⅴ
玉米	-10	-90	-20		-20
地瓜	-510	-540			-20
谷子		-70	0		
大豆	-30		-35	-15	

表 8-38 中的检验数全为负数,所以表 8-37 所表示的播种方案是最优的. 经计算得总产量为 391950kg.

二、土方的合理调配问题

例 2 设有挖土区甲、乙、丙三处,填土区Ⅰ、Ⅱ、Ⅲ、Ⅳ四处. 挖土量等于填土量,平衡表与里程表合并,如表 8-39 所示. 试问:如何使挖土区挖出的土运到填土区总的土方公里(即土方数×运行公里数)最小?

平衡表与里程表(单位:km) 表 8-39

挖土区＼填土区	Ⅰ	Ⅱ	Ⅲ	Ⅳ	挖土量(m^3)
甲	10	9	12	7	500
乙	13	11	9	4	300
丙	14	15	11	5	400
填土量(m^3)	350	450	250	150	1200

解 用最小元素法编制初始调配方案,得表 8-40.

初始调配方案(单位:m^3) 表 8-40

挖土区＼填土区	Ⅰ	Ⅱ	Ⅲ	Ⅳ	挖土量
甲	50	450			500
乙			150	150	300
丙	300		100		400
填土量	350	450	250	150	1200

表 8-40 所示初始调配方案的检验数如表 8-41 所示.

检验数表 表 8-41

挖土区＼填土区	Ⅰ	Ⅱ	Ⅲ	Ⅳ
甲			5	5
乙	1	0		
丙		2		-1

表 8-41 中，第三行第四列交叉处的检验数是负数，经过调整. 得表 8-42 和表 8-43.

新调配方案一（单位：m^3）　　表 8-42

挖土区＼填土区	Ⅰ	Ⅱ	Ⅲ	Ⅳ
甲	50	450		
乙			250	50
丙	300			100

新调配方案一的检验数表　　表 8-43

挖土区＼填土区	Ⅰ	Ⅱ	Ⅲ	Ⅳ
甲			4	6
乙	0	-1		
丙		2	1	

表 8-43 中，第二行第二列交叉处的检验数是负数，经过调整. 得表 8-44 和表 8-45.

新调配方案二（单位：m^3）　　表 8-44

挖土区＼填土区	Ⅰ	Ⅱ	Ⅲ	Ⅳ
甲	100	400		
乙		50	250	
丙	250			150

新调配方案二的检验数表　　表 8-45

挖土区＼填土区	Ⅰ	Ⅱ	Ⅲ	Ⅳ
甲			5	6
乙	2			1
丙		2	0	

表 8-45 可以看出检验数没有负数了，因此表 8 - 45 所示调配方案最优，其最小土方公里数为

$$100 \times 10 + 400 \times 9 + 50 \times 11 + 250 \times 9 + 250 \times 14 + 150 \times 5 = 11650.$$

三、物资调运的数学模型

上述物资调运问题、作物布局问题、土方调配问题的共同点是什么？它们是什么样的数学问题？

为此引进一些符号：

A_i 表示第 i 个发点.

B_j 表示第 j 个收点.

a_i 表示第 i 个发点的发量（即 A_i 的发量）.

b_j 表示第 j 个收点的收量(即 B_j 的收量).

c_{ij}表示从 A_i 到 B_j 的单位运费.

x_{ij}表示从 A_i 到 B_j 的物资的数量.

$\sum_{i=1}^{m} a_i = a_1 + a_2 + \cdots + a_m$ 是总发量.

$\sum_{j=1}^{n} b_j = b_1 + b_2 + \cdots + b_n$ 是总收量.

这样上述的数学问题的一般形式是:

某种产品,它有 m 个发地:$A_1, A_2, \cdots, A_m$,发量分别是:$a_1, a_2, \cdots, a_m$;它又有 n 个收地:$B_1, B_2, \cdots, B_n$,收量分别为:$b_1, b_2, \cdots, b_n$. 假设产销平衡,即:

$$\sum_{i=1}^{m} a_i = \sum_{j=1}^{n} b_j$$

并且已知单位运费为 $c_{ij}(i=1,2,\cdots,m;j=1,2,\cdots,n)$,求一个调运方案,使总的运费最省.

所谓调运方案就是要确定各个发点运往各个收点的物资的数量. 现在,我们的目的是要求出使总运费最省的方案,就是要求出 $m \times n$ 个数

$$x_{ij}(i=1,2,\cdots,m;j=1,2,\cdots,n)$$

使得总运费

$$s = \sum_{j=1}^{n} \sum_{i=1}^{m} c_{ij} x_{ij}$$

达到最小值,而 x_{ij} 自然应该满足下列条件:

$$\sum_{j=1}^{n} x_{ij} = a_i (i=1,2,\cdots,m), \tag{8.1}$$

$$\sum_{i=1}^{m} x_{ij} = b_j (j=1,2,\cdots,n), \tag{8.2}$$

和

$$x_{ij} \geqslant 0 (i=1,2,\cdots m;j=1,2,\cdots,n) \tag{8.3}$$

s 为目标函数,式(8.1)、式(8.2)和式(8.3)为约束条件. 概括地说,我们有下面的数学问题:

设有 $m+n$ 个正数:

$$a_1, a_2, \cdots, a_m; b_1, b_2, \cdots, b_n.$$

满足条件

$$\sum_{i=1}^{m} a_i = \sum_{j=1}^{n} b_j$$

又给出 $m \times n$ 个非负的数 $c_{ij}(i=1,2,\cdots m;j=1,2,\cdots,n)$,求 $m \times n$ 个变数 $x_{ij}(i=1,2,\cdots,m;j=1,2,\cdots,n)$ 的值,使其满足约束条件:

$$\sum_{j=1}^{n} x_{ij} = a_i (i=1,2,\cdots,m),$$

$$\sum_{i=1}^{m} x_{ij} = b_j (j=1,2,\cdots,n),$$

且

$$x_{ij} \geqslant 0 (i=1,2,\cdots m;j=1,2,\cdots,n),$$

并使目标函数

$$s = \sum_{j=1}^{n} \sum_{i=1}^{m} c_{ij} x_{ij}$$

达到最大或最小值.

注意:问题若不是使目标函数 s 达到最小值,而是要使目标函数 s 达到最大值,那么初始方案的编制应该采用最大元素法而不是最小元素法;检验数中若有正数则应该调整,若都不是正数则不需要调整.

第三节　最优配送路线的选择

配送是运输的另一种形式.配送类似于短途支线或城市内短途运输.运输与配送之间的不同主要在于运输是点到点,而配送是一点到多点,并伴有返回.送货环节常见的关键活动之一是路线的选择.

选择配送路线的标准有以地理距离最短为标准、以成本最少为标准或以运输时间最短为标准等.在不同的标准下所选择的配送路线一般是不同的.

一、起点与终点相同时的路线选择

从配送中心出发的产品配送车辆按照一定的路线把所有需求的产品送达后,返回配送中心.

这种情况,需求点多,分布广.选择过程中,首先要确定配送中心与各产品需求点之间的运输距离、时间及成本,然后按照选择标准选定离配送中心最近的一个需求点,再以此确定的点作为另一个起点来确定下一个产品配送的需求点,如此重复操作,直到所有的需求点都在所确定的路线中为止.

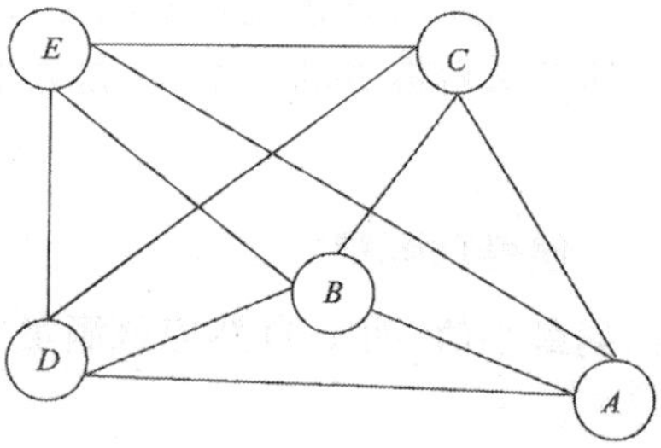

图　8-1

例1　某配送公司由配送中心 A 向全市4个商店 B、C、D、E 进行药品供应,各需求点相对位置见图8-1,运输距离见表8-46,试选择最佳配送路线.

运输距离表(单位:km)　　表8-46

	A	B	C	D	E
A	0	34	48	47	67
B		0	17	19	34
C			0	34	31
D				0	26
E					0

解　配送路线的起点是 A,由表8-46第一行看,非零的最小数为34,即 A 到 B 点的距离最短,为34;再以 B 为起点,可以看到表8-46第二行的非零最小数为17,即 C 点应该在配送路线上,其前一站是 B 点;再以 C 为起点,由表8-46知其第三行中除 A、B 两点外的距离中31最小,即 E 距 C 最近;再以 E 为起点,由表8-46知第五列以26为最小,即 D 离 E 最近..于是,得最短配送路线为:$A \to B \to C \to E \to D \to A$,总运输距离为:

$$34 + 17 + 31 + 26 + 47 = 155(\text{km}).$$

二、选择配送路线的节约法

1.到两个站点的配送方法

从配送中心到两个站点的配送路线如图8-2所示.从配送中心 P 两辆车分别向站点 A_1 和 A_2 送货,再返回,这时总的行程为:$D_1 = 2d_1 + 2d_2$.

若用一辆车，从配送中心 P 出发，先送货到站点 A_1，再从站点 A_1 送货到站点 A_2 返回配送中心 P，即 $P \to A_1 \to A_2 \to P$，进行一次巡回送货. 如图 8-3 所示.

这时往返的总行程为：$D_2 = d_1 + c + d_2$，

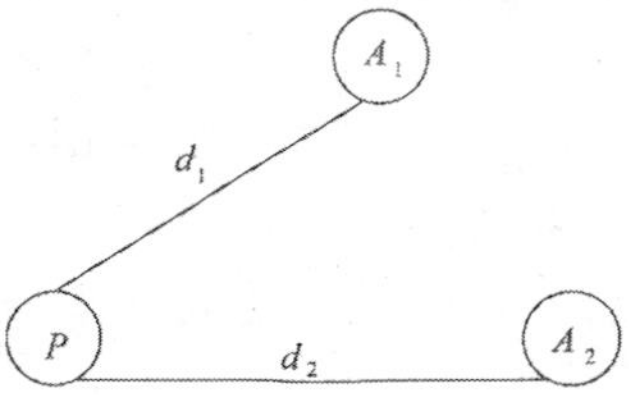

图 8-2

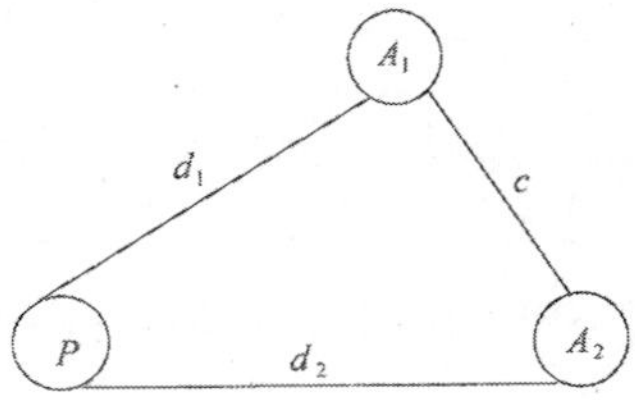

图 8-3

此时，D_2 较 D_1 可节约里程：$\Delta D = D_1 - D_2 = d_1 + d_2 - c$，称 ΔD 为节约里程.

2. 到多个站点的配送方法

从配送中心 P 到多个站点送货时，将其中能够取得最大节约里程的两个站点合并在同一条路线上，进行巡回送货，这样能够获得最大地节约里程；同时在不超过运输车辆载货容量的条件下，设法使这条选定的巡回路线尽可能把其他站点按其所能节约里程的大小纳入到这条路线之中，就可以获得更大的节约里程. 这是节约里程法的基本思想.

用节约里程法选择合理的配送路线方案的步骤如下：

(1)将各个分点的需求量列成表格，并计算配送中心 P 至各个站点的最短距离和各个站点之间的最短距离，将这些数据列成表格.

(2)由上述最短距离表，用节约里程法($\Delta D = d_1 + d_2 - c$)算出各站点之间的节约里程，并将其列成表格. 这里要注意的是：计算节约里程时，可能得出 0 或负数，这种情况一律写成 0.

(3)根据上述节约里程表中节约里程的数据，按由大到小的顺序把它们排列起来，并把它们列成表格，称之为节约里程次序表，以便尽量使节约里程最多的点组合装车配送.

(4)根据节约里程次序表和配送车的载质量、有效容积及可行驶的里程等约束条件，给出配送的近似最佳路线.

例 2 有 6 个站点 $A_1, A_2, \cdots, A_6$ 的货运任务，各任务的货运量 q_i(单位：t) 如表 8-47 所示. 这些任务由配送中心 O 发出的载质量为 4t 和 2.5t 的车辆来完成，中心 O 到各个站点以及各站点之间的最短距离(单位：km)由表 8-48 给出.

试制定合理的车辆行驶路线，以完成上述送货任务.

货运量表　　表 8-47

站点	A_1	A_2	A_3	A_4	A_5	A_6
q_i	0.8	0.7	1.0	1.75	1.10	1.15

最短距离表　　表 8-48

A_i \ A_j	O	A_1	A_2	A_3	A_4	A_5	A_6
O	0	9	12	12	20	24	21
A_1		0	9	19	29	33	30
A_2			0	10	32	29	33
A_3				0	25	19	25

续上表

A_i \ A_j	O	A_1	A_2	A_3	A_4	A_5	A_6
A_4					0	6	1
A_5						0	6
A_6							0

解 根据表 8-48，利用公式 $\Delta d_{ij}=c_{Oi}+c_{jO}-c_{ij}$，计算各站点之间的节约里程，得到节约里程表如表 8-49 所示.

节约里程表 表 8-49

A_i \ A_j	A_1	A_2	A_3	A_4	A_5	A_6
A_1	0	12	2	0	0	0
A_2		0	14	0	7	0
A_3			0	7	17	8
A_4				0	38	40
A_5					0	39
A_6						0

由表 8-49 可得节约里程次序表，如表 8-50 所示.

节约里程次序表 表 8-50

序号	(A_i,A_j)	Δd_{ij}	序号	(A_i,A_j)	Δd_{ij}	序号	(A_i,A_j)	Δd_{ij}
1	(A_4,A_6)	40	6	(A_1,A_2)	12	11	(A_1,A_4)	0
2	(A_5,A_6)	39	7	(A_3,A_6)	8	12	(A_1,A_5)	0
3	(A_4,A_5)	38	8	(A_2,A_5)	7	13	(A_1,A_6)	0
4	(A_3,A_5)	17	9	(A_3,A_4)	7	14	(A_2,A_4)	0
5	(A_2,A_3)	14	10	(A_1,A_3)	2	15	(A_2,A_6)	0

根据表 8-50 逐项考察对应的一对站点 A_i 与 A_j，进行点对之间的连接，如表 8-51 所示.

点对连接表 表 8-51

(A_i,A_j)	$Q=\sum q_i(t)$	连接与否
A_4-A_6	$Q=2.9<4$	$A_4\to A_6$
A_6-A_5	$Q=4$	$A_4\to A_6\to A_5$
A_5-A_3	$Q=5>4$	×
A_2-A_3	$Q=1.7<2.5$	$A_2\to A_3$
A_1-A_2	$Q=2.5$	$A_1\to A_2\to A_3$
A_3-A_4		×
A_2-A_5		×
A_3-A_4		×

由表 8-51，得配送路线：

载质量为 4t 的货车：$O\to A_4\to A_6\to A_5\to O$，

总路程为：$20+1+6+24=51$(km).

载质量为2.5t的货车：$O\to A_1\to A_2\to A_3\to O$，

总路程为：$9+9+10+12=40$(km).

由上可知，此行驶路线的总里程为 $51+40=91$(km).

第四节　装卸工人的调配

本节主要介绍在巡回运输中装卸工人的调配问题.

在汽车运输中，为了减少空驶里程，提高汽车的里程利用率，往往要组织巡回运输.这样，一辆汽车从车场开出之后，中途就会经过若干个装卸点，每个装卸点因货物不同，需要的装卸工人的人数也不同.于是就产生了怎样调配装卸工人，才能充分发挥他们的效率问题.

调配装卸工人的简易方法就是编号计算法：

(1)车辆比装卸点多时，装卸工人固定在装卸点处.

(2)车辆比装卸点少时，采用编号法：

①按装卸点所需要的工人数目，由多到少把相应的装卸点编上号码，并按次序排列；

②若有 n 辆车，就从排列好的需要装卸工人数量最多的装卸点一端开始数 n 个装卸点的号码，数到的第 n 个装卸点需要多少装卸工人，就派多少装卸工人在车上.在需要更多装卸工人的装卸点派出相应数目的装卸工人固定在装卸点上，跟车装卸工人数与固定在装卸点上的装卸工人数之和应该等于该点所需要的装卸工人数.

例1　某车场每天有4辆货车经过6个装卸点 A_1、A_2、A_3、A_4、A_5、A_6，组织巡回运输.在 A_1 点装货，需要6个装卸工人；在 A_2 点卸货，需要4个装卸工人；在 A_3 装货，需要8个装卸工人；在 A_4 点卸货，需要5个装卸工人；在 A_5 点装货，需要3个装卸工人；在 A_6 点卸货，需要4个装卸工人.如图8-4所示.试制定合理调配装卸工人的方案.

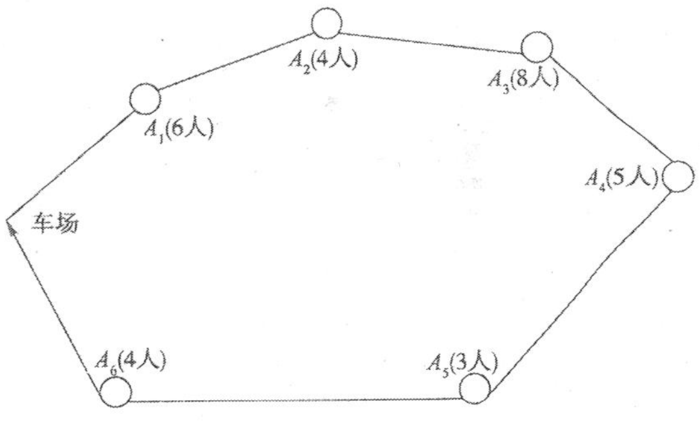

图　8-4

解　如果派出满足上述要求的装卸工人固定到装卸点上，会因车太少而使装卸工人大部分时间闲着无事可做，从而造成人力的浪费；如果派出所有装卸工人跟车走，这时跟车人太多，有的装卸点用不了这么多人，也会造成人力的浪费；如果跟车的装卸工太少，也会因某些装卸点的人手不够用而不能及时完成任务，从而造成窝工.

此例中，车辆数为4，装卸点为6个，是车比装卸点少的情况，因此不要把装卸工人全固定在装卸点上.按照编号计算法，把所有装卸点按需要装卸工人的数目由多到少排列起来：

A_3(8人)，A_1(6人)，A_4(5人)，A_2(4人)，A_6(4人)，A_5(3人)，

再根据车辆数4，从多的一端开始数到排列好的第四个点(这里是 A_2).又 A_2 需要4个装卸工人，就派4个装卸工跟车；A_3 需要8人，就派4个装卸工人固定在 A_3；A_1 需要6人，就派2人固定在 A_1；A_4 需要5人，则派1人固定在 A_4；A_2、A_6、A_5 就不需要派人了.

这样，总共用 $4\times4+4+2+1=23$ 个装卸工人.

如果派5人跟车，总共需用装卸工人数为：$4\times5+3+1=24$.

如果派 3 人跟车，总共需用装卸工人数为：$4\times3+5+3+2+2\times1=24$.

这两种调配工人的方案都比第一个方案多用了 1 人.

调配装卸工人的编号计算法可以用以下四句话概括：

车比点多，人往点上搁；

车比点少，编号方法好；

按点需要人多少，由大到小编编号；

车数是几数到几，几个人数跟车跑.

复习题八

1. 求表 8-52 和表 8-53 所示的物资调运问题的最优解（表内的数是运费）.

（1）

物资调运量及运费表 表 8-52

收点 / 发点	A_1	A_2	A_3	A_4	A_5	发量(t)
B_1	10	20	5	9	10	9
B_2	2	10	8	20	6	4
B_3	1	20	7	10	4	8
收量(t)	3	5	4	6	3	21

（2）

物资调运量及运费表 表 8-53

收点 / 发点	A_1	A_2	A_3	发量(t)
B_1	10	2	5	4
B_2	9	3	6	7
B_3	2	1	2	2
收量(t)	2	3	8	13

2. 解下列不平衡的物资调运问题（表 8-54）.

物资调运量及运费表 表 8-54

收点 / 发点	A_1	A_2	A_3	A_4	A_5	发量(t)
B_1	3	7	8	4	6	13
B_2	9	5	7	10	3	12
B_3	11	10	8	5	7	18
收量(t)	3	8	5	10	5	43 / 31

3. $A_i(i=1,2,\cdots,9)$ 这 9 个客户的需求量如表 8-55 所示：

客户需求量表　　表 8-55

客户	A_1	A_2	A_3	A_4	A_5	A_6	A_7	A_8	A_9
需求量	1.7	0.5	0.9	1.2	1.6	1.1	0.9	0.9	0.6

配送中心 O 到各用户以及各用户之间的最短距离如表 8-56 所示：

各用户之间最短距离表　　表 8-56

A_i \ A_j	O	A_1	A_2	A_3	A_4	A_5	A_6	A_7	A_8	A_9
O	0	11	10	9	6	7	10	10	8	7
A_1		0	5	10	14	18	21	21	13	6
A_2			0	5	9	15	20	20	18	11
A_3				0	4	9	19	19	17	16
A_4					0	6	15	16	14	13
A_5						0	9	17	15	14
A_6							0	14	18	17
A_7								0	12	19
A_8									0	7
A_9										0

试用节约法制定配送中心的最优的送货方案.

4. 某车场每天有 5 辆货车经过 8 个装卸点 A_1、A_2、A_3、A_4、A_5、A_6、A_7、A_8，组织巡回运输. 在 A_1 点装货需要 4 个装卸工人；在 A_2 点卸货需要 6 人；在 A_3 装货需要 7 人；在 A_4 点卸货需要 9 人；在 A_5 点装货需要 6 人；在 A_6 点卸货需要 10 人. 在 A_7 点装货需要 8 人；在 A_8 点卸货需要 5 人. 试制定合理调配装卸工人的方案.

第九章　物流中心选址和车辆配装

确定物流中心的位置可以用数学的方法或模拟的方法，从经济角度确定理论上的合适位置. 但是，这仅是给选址提供参考，实际选址时还必须考虑其他一些条件，如：客户条件、自然地理条件、运输条件、用地条件、通信信息条件、法规制度条件，等等.

根据不同的配送要求，选择合适的车辆并对车辆进行配装，使之达到提高利用率的目的，这是送货的一项主要工作.

第一节　物流中心的设置问题

本节主要介绍质量中心坐标的计算，并根据质量中心坐标的计算方法求解物流中心的设置问题.

一、质量中心的坐标

1. 用实验的方法寻求质量中心(模拟的方法)

现在来做以下实验：

在一块水平放置的板上有 4 个质点，按质点所在位置打 4 个小洞，每个小洞分别挂上与对应质点的质量成比例的砝码，其质量分别为 m_1、m_2、m_3、m_4（单位：g)，然后把拴砝码的线的另一端连接在一起，让它们自由地处于平衡状态，这时，那个线的结点的位置就是 4 个结点中心所在的位置，如图 9-1 所示.

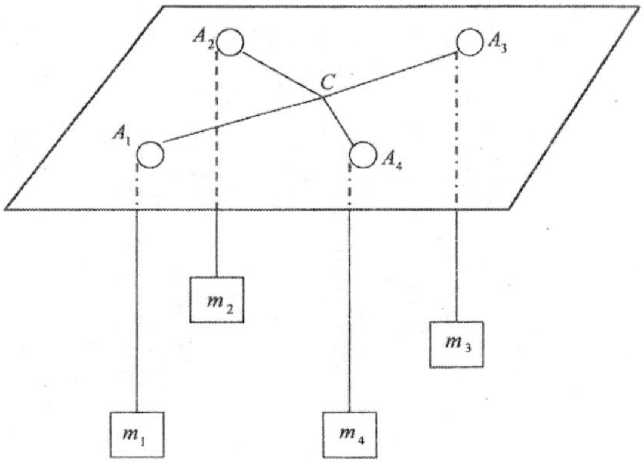

图 9-1

C 点是当 4 个悬挂的砝码处于平衡位置时结点的位置，C 点的位置就是质量中心的位置。此时，从 C 到 A_1 、A_2 、A_3 、A_4 4 个点的距离分别乘以 m_1、m_2、m_3、m_4 ，再求和，得

$$m_1\,\overline{A_1C} + m_2\,\overline{A_2C} + m_3\,\overline{A_3C} + m_4\,\overline{A_4C}$$

其值较该平面上其他任何一点 P 到 A_1、A_2、A_3、A_4 的距离分别乘以 m_1、m_2、m_3、m_4 再求和的值都要小，即

$$m_1\,\overline{A_1P} + m_2\,\overline{A_2P} + m_3\,\overline{A_3P} + m_4\,\overline{A_4P} \geqslant m_1\,\overline{A_1C} + m_2\,\overline{A_2C} + m_3\,\overline{A_3C} + m_4\,\overline{A_4C}$$

自然界的规律总是按照某种最大或最小的原理运行.

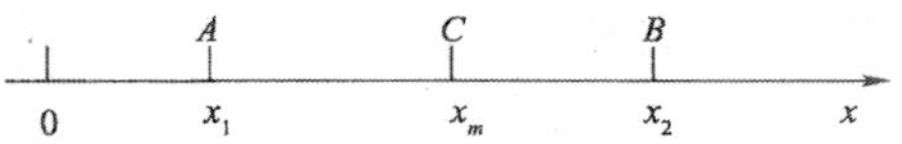

图　9-2

2. 计算质量中心的坐标

一线段 AB，端点分别为 $A(x_1)$ 、$B(x_2)$ ，如图 9-2 所示. 设在 A 处有质量 m_1 ，B 处有质量 m_2 ，求其质量

中心的坐标.

设 C 点是质量中心,坐标为 x_m,则

$$m_1(x_m - x_1) = m_2(x_2 - x_m)$$

因此,质量中心的坐标为

$$x_m = \frac{m_1x_1 + m_2x_2}{m_1 + m_2}.$$

由 $$m_1(x_m - x_1) > 0, m_2(x_2 - x_m) > 0$$

所以 $$m_1(x_m - x_1) + m_2(x_2 - x_m) \geqslant 2\sqrt{m_1(x_m - x_1) \cdot m_2(x_2 - x_m)}. \tag{9.1}$$

当且仅当 $m_1(x_m - x_1) = m_2(x_2 - x_m)$,即 $x_m = \dfrac{m_1x_1 + m_2x_2}{m_1 + m_2}$ 时,式(9.1)中的等号成立,即 $m_1(x_m - x_1) + m_2(x_2 - x_m)$ 达到最小值.

设 ΔABC 三个顶点的坐标分别为:$A(x_1, y_1)$,质量为 m_1;$B(x_2, y_2)$,质量为 m_2;$C(x_3, y_3)$,质量为 m_3.

求 ΔABC 的质量中心的坐标.

设质量中心为 $M(x_m, y_m)$.先求 BC 的质量中心 $P(x_p, y_p)$,由式(9.1)可得:

$$\begin{cases} x_p = \dfrac{m_2x_2 + m_3x_3}{m_2 + m_3} \\ y_p = \dfrac{m_2y_2 + m_3y_3}{m_2 + m_3} \end{cases} \tag{9.2}$$

连接 AP,求 A(质量为 m_1)、P(质量为 $m_2 + m_3$)的质量中心 $M(x_m, y_m)$,那么 $M(x_m, y_m)$ 就是 ΔABC 的质量中心.

由上述结论知,有

$$\begin{cases} x_m = \dfrac{m_1x_1 + (m_2 + m_3)\left(\dfrac{m_2x_2 + m_3x_3}{m_2 + m_3}\right)}{m_1 + m_2 + m_3} = \dfrac{m_1x_1 + m_2x_2 + m_3x_3}{m_1 + m_2 + m_3} \\ y_m = \dfrac{m_1y_1 + (m_2 + m_3)\left(\dfrac{m_2y_2 + m_3y_3}{m_2 + m_3}\right)}{m_1 + m_2 + m_3} = \dfrac{m_1y_1 + m_2y_2 + m_3y_3}{m_1 + m_2 + m_3} \end{cases}$$

可以看出:x_m 是 x_1、x_2、x_3 的加权平均值,权数分别为

$$\frac{m_1}{m_1 + m_2 + m_3}, \frac{m_2}{m_1 + m_2 + m_3}, \frac{m_3}{m_1 + m_2 + m_3}.$$

同样,y_m 是 y_1、y_2、y_3 的加权平均值,权数分别为

$$\frac{m_1}{m_1 + m_2 + m_3}, \frac{m_2}{m_1 + m_2 + m_3}, \frac{m_3}{m_1 + m_2 + m_3}.$$

设平面上有 n 个质点 $A_i(x_i, y_i)$,其质量分别为 $m_i(i = 1, 2, \cdots, n)$.则质量中心坐标为:

$$\begin{cases} x_m = \dfrac{\sum\limits_{i=1}^{n} m_ix_i}{\sum\limits_{i=1}^{n} m_i} \\ y_m = \dfrac{\sum\limits_{i=1}^{n} m_iy_i}{\sum\limits_{i=1}^{n} m_i} \end{cases}$$

若质量中心 $M(x_m,y_m)$ 、$P(x,y)$ 为平面上任意一点,则

$$\sum_{i=1}^{n} m_i \overline{MA_i} \leqslant \sum_{i=1}^{n} m_i \overline{PA_i}.$$

例 1 质点 A(1,3)的质量为 10g,$B(2,-5)$的质量为 13g,$C(-2,1)$的质量为 7g,求质量中心 M 坐标.

解

$$\begin{cases} x_m = \dfrac{-2\times7+2\times13+1\times10}{7+13+10} = +\dfrac{11}{15} \\ y_m = \dfrac{1\times7+(-5)\times13+3\times10}{7+13+10} = \dfrac{-14}{15}. \end{cases}$$

二、物流中心位置的设置

在一个地域范围内有 n 个用户,且它们的位置已确定,各个用户的平均需求量也是已知的.那么选择物流中心时,就应该选使总运费最小的位置.

设用户 A_i 的坐标为 (x_i,y_i) ,需求量为 $W_i(i=1,2,\cdots,n)$,物流中心的坐标应该是:

$$\begin{cases} x_m = \dfrac{\sum_{i=1}^{n} W_i x_i}{\sum_{i=1}^{n} W_i} \\ y_m = \dfrac{\sum_{i=1}^{n} W_i y_i}{\sum_{i=1}^{n} W_i} \end{cases}$$

即物流中心应设在坐标为 $M(x_m,y_m)$ 的位置上.

例 2 某物流园区每年需要从 A 地运铸铁,从 B 地运煤炭,从 C 地运原材料,从 D 地运钢材,各地城市中心距离和每种材料的运量如表 9-1 所示.求设置该物流园区的参考坐标位置.

运 量 表 表 9-1

原材料供应地坐标	A		B		C		D	
	x_1	y_1	x_2	y_2	x_3	y_3	x_4	y_4
距离中心坐标(km)	20	70	60	60	20	20	50	20
年运输量(t)	2000		1200		1000		2500	

解

$$\begin{cases} x_m = \dfrac{\sum_{i=1}^{n} W_i x_i}{\sum_{i=1}^{n} W_i} = \dfrac{20\times2000+60\times1200+20\times1000+50\times2500}{2000+1200+1000+2500} = 38.3 \\ y_m = \dfrac{\sum_{i=1}^{n} W_i y_i}{\sum_{i=1}^{n} W_i} = \dfrac{70\times2000+60\times1200+20\times1000+20\times2500}{2000+1200+1000+2500} = 42.1 \end{cases}$$

因此,物流园的坐标 $M(38.3,42.1)$.

第二节　物流集散场地的设置

本节主要介绍当发货点固定，道路固定，而收点（即货物集聚地和发送地）待定的时候，如何确定货物集散场地的问题.

一、寻求最优设场点的逐点计算法

在物流过程中经常会遇到场地的设置问题. 例如：对一些分散的麦田，要设置一个打粮食的场地；为几口分散的油井设置一个炼油厂，等等. 由于这类问题是发点固定，收点不确定的物资调运问题，因此希望能确定一个收点，使得各个发点的物资运到这个收点时所花费的吨公里数最小，这种点称为最优场点.

由于可以设场的点很多，可能是某个发点，也可能是某些道路的交叉点或路线中间的某一点. 因此应牢记以下结论：最优设场点一定可以在发点或者在路线的交叉点上找到.

有了这一结论，就知道了应该在什么地方寻找最优设场点了. 这样，就可以通过直接计算所有的物资运到各个发点或路线的交叉点处分别要花费的吨公里数，然后从中找出用吨公里数最小的那个作发点或路线交叉点，这个点就是最优设场点.

例 1　如图 9-3 所示，某农业生产承包组有 A、B、C、D、E、F、G 共 7 块麦田，这些麦田较为分散，它们的位置和产量都在图 9-3 中标出. 现在要设一个打麦场，使得所有麦田到该打麦场所花费的吨公里数最少.

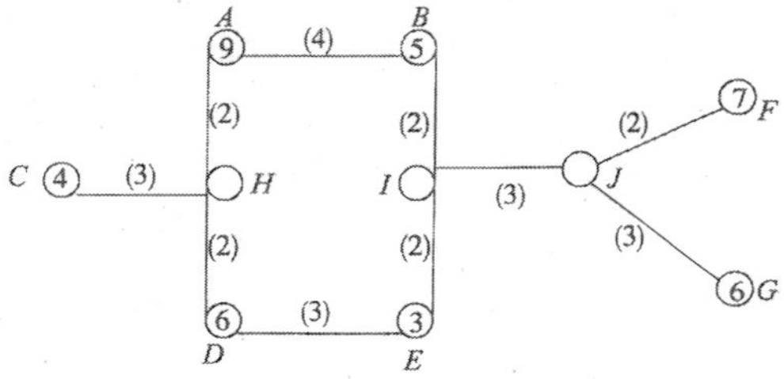

图　9-3

注意：　像图 9-3 这样的图称为交通图.

解　用 A（吨公里）表示发点 B、C、D、E、F、G 的小麦全运到 A 点所用的吨公里数，其余类似. 则有：

A（吨公里）$=4\times5+5\times4+4\times6+7\times3+11\times7+12\times6=234$，

B（吨公里）$=4\times9+9\times4+7\times6+4\times3+7\times7+8\times6=223$，

C（吨公里）$=5\times9+9\times5+5\times6+8\times3+15\times7+16\times6=345$，

D（吨公里）$=5\times4+4\times9+7\times5+3\times3+10\times7+11\times6=236$，

E（吨公里）$=3\times6+7\times9+8\times4+4\times5+7\times7+8\times6=230$，

F（吨公里）$=7\times3+5\times6+7\times5+11\times9+10\times6+15\times4=305$，

G（吨公里）$=5\times7+8\times5+8\times3+12\times9+16\times4+11\times6=337$，

H（吨公里）$=3\times4+2\times9+2\times6+6\times5+5\times3+13\times6+12\times7=249$，

I（吨公里）$=5\times7+6\times6+2\times5+2\times3+6\times9+5\times6+10\times4=211$，

J（吨公里）$=2\times7+3\times6+5\times5+5\times3+9\times9+8\times6+13\times4=253$.

以 I 点为设场点，其他各点的物资运到 I 点所用的吨公里数为 211，最小. 所以 I 点是最优设场点.

这种逐点计算，假定各个点为设场点，其他各点把物资都运到该设场点所花费的总吨公里数的方法，对于发点和线路交叉点个数比较少的情况是很有效的. 但发点和线路交叉点个数很多时，用这种方法的计算量就太大了.

在交通图中，连接站点的弧顺次首尾相接，且自身又不相交时，这些弧就构成了交通图中的一个圈. 图 9-3 中就有一个圈.

二、寻求最优设场点的"小半归邻站"法

交通图中没有圈时，除了用上述的逐点计算的方法之外，还可以用下述的方法寻求最优设场点，我们把这一方法概括为下面的两句话：

道路没有圈，检查各端点；小半归邻站，够半就设场.

下面用具体例子来说明这种方法.

例 2 如图 9-4 所示的交通图，其中发量单位为 t，距离单位为 km，求其最优设场点.

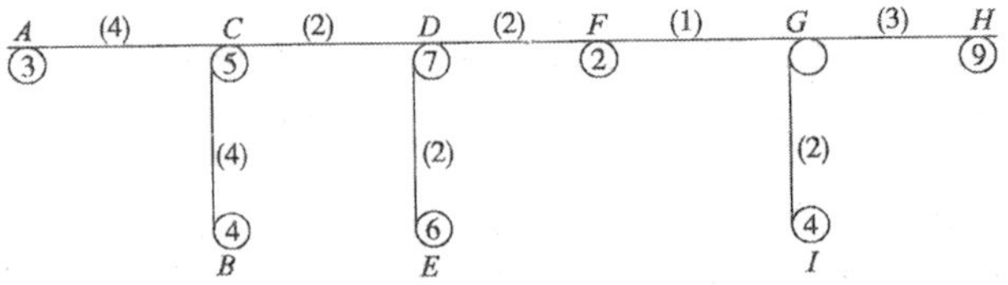

图 9-4

解 这个交通图中无圈. 检查端点 A、B 、E、H、I 五个点，按"小半归邻站，够半就设场"来找最优设场点.

本问题的总发量为：$3+4+5+7+6+2+4+9=40$(t)，总发量之半为 20(t) .

端点 A 的发量 $3<20$，所以把 A 点的发量 3t 物资归到其邻站 C 点，这样 A 点和弧 AC 就可以不考虑了，不妨把它们从图 9-4 中抹去，这样 C 点的发量由原来的 5t 变成 8t，得到图 9-5.

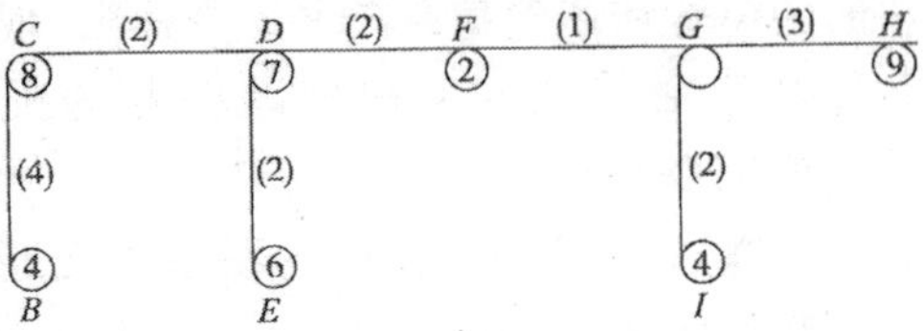

图 9-5

从图 9-4 与图 9-5 可以看出，若在 C 点设场，那么图 9-4 中的 B、D、E、F、H、I 各点的发量都运到 C 点所用的总的吨公里数，与图 9-5 中的 B、D、E、F、H、I 各点的发量都运到 C 点所用的总的吨公里数是完全相同的. 因此，图 9-4 中，在 C 点设场所用的总的吨公里数等于图 9-5 中在 C 点设场的总的吨公里数加上 12(这是在 AC 弧上用的吨公里数 $3\times4=12$). 在图 9-4 中，若在 A 点设场，在 AC 弧上所用的吨公里数为 $37\times4=148$. 可见，在 C 点设场比在 A 点设场用的吨公里数要少. 这正是因为：A 点的发量小于总发量的一半，其他各点的总发量就超过了总发量的一半，当然比 A 点的发量要大，因此，以 A 点为设场点时所用的总吨公里数比以 C 点为设场点所用的总吨公里数要大. 而如果 A 点的发量超过了总发量的一半，结论就相反了. 因此本题中 A 点不是最优设场点，于是，最优设场点只能在 B、C、D、E、F、G、H、I 中寻找.

图 9-5 中可以看出，去掉 A 点和 AC 弧之后的问题中，用 B(新吨公里)表示 B 点为设场点时在这个新图中所用的总的吨公里数，其余类似. 从而有以下结果：

B(吨公里) $=B$(新吨公里) $+12$，

其中 $12=3\times4$ 是 A 点发量归到邻站 C 点在 AC 弧上所用的吨公里数，

C(吨公里) $=C$(新吨公里) $+12$，

D(吨公里) $=D$(新吨公里) $+12$，

E(吨公里) $=E$(新吨公里) $+12$，

F(吨公里) $=F$(新吨公里) $+12$，

G(吨公里) $=G$(新吨公里) $+12$，

H(吨公里) = H(新吨公里) + 12,

I(吨公里) = I(新吨公里) + 12.

可见,由图 9-4 经过“小半归邻站”的方法而得到的新问题的交通图 9-5 中,各点的吨公里数的大小顺序与原来问题的交通图 9-4 中各点的吨公里数的大小顺序完全一致.

由此可见,用“小半归邻站”的方法,可以把无圈交通图的设置最优场点的问题变得越来越简单,而且不改变问题的最优设场点. 到最后就剩下两个发点,这时,就可以求出最优设场点了:

(1)剩下的两发点的发量不同,则发量大的点为最优设场点;

(2)剩下的两发点发量相同,则这两点都是最优设场点.

注意:在用“小半归邻站”方法的过程中,只要发现一个发量“够半”的点,那么在以后继续用“小半归邻站”方法时,这个站就永远不会再动了,这个站必定是最后剩下的两点之一,而且发量已经“够半”了. 因此,不必再往下做了,这一站就是最优设场点.

下面把例 2 继续解答完:看图 9-5,端点 B 的发量 $4 < 20$,因此把 B 的物资归邻站 C,这时,C 的发量就变成了 12t 了抹去 B 点与 BC 弧,得图 9-6.

注意:在用“小半归邻站”方法的变换过程中没有考虑各线路的长度,图上就不必注明各线路的长度了.

看图 9-6,把 C 点的 12t 归到 D 点,抹去 C 点和弧 CD;又把 E 点的 6t 归到 D 点,抹去 E 点和弧 ED,这时 D 点的发量就变为了 25t 了. 而 $25 > 20$,因此,D 点是最优设场点,见图 9-7.

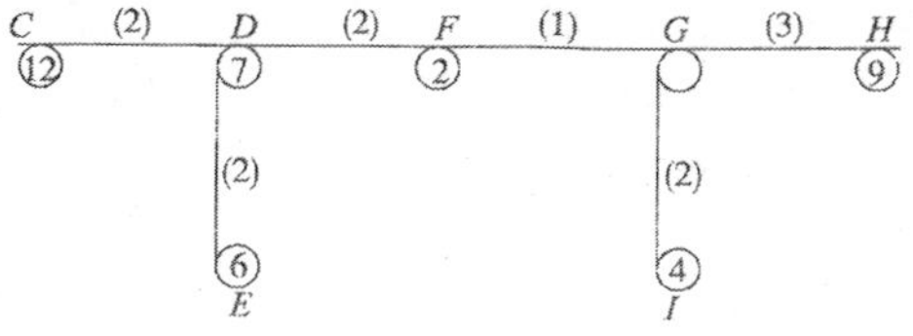

图 9-6

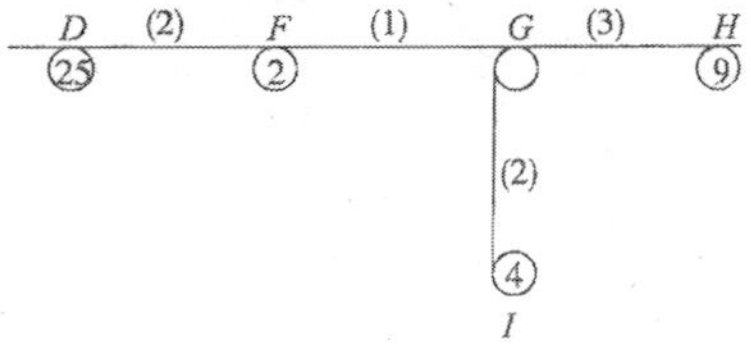

图 9-7

三、逐点计算法与“小半归邻站”法结合求最优设场点

若交通图中有圈,上述口诀还可以使用,但是,有时找不到最优设场点. 这时可以结合逐点计算吨公里数来找最优设场点.

例 3 如图 9-8 所示的交通图:

其中发量单位为 t,距离单位为 km,求最优设场.

解 各发点的总发量为:$4 + 6 + 9 + 5 + 3 + 7 + 6 = 40$(t),总发量的一半为 20(t).

用“小半归邻站”的方法,把 C 发量归到邻站 H,并把 C 及弧 CH 抹去;把 F 点,G 点的发量都归到邻站 J 点,并抹去 F 点和 G 点以及弧 FJ、GJ;再继续把 J 点的发量归到 I 点抹去 J 点和弧 JI,可得图 9-9.

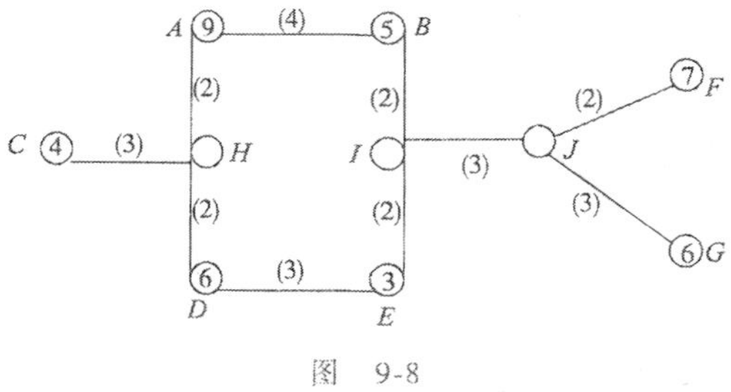

图 9-8

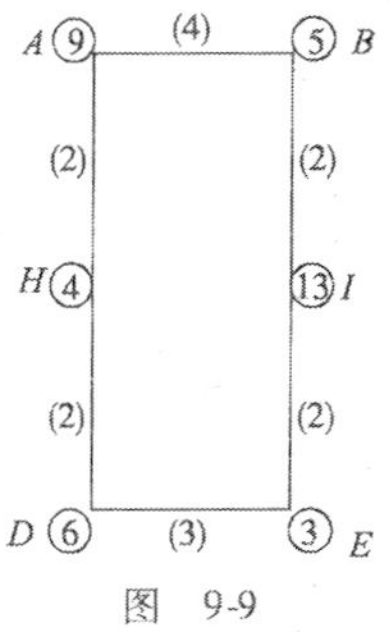

图 9-9

图 9-9 中任何一点的发量都不够总发量的一半,这样,用“小半归邻站”的方法就不知道应该先从那点开始了,因为图 9-9 是一个圈,它没有端点,很难再用“小半归邻站”的方法找出量优设场点.

下面可以逐点考察,计算该点为设场点时的总吨公里数:

A(吨公里) $=5\times4+13\times6+3\times7+6\times4+4\times2=151$,

B(吨公里) $=9\times4+4\times6+6\times7+3\times4+13\times2=140$,

D(吨公里) $=4\times2+9\times4+3\times3+13\times5+5\times7=153$,

H(吨公里) $=9\times2+5\times6+13\times7+3\times5+6\times2=166$,

E(吨公里) $=9\times7+5\times4+6\times3+4\times5+13\times2=147$,

I(吨公里) $=3\times2+5\times2+9\times6+6\times5+4\times7=128$.

当 I 点为设场点时,总吨公里数最小,因此,I 点是最优设场点.

第三节　最大通过能力问题

本节主要介绍在不考虑运输里程最小这一条件的情况下,两个供需点或城镇之间车辆的最大通过能力问题.

甲、乙两个点之间有很多道路相连,相互交织成网,如图 9-10 所示.

图 9-10 中的数字表示该段道路上的最大通过能力,即一天能通过的运输量(单位:t · km).例如:甲城到 B 城之间的一段道路最大通过能力为 60,即这段道路一天通过的运输量为 60 个运输量单位.

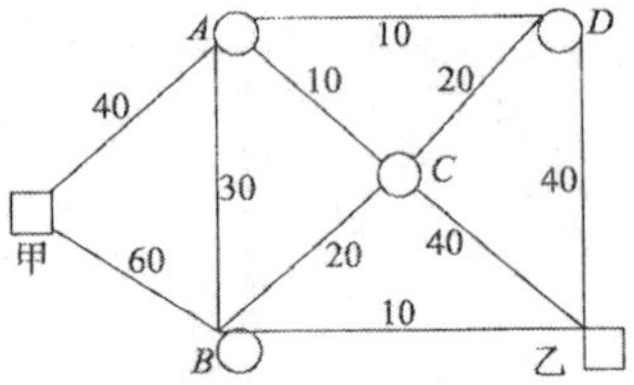

图　9-10

下面的任务是:从相互交错,最大通过能力各不相同的路线中,较快地计算出甲城乙城最大通过能力.

在解决这类问题是,必须坚持这样一个基本的原则:由外及里依次计算各条从甲城到乙城的路线的最大通过能力,这样才能得出答案.

例 1　求图 9-10 所示的交通图中从甲城到乙城最大通过能力.

解　图 9-10 中,由甲城到乙城最外边的路线有两条.

(1)甲—A—D—乙;

(2)甲—B—乙.

在(1)中,A—D 这一段最大通过能力为 10,而甲—A 这一段最大通过能力是 40,D—乙这段最大通过能能力为 40,均大于 10,因此路线(1)的最大通过能力为 10.

在(2)中,B—乙这一段最大用过能力为 10,而甲—B 这一段最大用过能力为 60,超过了 10,因此,路线甲—B—乙的最大通过能力也只能是 10.

于是(1)和(2)这两条从甲到乙最外边的路线的通过能力总共为 20.

现在把已经满负荷的道路抹去,并将道路其他没抹去的各段的最大通道能力的数值减去抹去的道路的最大通过能力的数值,然后把差数添在该段道路旁边,于是得到剩下的由甲地到乙地的交通图如图 9-11 所示.

图 9-11 中从甲城到乙城最外边的道路为:

(3) 甲—A—C—D—乙;

(4) 甲—B—C—乙.

仿上述可知：路线(3)的最大通过能力为10，而路线(4)的最大通过能力为20. 抹去满负荷的路段，得图9-12.

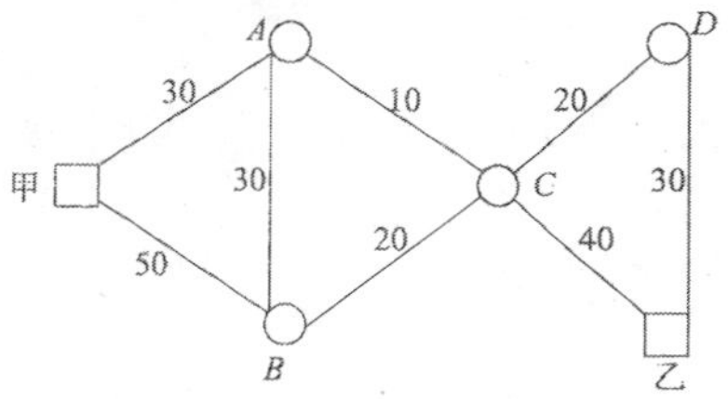

图 9-11

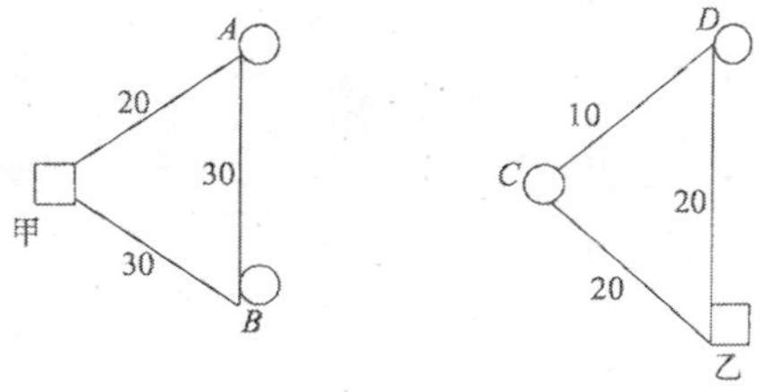

图 9-12

路线(3)与(4)的通过能力总和为30. 如图9-12所示，由甲城到乙城已无路可通了，从而可知由甲城到乙城的最大通过能力为20 + 30 = 50.

像港口的最大通过能力和工厂的最大生产能力等问题都可以按上述方法进行求解，即用由外及里的原则，凡是运输能力用完的路选均抹掉，剩下的路段将原运输能力减去已抹去的运输能力的差数写在该段路旁，继续用由外及里的原则，直至图断开成两片，且起点与终点分别各在一片中.

第四节　车载货物的配装问题

一、两种货物的配装问题

设甲货物每件质量为 a_1(t)，体积为 a_2(m^3)；乙货物每件质量为 b_1(t)，体积为 b_2(m^3). 每辆车的载质量为 k(t)，有效容积为 v(m^3).

求怎样装配这两种货物，既能使车辆满载，又能充分利用车辆的有效容积.

设每辆车装甲货 x 件，装乙货 y 件. 由题意知：

$$\begin{cases} a_1x + b_1y = k \\ a_2x + b_2y = v \end{cases}$$

直线 l_1 : $a_1x + b_1y = k$ 和直线 l_2 : $a_2x + b_2y = v$ 之间的位置关系有如图9-13所示4种情形.

(1)方程组有正数解 x_0、y_0，且 x_0 和 y_0 又都是整数时，配装方案是甲货装 x_0 件，乙货装 y_0 件. 若 x_0 和 y_0 不是整数时，则应在图9-13a)所示的阴影四边形中选一个离点 (x_0, y_0) 最近的坐标为正整数的点 (x_1, y_1)，这时近似最佳装配方案为甲货装 x_1 件，乙货装 y_1 件.

(2)若 l_1 与 l_2 平行，则取下面那条 l_1 上的非负整数解(如图9-13b)).

(3)方程组的解有一个小于0(如图9-13c)、d))，则取下面那条 l_1 上的非负整数解(最好更靠近 B 点).

例1　有甲、乙两种货物，甲种货物每件质量为10kg，体积为0.025m^3；乙种货物每件质量为8kg，体积为0.015m^3. 汽车载质量为5t，有效容积为4.5m^3，求最佳配装方案.

解　设每辆车装甲货 x 件，装乙货 y 件，则有

$$\begin{cases} 10x + 8y = 5000 \\ 0.025x + 0.015y = 4.5 \end{cases}$$

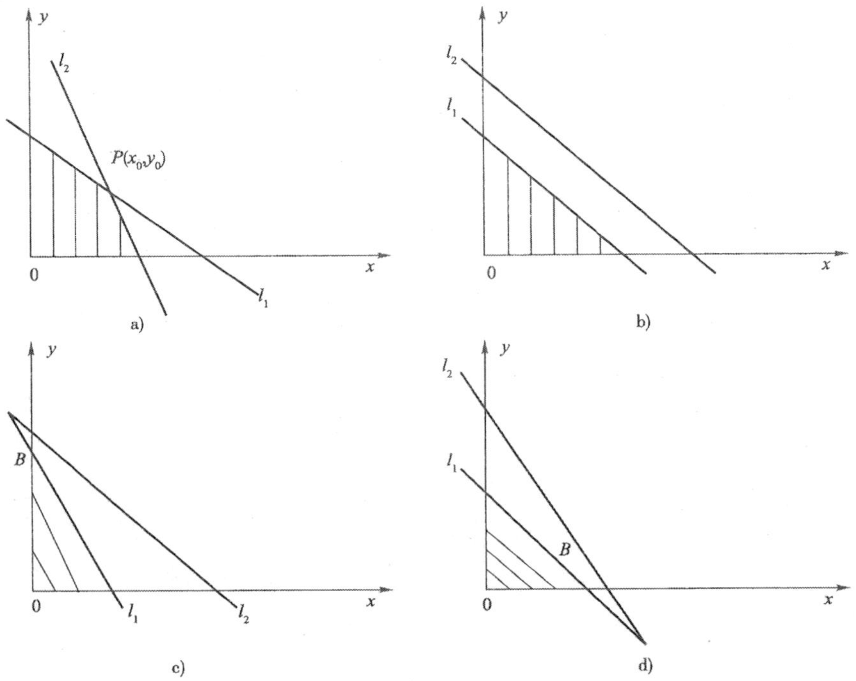

图 9-13

即
$$\begin{cases}5x+4y=2500\\5x+3y=900\end{cases}$$

得
$$\begin{cases}x=-780\\y=1600\end{cases}$$

满足 $5x+3y=900$ 上所有点都是最佳配装方案，最好更靠近 B 点的整数点，如图 9-14 所示.

例如，取 $x=15$，$y=275$，此时，载质量为 $10\times15+275\times8=2350$(kg).

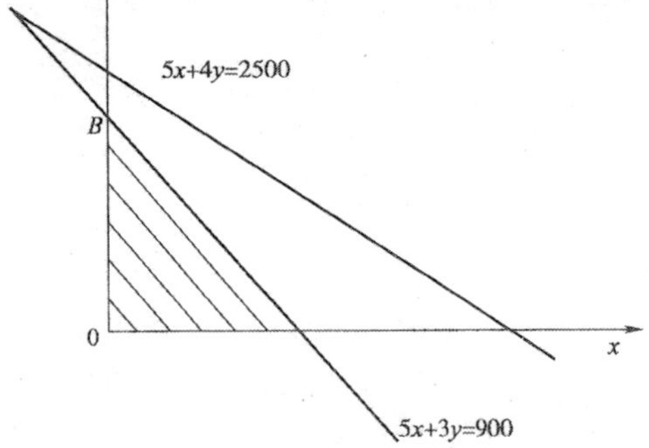

图 9-14

二、装箱问题

设有体积分别为 $v_1,v_2,\cdots,v_n$ 的 n 种物品 $u_1,u_2,\cdots,u_n$，将其装到容量为 L 的箱子里. 求使装尽这 n 种物品的箱子的数目达到最小的装箱方法.

对 n 种物品 $u_1,u_2,\cdots,u_n$，先按体积从大到小排序. 不妨设 $u_1\geqslant u_2\geqslant\cdots\geqslant u_n$，然后设箱子的次序为 $B_1,B_2,\cdots,B_n$.

对于某一个物品 u_i，它总是被装到第一个能装下 u_i 的箱子里. 也就是说，对未装满的箱子，既不封住，也不搬走，对于物品 u_i，对所有未装满的箱子 B_j，从 $j=1$ 开始顺序检查，只要有 B_j 能装下 u_i，且标号小于 j 的箱子均装不进 u_i，则把 u_i 装进 B_j. 这是一种近似最优的装箱方法，也是比较直观的、容易想到的方法.

例 2 有 8 种物品，体积分别为 13、10、9、7、6、4、3、2. 现有容积为 20 的箱子若干个. 把这 8 种物品放入箱子中，求用箱数目最小的装箱方法.

解 将 8 种物品的体积从小到大排列：

$u_1(13) > u_2(10) > u_3(9) > u_4(7) > u_5(6) > u_6(4) > u_7(3) > u_8(2)$

装箱的方法如图 9-15 所示.

共需 3 个箱子.

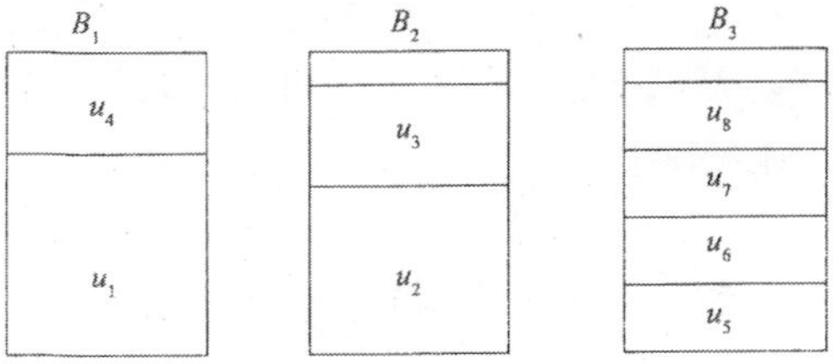

图 9-15

复习题九

1. 已知有 4 个工厂 A、B、C、D，其每天的产量和位置坐标如表 9-2 所示：

产量和位置表 表 9-2

工厂 / 产量	A	B	C	D
产量	70	60	80	90
位置	(20,30)	(40,30)	(20,80)	(70,10)

问如何设置一个仓库，使 4 个工厂运往仓库的吨公里数最小？

2. 求下列给定交通图（图 9-16 和图 9-17）所示的场地设置问题的最优设场点.

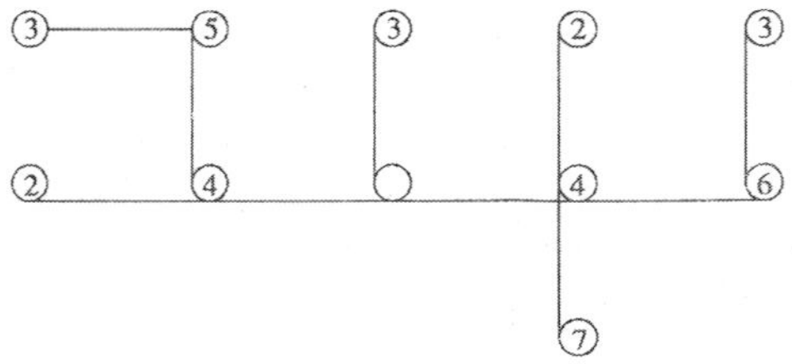

图 9-16

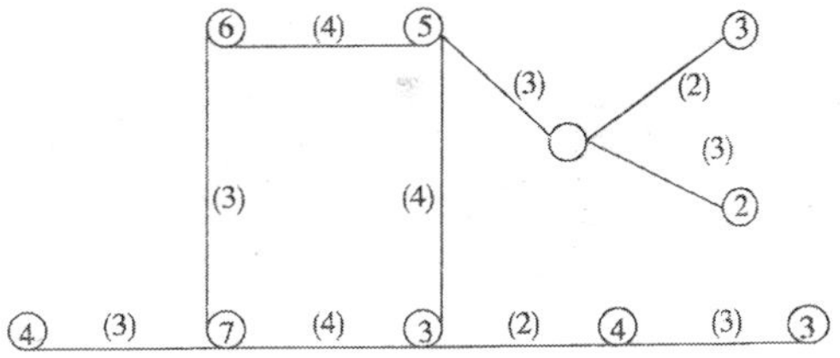

图 9-17

3. 如图 9-18 所示，各路段旁的数字是该路段的最大通过能力. 试计算甲城到乙城的最大通过能力.

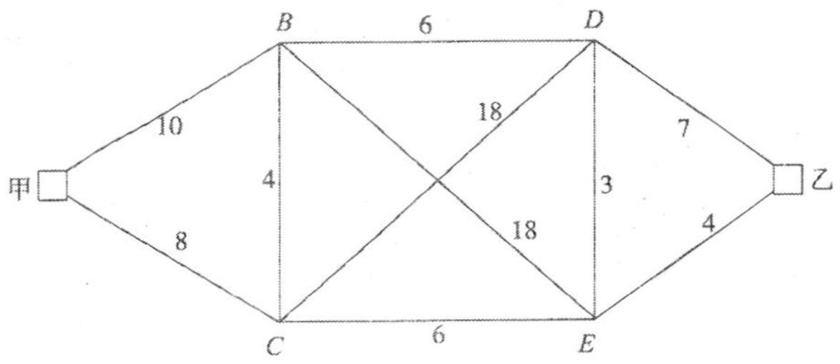

图 9-18

4. 有甲、乙两种货物，甲种货物每件质量为 10kg，体积为 0.05m^3；乙种货物每件质量为 4kg，体积为 0.04m^3. 汽车载质量为 3t，有效容积为 20m^3，求最佳配装方案.

5. 有 15 种物品，体积为 25、21、39、27、16、24、23、22、20、19、24、25、28、30、36. 现有容积为 60 的箱子若干个. 把这 15 种物品放入箱子中，求用箱数目最小的装箱方法.

第十章　指派问题和旅行商问题

本章我们要介绍在物流管理中可以应用的两个图论的著名问题:指派问题和旅行商问题,并介绍它们的一种解法——匈牙利法.

第一节　指 派 问 题

一、指派问题

设有 n 个人 $A_1, A_2, \cdots, A_n$ 和 n 项任务 $B_1, B_2, \cdots, B_n$,第 i 个人 A_i 去完成第 j 项任务 B_j 可生产的价值 c_{ij} ($i = 1,2,\cdots,n; j = 1,2,\cdots,n$),用矩形表示如下:

$$\begin{bmatrix} c_{11} & c_{12} & \cdots & c_{1n} \\ c_{21} & c_{22} & \cdots & c_{2n} \\ \cdots & \cdots & \cdots & \cdots \\ c_{n1} & c_{n2} & \cdots & c_{nn} \end{bmatrix}, \text{其中 } c_{ij} \geqslant 0; i,j = 1,2,\cdots,n .$$

该矩阵称为**效益矩阵**或**价值矩阵**.

现在要分派每一个人去完成一项任务,且不同的人去完成不同的任务,问怎样安排才能使生产出的总价值最大?

定义 10.1　称 n 对数　$p = \{(i_1, 1), (i_2, 2), \cdots, (i_n, n)\}$

或　$p = \{(1, j_1), (2, j_2), \cdots, (n, j_n)\}$

为一个**指派**,其中 $i_1, i_2, \cdots, i_n$,或 $j_1, j_2, \cdots, j_n$ 为正整数 $1,2,\cdots,n$ 的一个全排列,于是,共有 $n!$ 个不同的指派.

定义 10.2　对应于指派

$$p = \{(i_1, 1), (i_2, 2), \cdots, (i_n, n)\}$$

或

$$p = \{(1, j_1), (2, j_2), \cdots, (n, j_n)\}$$

的价值记为:

$$z(p) = \sum_{k=1}^{n} c_{i_k k} \text{或} \sum_{k=1}^{n} c_{k j_k}$$

称为**指派** p 的值.

指派问题就是要从所有 $n!$ 个不同的指派中,把使 $z(p)$ 达到最大值的那个指派 p 找出来.

或者,如果取一个数 m,它不小于所有 c_{ij} 中的每一个数,令

$$c'_{ij} = m - c_{ij} (i = 1,2,\cdots,n; j = 1,2,\cdots,n)$$

则从所有的 $n!$ 个指派中,找出使 $z'(p) = \sum_{k=1}^{n} c'_{k j_k}$ 达到最小的那个指派.

上述两个问题是等价的.

二、指派问题的数学模型

指派问题的数学模型是线性规划模型,它与物资调运问题类似.

设有 n^2 个决策变量 $x_{ij}(i=1,2,\cdots,n;j=1,2,\cdots,n)$，且有指派 $p=\{(1,j_1),(2,j_2),\cdots,(n,j_n)\}$，并规定：

当 $(i,j_i)\in p$ 时 $x_{ij_i}=1$；

当 $(i,j_i)\notin p$ 时 $x_{ij_i}=0$.

易见，$x_{ij}(i=1,2,\cdots,n;j=1,2,\cdots,n,)$ 应满足：

$$\begin{cases}\sum\limits_{i=1}^{n}x_{ij}=1,\\ \sum\limits_{j=1}^{n}x_{ij}=1,\\ x_{ij}=0 \text{ 或 } 1.\end{cases} \tag{10.1}$$

我们要求决策变量 x_{ij} 满足方程(10.1)，使得

$$\sum_{j=1}^{n}\sum_{i=1}^{n}c_{ij}x_{ij}$$

达到最大值.

上面所求解的问题，实际上与下面的问题等价：

即求 x_{ij}，使其满足

$$\begin{cases}\sum\limits_{i=1}^{n}x_{ij}=1(j=1,2,\cdots,n),\\ \sum\limits_{j=1}^{n}x_{ij}=1(i=1,2,\cdots,n),\end{cases}$$

$x_{ij}\geqslant 0$ 且为整数 $(i=1,2,\cdots,n;j=1,2,\cdots,n)$，并使得

$$\sum_{j=1}^{n}\sum_{i=1}^{n}c_{ij}x_{ij}$$

达到最大值.

这个问题是物资调运问题的特殊情况，即发点与收点的个数都是 n，且收量 b_j 与发量 a_i 均为 1 的特殊情况. 因此，指派问题可以用表上作业法求解. 但是，指派方案表中应该有 $2n-1$ 个空格需要填上数，其中有 n 个 1 各自在不同的行和不同的列，并且有 $n-1$ 个格子中要填 0，在这种情况下，往往调整的次数很多，却没有明显的效果.

例 1 设有 A、B、C、D、E 五人和五项任务 Ⅰ、Ⅱ、Ⅲ、Ⅳ、Ⅴ，要求每个人只能完成一项任务，一项任务也只能由一个人来完成，效益矩阵中的相关数据如表 10-1 所示.

效 益 表 表 10-1

	Ⅰ	Ⅱ	Ⅲ	Ⅳ	Ⅴ
A	13	11	10	4	7
B	13	10	10	8	5
C	5	9	7	7	4
D	15	12	10	11	5
E	10	11	8	8	4

问怎样把这 5 项任务指派这 5 个人，才能使所得效益最大？

解 利用最大元素法制定初始指派方案，如表 10-2 所示.

初始指派方案 表 10-2

	Ⅰ	Ⅱ	Ⅲ	Ⅳ	Ⅴ
A		0	0		1
B	0		1		
C				1	
D	1			0	
E		1			

表 10-2 中各空格的检验数表如表 10-3 所示.

检 验 数 表 表 10-3

	Ⅰ	Ⅱ	Ⅲ	Ⅳ	Ⅴ
A	0			−4	
B		−1		−1	−2
C	−7	−1	−2		−1
D		−1	−2		−4
E	−3		−2	−1	−3

表 10-3 中的检验数全不是正数,因此,以上初始指派方案是最优的,即指派 $p=\{D,E,B,C,A\}$ 的效益为

$$15+11+10+7+7=50$$

效益最大.

当然,例 1 的解及其判断和调整可能需要多次,有时效果不明显,这里,我们是为了说明指派问题是物资运的特殊情况,可以采用表上作业法求解.

另外,n 个人,n 项工作的指派问题,有 $n!$ 种指派方法.当 n 比较小时,$n!$ 不算大,可以一一列举出来,逐个计算它们的效益,找出效益最大的那个指派,问题就解决了.

例 2 某厂有 A、B、C 三台机器及三项作业Ⅰ、Ⅱ、Ⅲ,要求每台机器只完成一项作业,每项作业只能由一台机器完成,三台机器完成各项作业的费用由表 10-4 给出.

费 用 表 表 10-4

	Ⅰ	Ⅱ	Ⅲ
A	25	15	22
B	31	20	19
C	35	24	17

问怎么样指派三台机器去完成这三项作业,可使费用最小?

解 这是三台机器、三项作业的指派问题,因此有 $n!=6$ 种指派的方法,我们可以将其一一列举出来,计算每种指派方案的费用,找出费用最小的指派就可以了:

(A,B,C),费用为 25+20+17=62(元);

(C,A,B),费用为 35+15+19=69(元);

(B,C,A),费用为 31+24+22=77(元);

(C,B,A),费用为 35+20+22=77(元);

(B,A,C),费用为 31+15+17=63(元);

(A,C,B),费用为 25 +24 +19 =68(元).

由上可知,指派(A,B,C)费用最小,因此,最优指派方案为(A,B,C).

当 n 很大时,$n!$ 相当大,用一一列举的方法就很困难了.

例 1 是 5 个人、5 项任务的指派问题,用一一列举法,要计算 5! =120 种指派方案的效益,太困难了,其实我们可采用一方面列举有关的指派,另一方面估计一指派的上界,再把上界较小的结果的指派去掉,而沿着上界最大的分支继续查找的方法来求解最佳指派方案,这样就可以减少列举的次数了. 该方法就不在这里介绍了.

第二节 指派问题的匈牙利算法

首先要介绍一个定理.

一、指派问题最优解定理

如果从效益矩阵

$$C=\begin{bmatrix} c_{11} & c_{12} & \cdots & c_{1n} \\ c_{21} & c_{22} & \cdots & c_{2n} \\ \cdots & \cdots & \cdots & \cdots \\ c_{n1} & c_{n2} & \cdots & c_{nn} \end{bmatrix}$$

一行(或者一列)的各个元素中,分别减去该行(或者该列)的最小元素得到一个新矩阵

$$B=\begin{bmatrix} b_{11} & b_{12} & \cdots & b_{1n} \\ b_{21} & b_{22} & \cdots & b_{2n} \\ \cdots & \cdots & \cdots & \cdots \\ b_{n1} & b_{n2} & \cdots & b_{nn} \end{bmatrix}$$

则以矩阵 B 为效益矩阵的指派问题的最优解

$$\begin{bmatrix} x_{11} & x_{12} & \cdots & x_{1n} \\ x_{21} & x_{22} & \cdots & x_{2n} \\ \cdots & \cdots & \cdots & \cdots \\ x_{n1} & x_{n2} & \cdots & x_{nn} \end{bmatrix}$$

和原问题的最优解相同. 证明从略.

这个定理是匈牙利算法的主要依据. 我们可以用在效益矩阵或费用矩阵的某行(某列)上减去某数的方法,使效益矩阵或费用矩阵中含有更多个 0,然后在这些 0 中找出不同行不同列的 n 个 0,将这些 0 所处位置对应的 x_{ij} 均取 1,其他位置的 x_{ij} 全取 0,就可以得到指派问题的一个最佳指派方案,如果没有处在不同行不同列的 n 个 0,则应该想办法增加 0 的个数,直至可以找到 n 个不同行不同列的 0 为止.

二、匈牙利算法的步骤

第一步:用最优解定理,使效益矩阵(或费用矩阵)中 0 的个数增多.

(1)效益矩阵(或费用矩阵)每一行的各个元素,分别减去该行中的最小元素,即对行进行变换.

(2)再将所得新矩阵的每列中的各个元素减去该列中的最小元素,有 0 的列就不用再减了,这是对列进行变换.

第二步:求最佳指派.

经过第一步,新效益矩阵(费用矩阵)的每一行每一列都有 0 元素了,现在要从中找出 n 个在不同行不同列的 0 元素.如果找到了这样的 n 个 0 元素.就可以令这 n 个 0 元素所在的位置对应的 $x_{ij}=1$,其余的 $x_{ij}=0$,从而得到原始指派问题的一个最优解.

我们可以用给元素 0 加标记的方法来找这 n 个在不同行不同列的 0,其步骤是:

(1)依次检查新效益矩阵(或费用矩阵)的各行,找出只有一个没有加标记的 0 元素的行,并将这个 0 元素右上角加上标记"$*$",与这个元素"$0*$"在同一列 0 元素全部划去.

(2)依次检查新效益矩阵(或费用矩阵)的各列,找出只有一个没有加标记的 0 元素的列,并将这个 0 元素右上角加上标记"$*$",与这个"$0*$"在同一行的 0 元素全部划去.

重复以上步骤,直到效益矩阵(或费用矩阵)中没有未加标记的 0 为止.然后,再看看这种"$0*$"是不是 n 个且在不同行不同列上.若是,则令这些"$0*$"所在的位置对应的 $x_{ij}=1$,其余 $x_{ij}=0$,便得到最佳指派了.若这样的"$0*$"不够 n 个,则应该调整,即增加 0 元素的个数,再加标记,再求解.

(3)调整效益矩阵(或费用矩阵):

①对每一个"$0*$"画一条横线或竖线,使这些横线、竖线覆盖全部 0 元素,这样的线与"$0*$"的个数相同.

②在这些横线、竖线没有经过的全部元素中找最小的元素.

③未画横线的各行的元素减去这个最小的数,画竖线的各列的元素加上这个最小数.

④回到对 0 进行标记,找到 n 个"$0*$",并令这些"$0*$"所在位置对应的 $x_{ij}=1$,其余的 $x_{ij}=0$,便可得到最佳指派.

例 1 某材料厂有 A、B、C 三辆叉车可以指派到Ⅰ、Ⅱ、Ⅲ三个仓库进行搬运作业,任一台叉车都可以在任一个仓库中进行搬运作业,只是费用不同,各台叉车在各仓库搬运作业中的费用矩阵为

$$\begin{array}{cc} & \begin{matrix} \text{Ⅰ} & \text{Ⅱ} & \text{Ⅲ} \end{matrix} \\ C_1 = \begin{matrix} A \\ B \\ C \end{matrix} & \begin{bmatrix} 25 & 15 & 22 \\ 31 & 20 & 19 \\ 35 & 24 & 17 \end{bmatrix} \end{array}$$

要求一台叉车指派给一个仓库使用,试求搬运作业总费用最小的指派方案.

解 (1)变换费用矩阵,使其每一行,每一列均至少有一个 0.

①费用矩阵的各行都减去该行的最小元素,即

$$C_1 = \begin{matrix} A \\ B \\ C \end{matrix} \begin{bmatrix} 25 & 15 & 22 \\ 31 & 20 & 19 \\ 35 & 24 & 17 \end{bmatrix} \begin{matrix} (-15) \\ (-19) \\ (-17) \end{matrix}$$

得

$$C_2 = \begin{bmatrix} 10 & 0 & 7 \\ 12 & 1 & 0 \\ 18 & 7 & 0 \end{bmatrix}.$$
$$\begin{matrix} (-10) \end{matrix}$$

② C_2 的各列都减去该列的最小元素,得

$$C_3 = \begin{bmatrix} 0 & 0 & 7 \\ 2 & 1 & 0 \\ 8 & 7 & 0 \end{bmatrix}.$$

(2)求最优指派方案:

①依次检查 C_3 的各行,找出只有一个没有标记的 0 元素的行,并将这个 0 元素加上标记"＊",与这个元素"0＊"同列的 0 元素全部划去:

$$C_4 = \begin{bmatrix} 0 & 0 & 7 \\ 2 & 1 & 0^* \\ 8 & 7 & \varnothing \end{bmatrix}$$

②依次检验各列,找出只有一个没有标记的 0 元素的列,并将这个 0 元素加上标记"＊",与这个"0＊"同行的 0 元素全部划去:

$$C_5 = \begin{bmatrix} 0^* & \varnothing & 7 \\ 2 & 1 & 0^* \\ 8 & 7 & \varnothing \end{bmatrix}$$

上面的矩阵中,各行各列都没有加标记的 0 元素了,但是这个矩阵带有标记的 0 元素只有两个,因此,需要调整.

(3)调整费用表 C_5:

①对每一个"0＊"画一条横线或竖线,使这些线覆盖全部的 0 元素,这样的线与"0＊"的个数相同:

$$C_6 = \begin{bmatrix} 0^* & \varnothing & 7 \\ 2 & 1 & 0^* \\ 8 & 7 & \varnothing \end{bmatrix}$$

②在这些横线和竖线没有经过的全体元素中找最小的元素,即

$$\min\{2,1,7,8\} = 1$$

③没有横线的各行元素减去这个最小数 1,有竖线的各列元素加上这个最小数 1,去掉标记,得到

$$C_7 = \begin{bmatrix} 0 & 0 & 8 \\ 1 & 0 & 0 \\ 7 & 6 & 0 \end{bmatrix}$$

④回到(2)的①、②,可得

$$C_8 = \begin{bmatrix} 0^* & \varnothing & 8 \\ 1 & 0^* & \varnothing \\ 7 & 6 & 0^* \end{bmatrix}$$

最后得到的 C_8 中有三个"0＊",把它们对应的 x_{ij} 全部换成 1,其他元素换成 0,可得

$$\begin{bmatrix} x_{11} & x_{12} & x_{13} \\ x_{21} & x_{22} & x_{23} \\ x_{31} & x_{32} & x_{33} \end{bmatrix} = \begin{bmatrix} 1 & 0 & 0 \\ 0 & 1 & 0 \\ 0 & 0 & 1 \end{bmatrix}$$

即最佳指派为(A,B,C),这也是原问题的最优解.

综上知，A 叉车到仓库Ⅰ，B 叉车到仓库Ⅱ，C 叉车到仓库Ⅲ时，其搬运作业总费用为 $25+20+17=62$，最省.

下面再用匈牙利算法解一个指派问题，用例子说明如何将指派达到效益最大的问题转化为最小的问题来解决.

例 2 A、B、C、D、E 5 个人完成Ⅰ、Ⅱ、Ⅲ、Ⅳ、Ⅴ共 5 项任务，每人只能完成一项任务，且每项任务只能有一个人完成，其效益矩阵为

$$
\begin{array}{c} \\ P= \end{array}
\begin{array}{c}
\begin{array}{ccccc} \text{Ⅰ} & \text{Ⅱ} & \text{Ⅲ} & \text{Ⅳ} & \text{Ⅴ} \end{array} \\
\begin{bmatrix}
13 & 11 & 10 & 4 & 7 \\
13 & 10 & 10 & 8 & 5 \\
5 & 9 & 7 & 7 & 4 \\
15 & 12 & 10 & 11 & 5 \\
10 & 11 & 8 & 8 & 4
\end{bmatrix}
\end{array}
\begin{array}{c} \\ A \\ B \\ C \\ D \\ E \end{array}
$$

求指派方案，使所得效益最大.

解 先将效益矩阵按以下方法变为矩阵 P_1：

(1)把矩阵 P 的全体元素中的最大元素找出来，它就是 15，作一个五行五列的矩阵 M，它的各个位置上的元素都是 15，令 $P_1=M-P$.

即

$$
P_1=\begin{bmatrix}
15 & 15 & 15 & 15 & 15 \\
15 & 15 & 15 & 15 & 15 \\
15 & 15 & 15 & 15 & 15 \\
15 & 15 & 15 & 15 & 15 \\
15 & 15 & 15 & 15 & 15
\end{bmatrix}-\begin{bmatrix}
13 & 11 & 10 & 4 & 7 \\
13 & 10 & 10 & 8 & 5 \\
5 & 9 & 7 & 7 & 4 \\
15 & 12 & 10 & 11 & 5 \\
10 & 11 & 8 & 8 & 4
\end{bmatrix}=\begin{bmatrix}
2 & 4 & 5 & 11 & 8 \\
2 & 5 & 5 & 7 & 10 \\
10 & 6 & 8 & 8 & 11 \\
0 & 3 & 5 & 4 & 10 \\
5 & 4 & 7 & 7 & 11
\end{bmatrix}
$$

(2)对 P_1 用匈牙利算法：P_1 各行减去该行的最小元素，然后各列减去该列的最小元素，得一新矩阵. 再用前述的方法加标记，并调整后可得

$$
P_1\rightarrow
\begin{array}{c}
\begin{array}{ccccc} & & (-2) & (-2) & (-5) \end{array} \\
\begin{bmatrix}
0 & 2 & 3 & 9 & 6 \\
0 & 3 & 3 & 5 & 8 \\
4 & 0 & 2 & 2 & 5 \\
0 & 3 & 5 & 4 & 10 \\
1 & 0 & 3 & 3 & 7
\end{bmatrix}
\end{array}
\rightarrow\begin{bmatrix}
0 & 2 & 1 & 7 & 1 \\
0 & 3 & 1 & 3 & 3 \\
4 & 0 & 0 & 0 & 0 \\
0 & 3 & 3 & 2 & 5 \\
1 & 0 & 1 & 1 & 2
\end{bmatrix}
$$

$$
\xrightarrow{\text{加标记}}\begin{bmatrix}
0^* & 2 & 1 & 7 & 1 \\
\varnothing & 3 & 1 & 3 & 3 \\
4 & \varnothing & \varnothing & \varnothing & 0^* \\
\varnothing & 3 & 3 & 2 & 5 \\
1 & 0^* & 1 & 1 & 2
\end{bmatrix}\xrightarrow{\text{调整}}\begin{bmatrix}
\varnothing & 1 & \varnothing & 6 & 0^* \\
\varnothing & 2 & 0^* & 2 & 2 \\
5 & \varnothing & \varnothing & 0^* & \varnothing \\
0^* & 2 & 2 & 1 & 4 \\
2 & 0^* & 1 & 1 & 2
\end{bmatrix}
$$

得指派(D,E,B,C,A)，总效益为 $15+11+10+7+7=50$，即 D 完成任务Ⅰ，E 完成任务Ⅱ，B 完成任务Ⅲ，C 完成任务Ⅳ，A 完成任务Ⅴ. 这是最优的指派.

第三节　旅行商问题的匈牙利算法

从点 v_0 出发，经过 $v_1,v_2,\cdots,v_n$ 点各一次，最后返回 v_0 的路径最短者，是旅行商问题要寻找的.

例 1　设 v_1、v_2、v_3、v_4、v_5 各点之间的距离矩阵如下：

$$\begin{array}{c}
 \\ v_1 \\ v_2 \\ v_3 \\ v_4 \\ v_5
\end{array}
\begin{array}{c}
\begin{matrix} v_1 & v_2 & v_3 & v_4 & v_5 \end{matrix} \\
\begin{bmatrix}
\infty & 1 & 7 & 4 & 3 \\
2 & \infty & 6 & 3 & 4 \\
1 & 6 & \infty & 2 & 1 \\
1 & 5 & 4 & \infty & 6 \\
7 & 5 & 4 & 5 & \infty
\end{bmatrix}
\end{array}$$

求由某一点出发，遍历每个点各一次，最后又返回出发点的最短路径.

旅行商问题的一般提法是：

设已知 n 个城市之间的旅费由下列矩阵给出

$$D=\begin{bmatrix}
\infty & d_{12} & d_{13} & \cdots & d_{1n} \\
d_{21} & \infty & d_{23} & \cdots & d_{2n} \\
d_{31} & d_{32} & \cdots & \cdots & d_{3n} \\
\vdots & \vdots & \vdots & \vdots & \vdots \\
d_{n1} & d_{n2} & d_{n3} & \cdots & \infty
\end{bmatrix}$$

其中 d_{ij} 表示从第 i 个城市到第 j 个城市之间的费用，主对角线上的无穷大符号“ ∞ ”表明，这些项不能用.

这里的问题是：要求由某一个城市出发遍历每个城市各一次，最后又返回到出发的城市，所有这样的路径中使旅费最小的路径.

若采用一一列举方法，则要对 $(n-1)!$ 种方案的旅费进行比较，但 n 相当大时，这几乎是不可能的.

下面还是采用匈牙利算法来解决这一问题，以例 1 来说明.

解　(1)距离矩阵的各行分别减去该行的最小数；各列也分别减去该列的最小数，得

$$\begin{array}{c}
 \\ v_1 \\ v_2 \\ v_3 \\ v_4 \\ v_5
\end{array}
\begin{array}{c}
\begin{matrix} v_1 & v_2 & v_3 & v_4 & v_5 \end{matrix} \\
\begin{bmatrix}
\infty & 0 & 6 & 2 & 2 \\
0 & \infty & 4 & 0 & 2 \\
0 & 5 & \infty & 0 & 0 \\
0 & 4 & 3 & \infty & 5 \\
3 & 1 & 0 & 0 & \infty
\end{bmatrix}
\end{array}$$

(2)求最优路径：

①从第一行开始依次检查，找出只有一个 0 元素没有加标记的行，给这个 0 元素加标记“ * ”，与这个加标记的“0 * ”同列的 0 元素全划去，重复此过程，直到每一行没有未加标记的 0 元素或者至少有两个未加标记的 0 元素.

②从第一列开始一依次检查各列，找出只有一个未加标记的 0 元素的列，将这个 0 元素加上标记“ * ”，并将与这个“0 * ”同行的 0 元素划去. 重复此过程，直到每一列没有尚未加标记

的 0 元素或者至少有两个未加标记的 0 元素.

③重复①、②两个步骤,直到表中没有未加标记的 0 元素为止.

例 1 中的距离矩阵经过上述操作,得

$$\begin{array}{c} \\ v_1 \\ v_2 \\ v_3 \\ v_4 \\ v_5 \end{array}\begin{array}{c} \begin{array}{ccccc} v_1 & v_2 & v_3 & v_4 & v_5 \end{array} \\ \begin{bmatrix} \infty & 0^* & 6 & 2 & 2 \\ \varnothing & \infty & 4 & 0^* & 2 \\ \varnothing & 5 & \infty & \varnothing & 0^* \\ 0^* & 4 & 3 & \infty & 5 \\ 3 & 1 & 0^* & \varnothing & \infty \end{bmatrix} \end{array} \tag{10.2}$$

若 n 行 n 列的效益表或距离表中恰好有 n 个"$0*$",就得到了最优路径,否则就需要进行调整.

由矩阵(10.2)可看出:

$v_1 \to v_2$, $v_2 \to v_4$, $v_4 \to v_1$, $v_3 \to v_5$, $v_5 \to v_3$,总距离为 $1+3+1+1+4=10$.

但这条路径中含有两个环路:

$$v_1 \to v_2 \to v_4 \to v_1 \text{ 和 } v_3 \to v_5 \to v_3 .$$

打开节点个数少的环路,令 $d_{35} = \infty$ 或者 $d_{53} = \infty$,进行调整.

调整过程如下

(1)令 $d_{35} = \infty$:

$$\begin{bmatrix} \infty & 1 & 7 & 4 & 3 \\ 2 & \infty & 6 & 3 & 4 \\ 1 & 6 & \infty & 2 & \infty \\ 1 & 5 & 4 & \infty & 6 \\ 7 & 5 & 4 & 5 & \infty \end{bmatrix}\begin{matrix} (-1) \\ (-2) \\ (-1) \\ (-1) \\ (-4) \end{matrix} \to \begin{bmatrix} \infty & 0 & 6 & 3 & 2 \\ 0 & \infty & 4 & 1 & 2 \\ 0 & 5 & \infty & 1 & \infty \\ 0 & 4 & 3 & \infty & 5 \\ 3 & 1 & 0 & 1 & \infty \end{bmatrix}$$

$$(-1)\ (-2)$$

$$\to \begin{bmatrix} \infty & 0^* & 6 & 2 & \varnothing \\ \varnothing & \infty & 4 & \varnothing & 0^* \\ \varnothing & 5 & \infty & 0^* & \infty \\ 0^* & 4 & 3 & \infty & 3 \\ 3 & 1 & 0^* & \varnothing & \infty \end{bmatrix},$$

可得无子环路的路径:

$$v_1 \to v_2 ,\ v_2 \to v_5 ,\ v_5 \to v_3 ,\ v_3 \to v_4 ,\ v_4 \to v_1 ,$$

即
$$v_1 \to v_2 \to v_5 \to v_3 \to v_4 \to v_1 ,$$

总距离为
$$1+4+4+2+1=12.$$

(2) 令 $d_{53} = \infty$:

$$\begin{bmatrix} \infty & 1 & 7 & 4 & 3 \\ 2 & \infty & 6 & 3 & 4 \\ 1 & 6 & \infty & 2 & 1 \\ 1 & 5 & 4 & \infty & 6 \\ 7 & 5 & \infty & 5 & \infty \end{bmatrix}\begin{matrix} (-1) \\ (-2) \\ (-1) \\ (-1) \\ (-5) \end{matrix} \to \begin{bmatrix} \infty & 0 & 6 & 3 & 2 \\ 0 & \infty & 4 & 1 & 2 \\ 0 & 5 & \infty & 1 & 0 \\ 0 & 4 & 3 & \infty & 5 \\ 2 & 0 & \infty & 0 & \infty \end{bmatrix}$$

$$(-3)$$

$$\rightarrow\begin{bmatrix}\infty & 0^* & 3 & 3 & 2\\ 0^* & \infty & 1 & 1 & 2\\ \varnothing & 5 & \infty & 1 & 0^*\\ \varnothing & 4 & 0^* & \infty & 5\\ 2 & \varnothing & \infty & 0^* & \infty\end{bmatrix},$$

得路径：

$$v_1\rightarrow v_2\ ,\ v_2\rightarrow v_1\ ,\ v_3\rightarrow v_5\ ,\ v_5\rightarrow v_4\ ,\ v_4\rightarrow v_3\ ,$$

总距离为 $1+2+1+5+4=13.$

但路径中出现了两个子环路：

$$v_1\rightarrow v_2\rightarrow v_1\ ,\ v_3\rightarrow v_5\rightarrow v_4\rightarrow v_3\ .$$

打开节点最小的子环路，再求解，其总距离必大于或等于13，我们已经得到总距离为12的路径，故无须再计算了.

于是，最优路径为：

$$v_1\rightarrow v_2\rightarrow v_5\rightarrow v_3\rightarrow v_4\rightarrow v_1\ ,$$

总距离为12.

(3)调整步骤.

若经(2)得到的矩阵中含"0 *"的个数少于 n 个时，调整步骤如下：

①对每一个"0 *"画一条水平线或者垂直线，使这些覆盖所有的0元素，这些水平线和垂直线的条数与"0 *"的个数相同.

②在这些直线没有穿过的所有元素中找最小的元素.

③在没有水平线的各行减去这个最小数，在有垂直的各列加上这个最小数，便得一新表.

④回到(2)，直到求出最优路径为止.

例2 A、B、C、D 四城市之间的距离矩阵如下：

$$D=\begin{bmatrix}\infty & 8 & 5 & 6\\ 6 & \infty & 8 & 5\\ 7 & 9 & \infty & 5\\ 9 & 7 & 8 & \infty\end{bmatrix},$$

求从某一城市出发遍历各城市各一次的最短路径.

解 用匈牙利算法求解：

$$D_1=\begin{bmatrix}\infty & 3 & 0 & 1\\ 1 & \infty & 3 & 0\\ 2 & 4 & \infty & 0\\ 2 & 0 & 1 & \infty\end{bmatrix},$$

$$D_2=\begin{bmatrix}\infty & 3 & 0^* & 1\\ 0^* & \infty & 3 & \varnothing\\ 1 & 4 & \infty & 0^*\\ 1 & 0^* & 1 & \infty\end{bmatrix},$$

D_2中有4个"0 *"，得路径 $A\rightarrow C\rightarrow D\rightarrow B\rightarrow A$ ，

这就是最短路径，总长为 $5+6+5+7=23.$

例 3 v_1、v_2、v_3、v_4、v_5 五城市之间的旅行费用矩阵为:

$$D=\begin{bmatrix} \infty & 24 & 34 & 14 & 15 \\ 19 & \infty & 20 & 9 & 6 \\ 7 & 9 & \infty & 6 & 8 \\ 23 & 10 & 22 & \infty & 7 \\ 20 & 8 & 11 & 20 & \infty \end{bmatrix},$$

求从某一个 v_i 出发,遍历每一个 $v_j(j \neq i)$ 各一次,最后回到出发点 v_i 的旅费最小的路径.

解 解这个问题还是采用匈牙利算法.

费用矩阵 D 的第一行至第五行分别减去 14、6、6、7、8,可得矩阵:

$$D_1=\begin{bmatrix} \infty & 10 & 20 & 0 & 1 \\ 13 & \infty & 14 & 3 & 0 \\ 1 & 3 & \infty & 0 & 2 \\ 16 & 3 & 15 & \infty & 0 \\ 12 & 0 & 3 & 12 & \infty \end{bmatrix},$$

矩阵 D_1 的第一列,第三列分别减去 1 和 3,得

$$D_2=\begin{bmatrix} \infty & 10 & 17 & 0 & 1 \\ 12 & \infty & 11 & 3 & 0 \\ 0 & 3 & \infty & 0 & 2 \\ 15 & 3 & 12 & \infty & 0 \\ 11 & 0 & 0 & 12 & \infty \end{bmatrix},$$

再用前述方法对 0 元素加标记,调整后可得:

$$D_3=\begin{bmatrix} \infty & 7 & 17 & 0^* & 4 \\ 9 & \infty & 8 & 6 & 0^* \\ 0^* & 3 & \infty & \varnothing & 5 \\ 12 & 0^* & 9 & \infty & \varnothing \\ 11 & \varnothing & 0^* & 15 & \infty \end{bmatrix}$$

得路径

$$v_1 \to v_4 \to v_2 \to v_5 \to v_3 \to v_1,$$

这是最优路径,总旅费为 $14+10+6+11+7=48$.

第四节 哥尼斯堡七桥问题与欧拉回路

著名的欧拉"七桥问题",是发生在 18 世纪东普鲁士哥尼斯堡的一个真实的故事. 情节是这样的:哥尼斯堡(现俄罗斯的加里宁格勒)有一条河,叫布勒尔河,其两个支流在城中心汇成一条大河,河中间有两个岛,河的两岸与这两个岛之间有 7 座桥连接,如图 10-1 所示.

哥尼斯堡大学的学生们傍晚散步时,总想一次走过这 7 座桥,每座桥只走一遍. 可是试来试去总办不到,于是,有学生写信去请教欧拉,欧拉回信解答了这个问题. 这是发生在 1735 年的事情,也是今天几乎人人皆知的"哥尼斯堡七桥问题".

欧拉把七桥问题中的桥与岛、陆地(连接点)之间的关系用点与线组成的图表示:把桥对应为几何线,把两岸和岛对应为几何点,得到如图 10-2 所示的图.

这样,欧拉把学生总想一次走过这7座桥,每座桥只准走一遍的问题,转化成图10-2所示的平面的相关问题:从某一点开始画,笔不离开纸,一笔画成又回到出发点,且各条线只画一次.

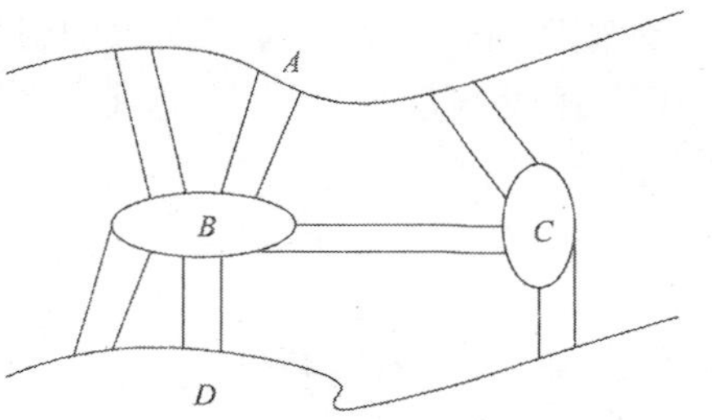

图 10-1

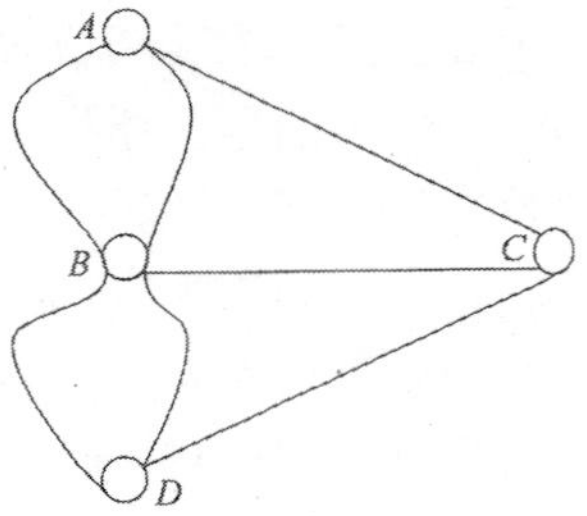

图 10-2

欧拉的推理如下:凡是一笔画中出现的交点处,线一出一进总应该通过偶数条(这叫做偶点),只有作为起点和终点的两点才有可能通过奇数条线(叫做奇点),因此,凡是奇点个数多于两个的平面图都不可能一笔画出.图10-2中的4个点均为奇点,因此不可能一笔画出,这样,欧拉就解答了这个问题.欧拉这种处理问题的方法标志着图论的诞生.

经过图中所有边一次,且访问每个顶点至少一次的一个回路,称为**欧拉回路**.在应用中,如连接一组城市的高速公路网络,自然容许几条边连接同一对顶点,这种图叫做**多重图**.

一、邮递员投递路线的选择

1. 段道图

图10-3表示某邮递员的送信范围,邮局里常称这样的图为段道图.某洒水车的洒水范围、送奶员送牛奶的范围等也可以叫做段道图,图中路线旁边的数字表示这段路的长度,△表示邮局,邮递员可以按照不同的路线走遍这些街道.这里的问题是:邮递员从邮局出发按怎样的路线投递邮件,走遍每一条街道,最后又返回邮局,才能使他所走的总路程最短?这就需要在邮局出发的各种不同的投递路线中,选出一条最短的路线.最理想的投递路线,就是该段道图是一条欧拉回路(即这个段道图可以从邮局出发一笔画出又回到邮局).但是,这种理想的路线不是对一切段道图都存在的.

如图10-4所示的段道图就是一个欧拉回路.

图10-3所示的段道图不能一笔画出,因为它有4个奇点.

2. 求有奇点的段道图最短投递路线的方法

如图10-3中,在那些被重复走了两次的道路上都添上一条弧,这条道路上就变成有两条路.如果重复三次就添上两条弧.这样添了弧的新图就可以不重复的一笔画出.图10-3添了弧之后,就变成图10-5.

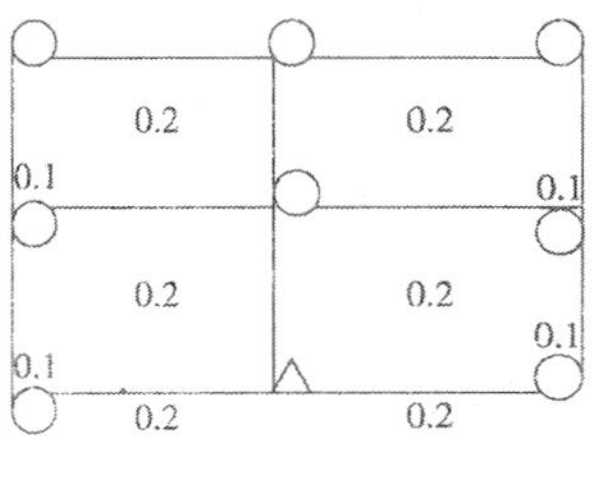

图 10-3

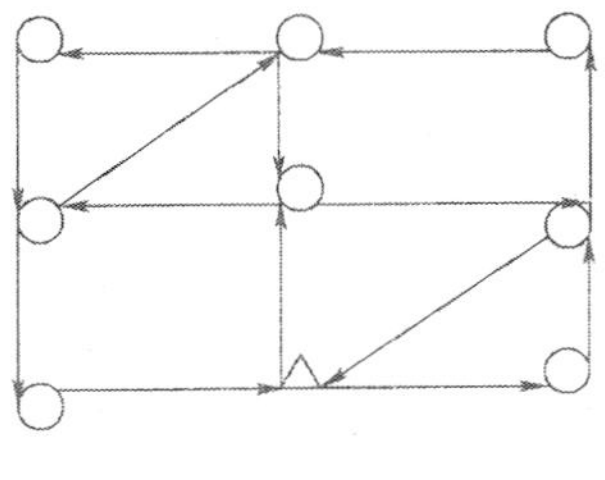

图 10-4

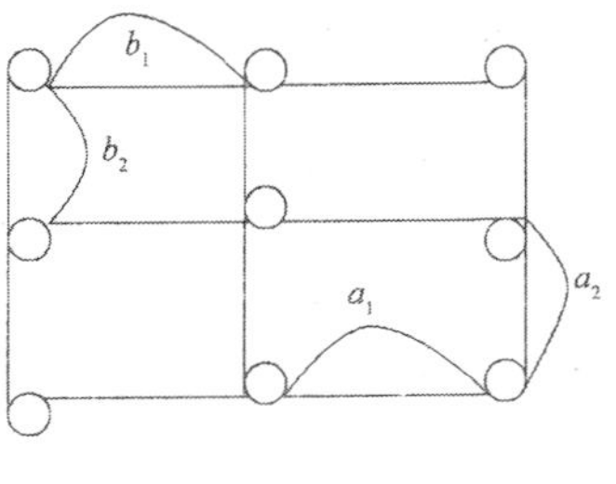

图 10-5

从图 10-5 中可以看出,没有奇点就可以一笔画出.

定理 1　一个能够不重复的一笔画出的连通图中,所有的点一定都是偶点.

定理 2　没有奇点的连通图一定能够从任意一点开始不重复地一笔画出.

对于添了弧的段道图所表示的投递路线,所走的重复路的长度正好等于所添的弧的总长度.因此,要使走的重复路最短,只要使所添上的弧的总长度最短就可以了,于是找一条重复路最短的投递路线,就只需要找出一组添弧,使它们具有以下两条性质:

(1)把它添到段道图上后,得到的新图上没有奇点;

(2)它的总长度最短.

以后,我们把具有性质(1)的一组添弧叫做一个**可行解**,而把具有性质(1)和(2)的一组添弧叫做**最优解**.

如果一个**连通图**(各个部分都有弧、线段相连的图)上有奇点,那么奇点个数一定是偶数.如果一个段道图中有 2 m 个奇点,先把这些奇点任意分成 m 对,再把每一对奇点用一条添弧或者几条首尾相接的添弧连接起来.这样,这些连接起点的添弧合在一起就是一个可行解.如上述图 10-5 的 4 条添弧 a_1、a_2、b_1、b_2 就构成一个可行解,这实际上说明了第一个可行解的做法.

二、可行解的检查与调整

1.基本定理

一个可行解,如果适合下列两个条件,就一定是最优解:

(1)没有重叠的添弧.

(2)每一个圈上有添弧的地方的总长度不超过圈长的一半.

反过来,一个可行解只要不符合上面两个条件中的任何一个条件,就一定不是最优解.

所谓添弧是重叠的,指的是同一条弧上有两条(或更多条)添弧的现象.如图 10-6 中的添弧 a 和 b 是重叠的添弧.

我们可以按基本定理来检查一个可行解是否为最优解.图 10-6 的一组添弧 a、b、c、d 是可行解,但不是最优解,因为它有重叠的添弧.

2.可行解的调整

(1)若可行解中有重叠的添弧,则把重叠的添弧抹去两条.抹去两条后,不改变任何一点的奇偶性.因而,剩下的这组添弧仍旧是可行解,而且新的可行解的总长度比原来的短了.例如图 10-6 中,把重叠的添弧 a、b 抹去,剩下两条添弧 c、d,它们就是新的可行解,总长度为 0.15,而原来的可行解的总长度是 0.35,如图 10-7 所示.

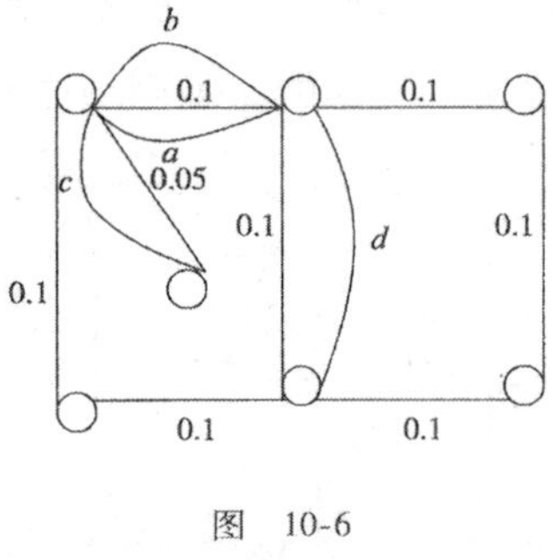

图　10-6

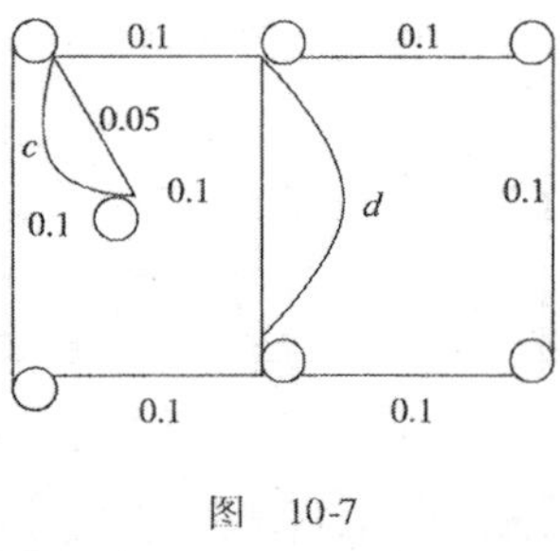

图　10-7

(2)如果可行解中至少有一圈上有添弧的地方添弧的总长度超过了这个圈长的一半,那么,把这个圈中原来有添弧的地方都抹去一条添弧,而在原来没有添弧的地方都加上一条添弧. 显然,这样调整的结果仍然得到一个可行解,而由于原来添弧的总长度超过圈长的一半,所以抹去的添弧的总长度比添上的新的添弧的总长度要长,即新的可行解比原来的可行解要好.

图 10-7 中没有重叠的添弧;有添弧的圈的总长为 0.4,一半为 0.2,而其中有添弧的地方添弧的总长为 0.1 <0.2,因而是最优解.

例 1 如图 10-8 所示的段道图,其中 a_1、a_2、a_3a_4、b_1、c_1、c_2、d_1、d_2 是添弧,求其最优解.

图 10-8 所示的可行解中,BC 这条弧上有重叠的添弧,将 a_2 和 b_1 两条添弧抹去,就可以得到更好一些的可行解,即如图 10-9 所示的新的可行解.

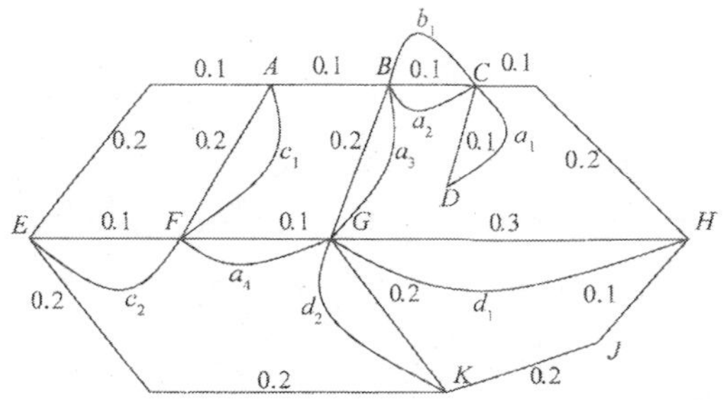

图 10-8

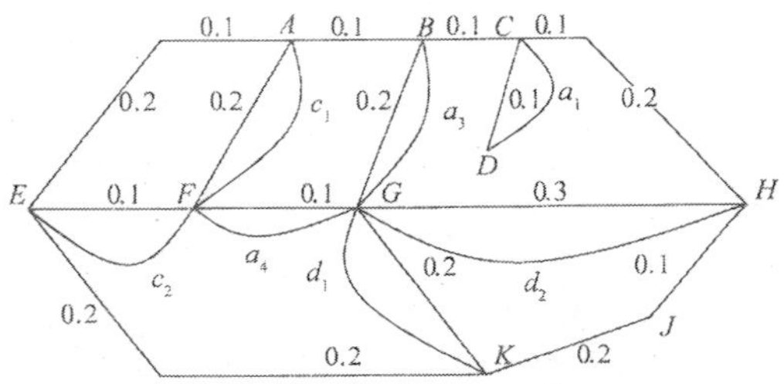

图 10-9

解 在图 10-9 中,圈 $A-B-G-F-A$ 中添弧的总长为 $0.2+0.1+0.2=0.5$,而圈的总长为 $0.1+0.2+0.2+0.1=0.6$,$0.5>0.3$,即添弧总长大于圈长的一半,应该调整;去掉添弧 a_4、a_3 及 c_1,在弧 AB 处添上弧 e,得图 10-10 所示的新的可行解.

再检查圈 $G-H-J-K-G$,其长度为:$0.2+0.2+0.1+0.3=0.8$,而添弧的总长为 $0.3+0.2=0.5>0.4$,应该调整:去掉添弧 d_1、d_2,添上弧 f、g,得图 10-11 所示的可行解. 该可行解即为最优解.

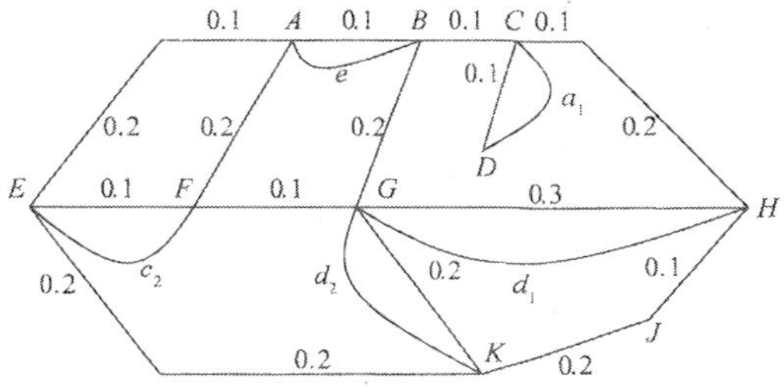

图 10-10

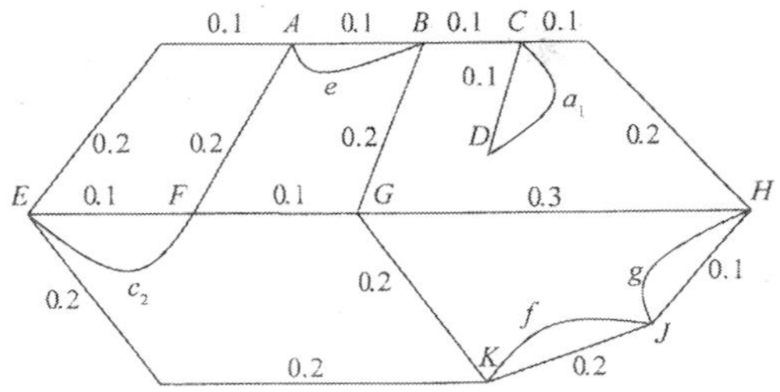

图 10-11

选择最优投递路线的方法可以概括成如下三句话:

先分奇偶点,奇点对对连;

连线不重叠,重叠要改变;

圈上连线长,不得过半圈.

洒水车洒水路线的选择、清洁工打扫街道路线的选择以及送牛奶路线的选择等,都可以用上述方法解决.

复习题十

1. 求下列价格矩阵对应的指派问题的最优解(费用最小的指派):

$$P = \begin{bmatrix} 1 & 3 & 9 & 2 & 1 \\ 5 & 6 & 3 & 10 & 7 \\ 3 & 10 & 4 & 11 & 13 \\ 7 & 7 & 5 & 4 & 8 \\ 4 & 2 & 6 & 3 & 9 \end{bmatrix}.$$

2. 如果第 1 题中的矩阵是效益矩阵,那么,试求指派问题的最优解(效益最大的指派).

3. 求下列价格矩阵对应的分配问题的最优解:

$$P = \begin{bmatrix} 9 & 12 & 9 & 6 & 9 & 6 & 9 & 10 \\ 7 & 8 & 5 & 4 & 3 & 8 & 15 & 5 \\ 6 & 3 & 16 & 18 & 3 & 19 & 6 & 8 \\ 6 & 1 & 17 & 6 & 5 & 11 & 7 & 9 \\ 5 & 0 & 13 & 4 & 5 & 6 & 1 & 2 \\ 12 & 13 & 4 & 12 & 3 & 1 & 12 & 14 \\ 3 & 12 & 3 & 7 & 13 & 6 & 8 & 3 \\ 13 & 4 & 1 & 5 & 5 & 5 & 4 & 9 \end{bmatrix}.$$

4. 求下列费用矩阵

$$D = \begin{bmatrix} \infty & 3 & 9 & 7 \\ 3 & \infty & 6 & 5 \\ 5 & 6 & \infty & 6 \\ 9 & 7 & 4 & \infty \end{bmatrix}$$

对应的旅行商问题的最优路径.

5. 求下列费用矩阵

$$D = \begin{bmatrix} \infty & 3 & 3 & 2 & 7 & 3 \\ 3 & \infty & 3 & 4 & 5 & 5 \\ 3 & 3 & \infty & 1 & 4 & 4 \\ 2 & 4 & 1 & \infty & 5 & 5 \\ 7 & 5 & 4 & 5 & \infty & 4 \\ 3 & 5 & 4 & 5 & 4 & \infty \end{bmatrix}$$

对应的旅行商问题的最佳路径.

6. 求下面费用矩阵

$$D = \begin{bmatrix} \infty & 8 & 5 & 6 \\ 6 & \infty & 8 & 5 \\ 7 & 9 & \infty & 5 \\ 9 & 7 & 8 & \infty \end{bmatrix}$$

对应的旅行商问题的最佳路径.

7. 求费用矩阵

$$D = \begin{bmatrix} \infty & 10 & 8 & 18 & 14 \\ 10 & \infty & 7 & 11 & 4 \\ 8 & 7 & \infty & 6 & 5 \\ 18 & 11 & 6 & \infty & 9 \\ 14 & 4 & 5 & 9 & \infty \end{bmatrix}$$

对应的旅行商问题的最佳路径.

8. 求下列费用矩阵

$$D = \begin{bmatrix} \infty & 10 & 20 & 30 & 40 & 50 \\ 12 & \infty & 18 & 30 & 25 & 21 \\ 23 & 19 & \infty & 5 & 10 & 15 \\ 34 & 32 & 4 & \infty & 8 & 16 \\ 45 & 27 & 11 & 10 & \infty & 18 \\ 56 & 22 & 16 & 20 & 12 & \infty \end{bmatrix}$$

对应的旅行商问题的最佳路径.

9. 将下列段道图(图 10-12)中的最优投递路线找出来.

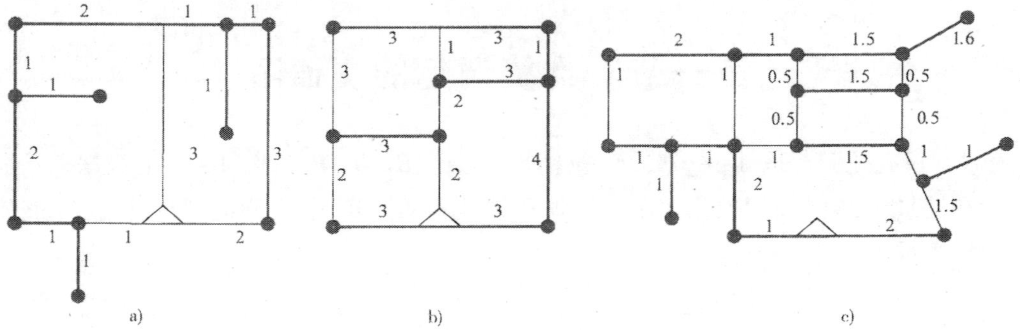

图 10-12

第十一章　物资调运问题的图上作业法

物资调运问题的图上作业法虽然涉及的数学知识不是很多，但是对很多同学而言比较难.在这里，我们简单地介绍这部分的内容，以便在遇到相关工作时能知道用这种方法来解决问题.

用同一种交通工具运输同一种物资，运费与运输距离成正比，而运费少则运输的吨公里数也少. 因此在这种情况下，求解产销平衡的运输问题可以用直观、简单的图上作业法.

第一节　物资调运的交通图

例 1　设有化肥产地 A_1、A_2、A_3、A_4 及销地 B_1、B_2、B_3、B_4、B_5，表 11 - 1 中数据表示的是一年产量和销量，表 11 - 2 中数据表示各产地和销地间的距离. 怎么调运这些化肥，才能使运输的吨公里数最少?

年产销量表(单位:t)　　　　表 11-1

产　地	产　量	销　地	销　量
A_1	60 000	B_1	30 000
A_2	50 000	B_2	50 000
A_3	80 000	B_3	50 000
A_4	20 000	B_4	30 000
		B_5	50 000

距　离　表(单位:km)　　　　表 11-2

	A_1	A_2	A_3	A_4	B_1	B_2	B_3	B_4	B_5
A_1		120				239			
A_2	120				266				
A_3				349			252		
A_4			349					317	
B_1		266				180	165		
B_2	239				180			115	
B_3			252		165				
B_4				317		115			393
B_5								393	

解　用图上作业法来解这样的问题，第一步是画一张图，在图上标出产地和销地，并将产地用"○"表示，在这个圈内填上该产地的产量；将销地用"□"表示，在这个方块内填上该销地的销量. 一般称产地为发点，产量为发量；称销地为收点，销量为收量，前面几章已有类似表述.第二步把连接这些点的交通路线画出来，在每段路线旁注明该路线的长度. 这样的图称为交通图.

图 11-1 是例 1 的物资调运问题的交通图，这个图是一个连通图.

对于某一个物资调运问题,把发点的物资运到收点的办法很多.对例1而言,我们可以按表11-3的办法来调运化肥.

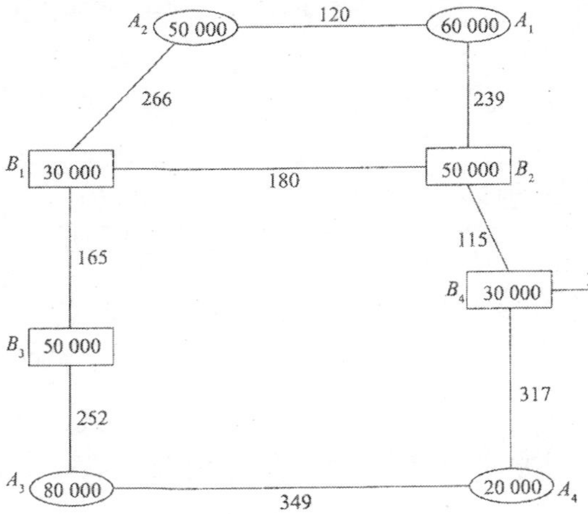

图 11-1

化肥调运方案 表11-3

发　点	收　点	运 量(t)	运输距离(km)	运输量(t·km)
A_2	B_1	30 000	266	7 980 000
A_2	B_3	20 000	431	8 620 000
A_1	B_2	50 000	239	11 950 000
A_1	B_4	10 000	357	3 570 000
A_3	B_3	30 000	252	7 560 000
A_3	B_5	50 000	1059	52 950 000
A_4	B_4	20 000	317	6 340 000

在表11-3中,第三列就是一种调运的办法,称每一个这种调运的办法为一个**调运方案**.不同的调运方案所花费的吨公里数一般是不同的.我们希望从中找出花费吨公里数最少的调运方案,这样的方案称为**最优调运方案**.

第二节　图上作业法的一些规定

下面是图上作业法的一些规定:

(1)设A是发点,发量为10t;B是收点,收量也是10t.把A点的10t物资运到B点,只需从A点画一条带箭头的直线指向B点,且这条直线要画在从A到B前进方向的右侧,在直线旁标明发量.箭头所指的方向是物资运输的方向,称为流向;运输物资的数量称为流量(一般标明在带箭头的直线旁,用括号括上),如图11-2所示.

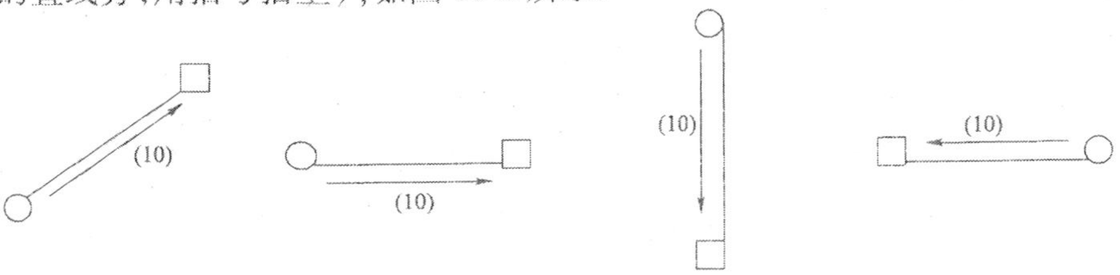

图 11-2

概括地说：**流向要画在物资运输方向的右侧.**

(2)流向不能直接通过路线上的收点，发点及交叉点. 图 11-3 是正确的画流向的方法，图 11-4 是错误的画法.

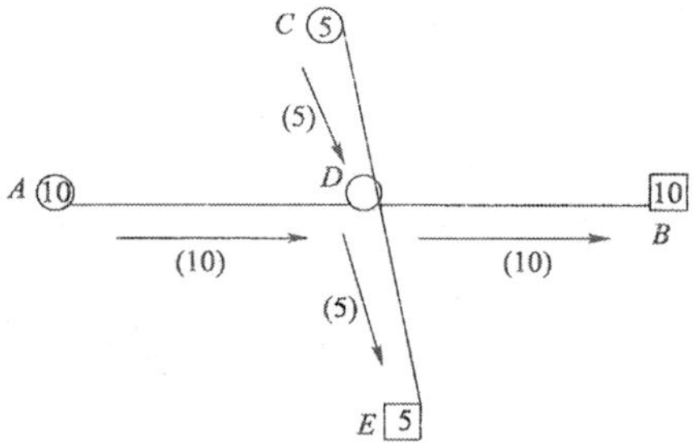

图 11-3

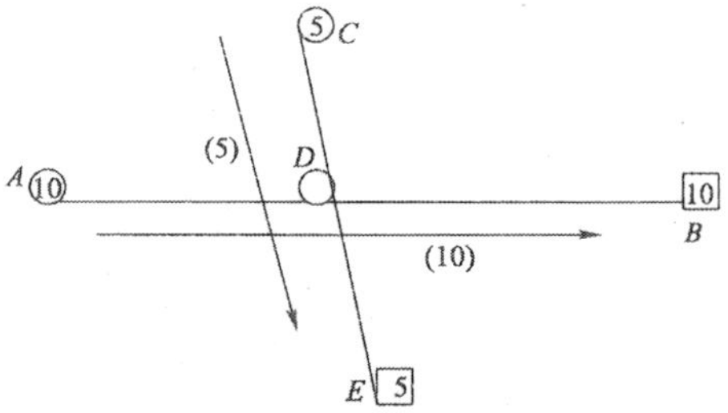

图 11-4

(3)在一段路线上若有几个同方向的流向，应该把它们合并成一个流向，并把流量也相加.

例如，图 11-5 中也由 C 到 B 有两个同方向的流向，将其合并起来，得到图 11-6.

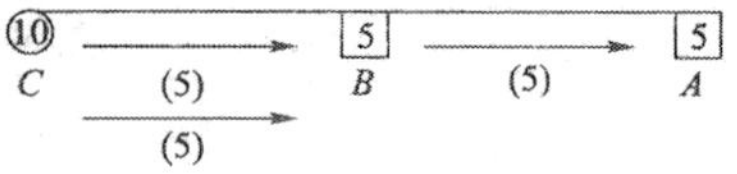

图 11-5

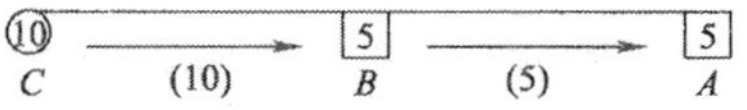

图 11-6

表 11-3 这一运输方案中的 7 项运输任务可以分别用流向、流量画在交通图(图 11-1)中得到图 11-7；然后再合并流向，得到图 11-8.

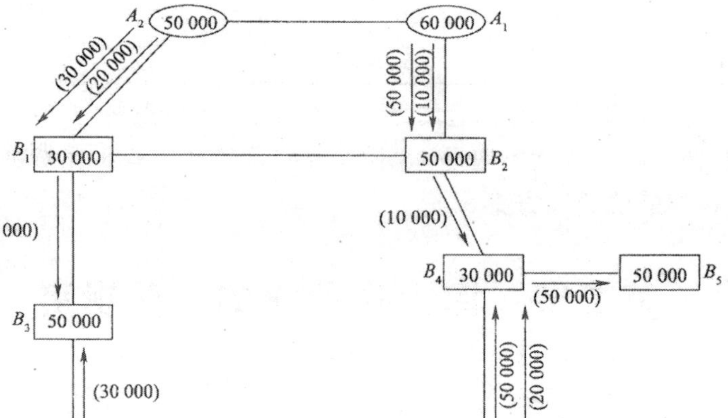

图 11-7

注意：若从一地到另一地有多条路线可走，在画流向时，应该把它画在较短的路线上.

在交通图上画了流向、流量后所成的图就表示一个调动方案了，这样的图称之为**流向图**.

流向图中收点未必是只运进不运出，如图 11-8 中 B_2 是收点，它从 A_1 运进 60 000t，又运出 10 000t 到 B_4，而且 B_4 也是收点，它也是既有运进也有运出. 收点的运进量要比运出量大，而且多出的数量恰好是收量. 同样，发点也可以有运进和运出，如图 11-8 中，A_4 点既有运进(它从 A_3 运进 50 000t 货物)，也有运出(它运出 70 000t 到 B_4). 发点的运出量大于运进量，多出的数量恰好是其发量.

把流向图中每一个流向的长度与其流量相乘后再求和，可计算出该流向图所表示的调运方案所花费的总吨公里数.

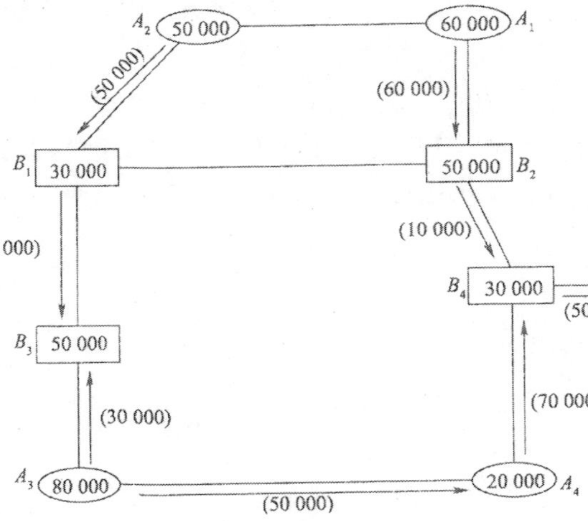

图 11-8

要寻求最优调运方案，只需找出最优流向图即可. 对于一个流向图，要知道如何检查它是不是最优的；若不是最优的，又要知道如何把它调整为更好一些的流向图. 这些是下面要介绍的内容.

第三节　第一个流向图的做法

本节主要介绍第一个流向图的做法和检查一个流向图是否最优的方法.

一、物资调运中的不合理现象

1. 对流运输

在同一段路线上相对运输的现象是对流运输.

某种物资 A 地生产 10t，D 地生产 5t；B 地需要 5t，C 地需要 10t. 图 11-9 所示的流向图表示把 A 地的 10t 物资经 B 地运往 C 地，把 D 地的 5t 物资经 C 地运往 B 地. 这样在 B 地现 C 地之间的这段线路上就产生了对流运输的现象，这是不合理的.

为了避免产生对流运输现象，在作第一个流向图时，如果交通图中没有圈，则要按照口诀："取一端，它的供需归邻站"来作. 如图 11-9 所示，这个交通图中没有圈. A 端的 10t 运往其邻站 B 点，D 端的 5t 运往邻站 C 点，再从 B 点运 5t 到其邻站 C 点，如图 11-10 所示. 这样的流向图 11-10 就没有对流运输现象了.

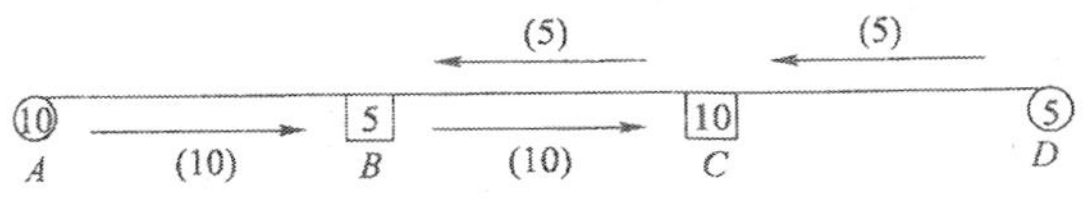

图　11-9

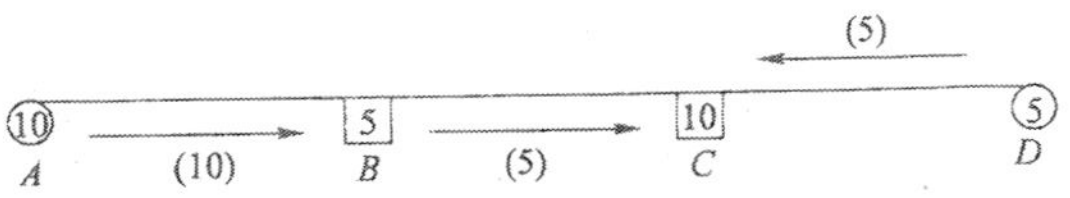

图　11-10

例 1　有如图 11-11 所示的交通图物资调运问题(单位:t)，试作出第一个流向图.

解　根据"取一端，它的供需归邻站"来作第一个流向图(因为图 11-11 中无圈)：

在图 11-11 中，A、F、G、E 四个点出发的弧只有一条，这样的点称为**端点**，而与这个端点相邻接的那个点称为该端点的邻站，如图 11-11 中，A 的邻站是 B 点，G 的邻站是 C 点.

在图 11-11 中，先取一个端点. 它若是发点，就把其全部发量运往它的邻站；它若是收点，则由其邻站供应其全部收量. 如：先取 A 点，若是发点，就把 10t 的物资全运往其邻站 B，B 点就共有 15t 的物资往外运了，且以后就不必再考虑 A 点与弧 AB 了. 再取 E 点，若是收点，收量是 9t，应该由其邻站 D 供应其全部需要. D 点是发点，将其全部的 9t 物资运往 E 点，这时 E 的需求已全部满足，D 点既非发点也非收点，因此以后也不用考虑 E、D 及弧 ED 了. 继续用"取一端，它的供需归邻站"的方法往下做，可得流向图如图 11-12 所示. 这样得到的流向图不会有对流现象.

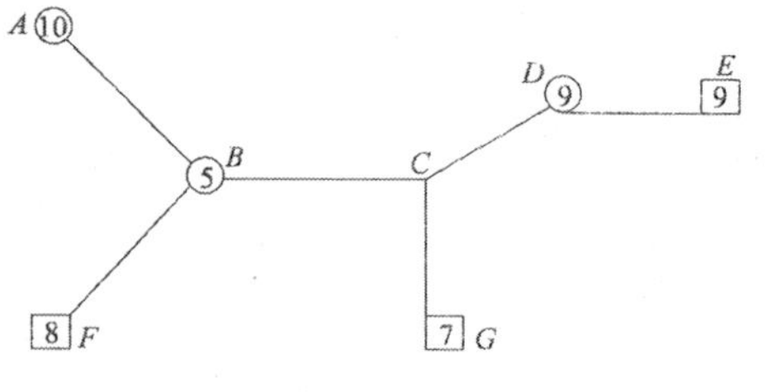

图　11-11

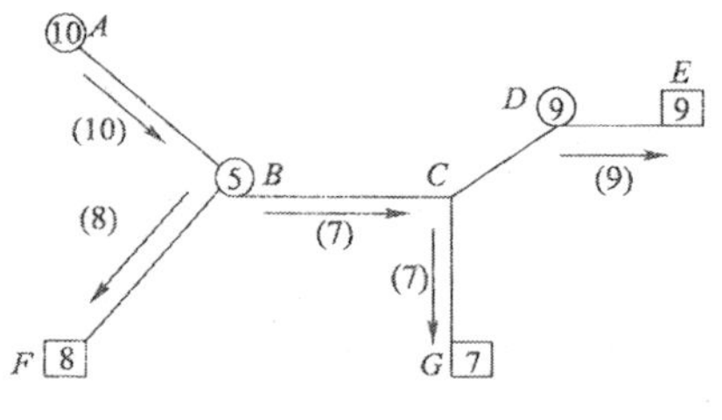

图　11-12

2. 迂回运输

一个有圈的交通图作成流向图之后，有些弧上的流向在**圈外**，这样的流向称为**外圈流向**；另有些弧上的流向在圈内，称之为**内圈流向**.

如果流向图中某一个圈的内圈流向总长（简称**内圈长**）或者外圈流向总长（简称**外圈长**）超过整个圈长的一半，就称为**迂回运输**.

图 11-13 是一个圈，圈长为 $4+7+2+3=16$，外圈长为 $4+3+2=9>16/2$，因此这个流向图有迂回运输.

图 11-14 所示流向图中，内圈长为 $7<\frac{16}{2}=8$，就没有迂回运输.

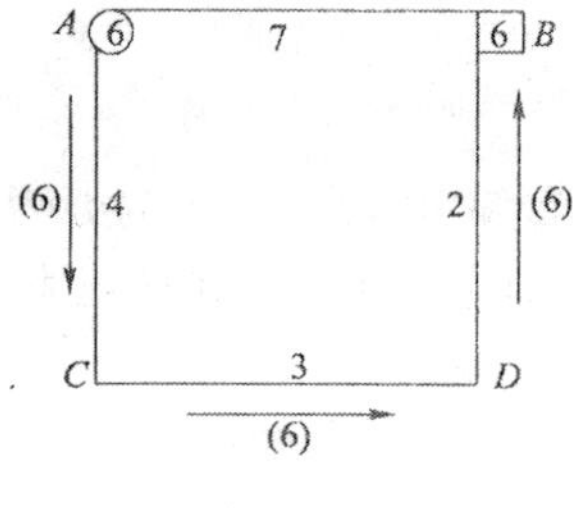

图　11-13

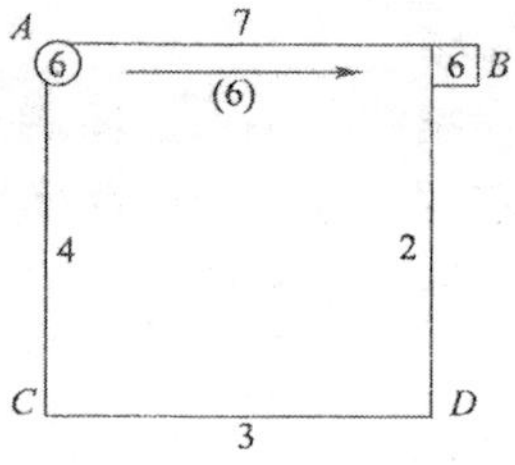

图　11-14

图 11-13 的运输量为

$$6\times4+6\times3+6\times2=54$$

图 11-14 的运输量为

$$6\times7=42.$$

可见，图 11-14 的流向图比图 11-13 的流向图所表示的调运方案要好，因此流向图有迂回运输现象是不合理的.

二、有圈交通图的第一个流向图作法

对有圈的交通图，可以按照下列口诀来作第一个流向图：

"甩一弧,破一圈;甩了甩,破了破.化为没有圈,然后照样干."

口诀的意思是:若交通图上有圈,就从中任取一个圈,然后从这个圈上抹去一条弧(即"甩一弧"),破掉这个圈.若抹了一次后,图里还有圈,就再取一个圈,再抹去一条弧,破掉这个圈.这样一直操作到没有圈为止,这时,就可以用口诀:

"取一端,它的供需归邻站"

来做流向图了.

注意:在抹去圈中的弧时,尽量抹去那些较长的弧,因为这样抹去的弧上是没有流量的.

例 2 如图 11-15 所示的交通图,试作出第一个流向图.

解 图 11-15 中有圈,先"甩弧破圈".

先取上面的小圈:$A_1 - A_2 - B_1 - B_2 - A_1$,抹去较长的弧 A_2B_1,破掉了这个圈.

再取下面的大圈:$B_1 - B_2 - B_4 - A_4 - A_3 - B_3 - B_1$,抹去较长的弧 A_3A_4,破掉这个圈.剩下的图就变成没圈的图了.用口诀"取一端,它的供需归邻站"的方法作第一个流向图,就得到如图 11-16 所示的流向图.

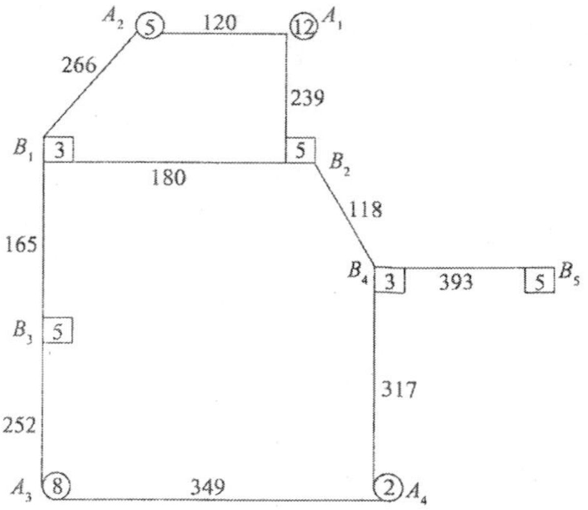

图 11-15

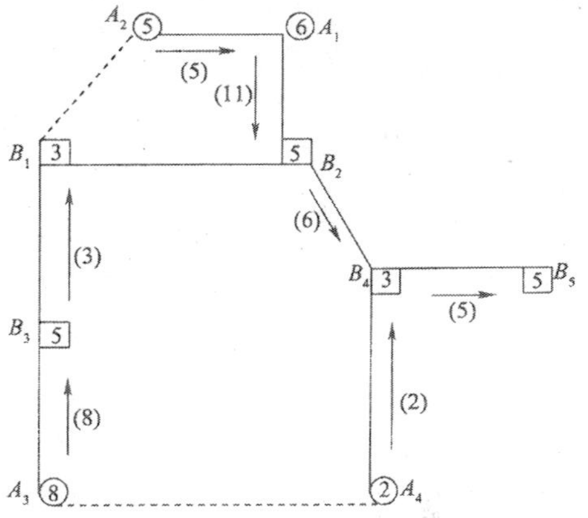

图 11-16

再把弧 A_2B_1 和弧 A_3A_4 添上去,就得到图 11-15 所示有圈交通图的第一个流向图.这个流向图所示的调运方案的运输量为

$$8 \times 252 + 3 \times 165 + 5 \times 120 + 11 \times 239 + 6 \times 118 + 5 \times 393 + 2 \times 317 = 9\ 047.$$

上面介绍了在物资调运中两个不合理的现象:对流运输和迂回运输,并介绍了如何去做第一个流向图.

下面介绍如何检查一个流向图是否为最优的,若不是最优的,又如何去调整.

第四节 检查与调整

一、图上作业法的基本定理

在一个没有对流的流向图中,如果每一个圈上的内圈流向和外圈流向的总长度都不超过圈长的一半,这个流向图就是最优的;如果图中没有圈,只要没有对流,就一定是最优的.

反过来,在一个没有对流的流向图中,只要有一个圈上的内圈流向或者外圈流向的总长度超过了圈长的一半,这个流向图就一定不是最优的.

下面根据基本定理来检查一个流向图是否最优.

在一个流向图的一个圈中,所有顺时针方向的流向,都一定画在圈内;所有逆时针方向的流向,都一定画在圈外,如图 11-17 所示.

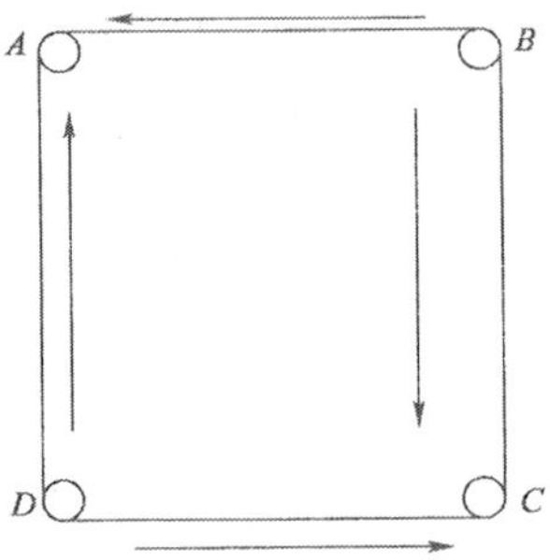

图 11-17

下面用基本定理检查图 11-16 是不是最优的:这个图里有三个圈. 先检查上边的小圈. 此圈的总长为

$$120+239+180+266=805$$

内圈有两个流向,总长为

$$120+239=359<\frac{805}{2}=402.5$$

未超过圈长的一半. 外圈没有流向,因此这个小圈合乎基本定理的要求. 今后称这样的圈为合格的.

再检查下边的大圈. 这个圈的总长度为

$$165+180+118+317+349+252=1\ 381$$

这个大圈的外圈流向有一个,长度为 $317<\frac{1\ 381}{2}=690.5$,没超过这个大圈长的一半;内圈流向有三个,总长为

$$252+165+118=535<690.5$$

没有超过大圈长的一半. 因此,这个大圈也合格.

最后,再检查外边那个大圈. 这个大圈的长度为

$$120+239+118+317+349+252+165+266=1\ 826$$

其中有 5 个内圈流向,总长为

$$252+165+120+239+118=894<\frac{1\ 826}{2}=913$$

没有超过这个圈长的一半;另外只有一个外圈流向,长为 317 <913,没有超过这个圈长的一半. 因此,这个圈也合格. 这样,图 11-16 的所有的三个圈均合格,因此,图 11-16 是最优流向图.

二、流向图的调整

将一个不是最优的流向图逐步调整为最优流向图的方法有以下两种.

1. 外调整法

外调整法的步骤为:

第一步:取定一个圈.

第二步:找出这个圈的内圈流量中最小值(称为调整量),然后所有的外圈流量都加上这个调整理,而所有的内圈流量都减去这个调整量. 没有流量的弧添上外圈流向,流量为调整量.

2. 内调整法

内调整法的步骤为:

第一步:取定一个圈.

第二步:找出外圈流量中的最小值(调整量),然后每个外圈流量都减去这个调整量,每个内圈流量都加上这个调整量. 无流量的弧添上内圈流向,流量为调整量.

注意:当一个不合格圈的外圈流向的总长度超过圈长的一半时,用内调整法;当内圈流向的总长度超过圈长的一半时,用外调整法.

例 1 如图 11-18 所示的流向图,试检查它是否最优,若不是最优的,将其调整为最优.

解 此流向图只有一个圈,圈长为 13;内圈流向总长度为 $7>6.5$,因此,这个圈不合格.用外调整法:外圈各流向上加调整量 10,无流向的弧添上外圈流向,流量为 10;内圈各流向的流量减去 10,得到图 11-19.

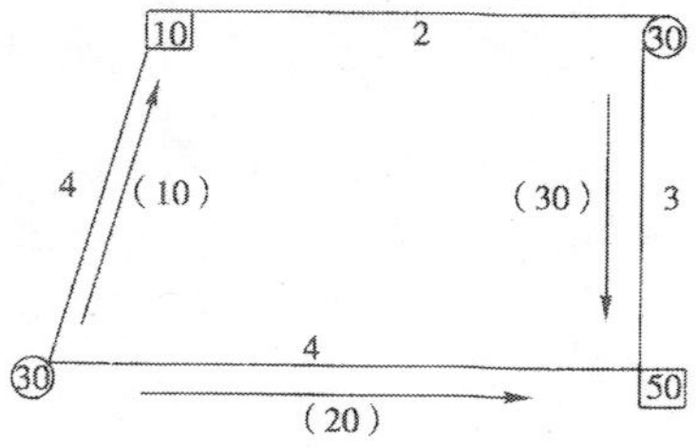

图 11-18

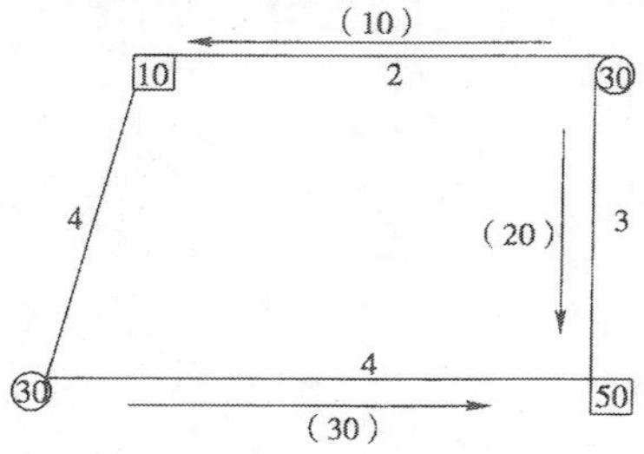

图 11-19

图 11-19 中,内圈流向长 $3<6.5$,外圈流向长 $6<6.5$,因此,图 11-19 是最优流向图.

概括起来,指导作流向图和检查流向图的方法是以下口诀:

"流向画右旁,对流不应当;里圈和外圈,不过半圈长."

第五节 基本流向图与改进图上作业法

当遇到圈数很多的流向图时,要检查它是否最优,用检查所有圈是否合格的方法很麻烦,甚至可能连圈数都很不容易数清,而且有时还要经过多次反复的检查和调整才能得到最优流向图.因此,应该进一步分析流向图的构造,以便改进图上作业法,使之更便于应用.

一、基本流向图

一个图里的点是指图里的所有注明的、没有注明的端点和交叉点.

如图 11-20,其中注明的点有 7 个:A、B、C、D、E、F、H,没有注明的点有 3 个端点和两个交叉点,共 12 个点.

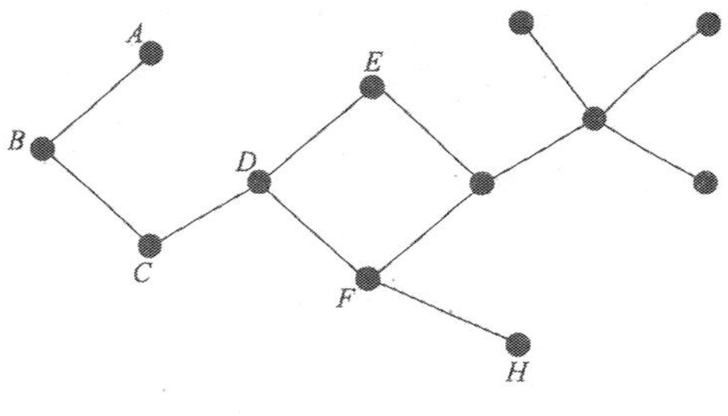

图 11-20

对于弧,规定每条弧的两头必定是两个点,而弧的中间不能有任何点.图 11-20 中 AE 不是弧,因为它中间有点 B、C、D.由以上规定知图 11-20 共有 12 条弧.

图中的点与弧的数目有以下两个重要性质.

(1)若一个有 n 个点的图具有以下三个性质中的两个,则它就必具有另外一个性质:

①图是连通的;

②图中没有圈;

③图中有 $n-1$ 条弧.

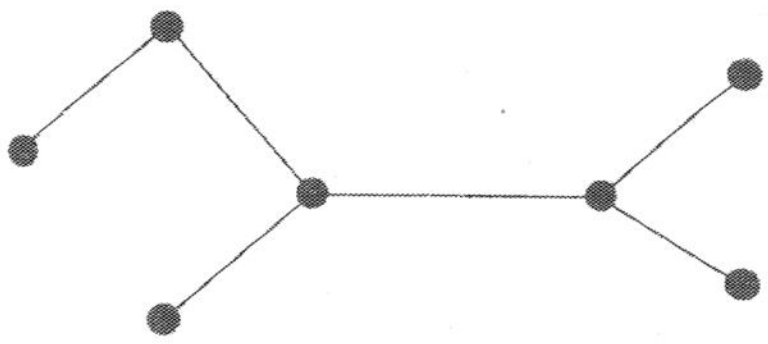

图 11-21

(2)若一个连通图所包含的点和弧的数目一样多,则这个图中一定恰好有一个圈.

图 11-20 有 12 个点,12 条弧;图 11-21 有 7 个点,6 条弧.与这两个性质是相符的.

在一个作了流向图的交通图上，保留其所有的点及画有流向的弧所构成的新图称为原流向图的**投影图**.

图 11-22 为流向图，其投影图如图 11-23 所示.

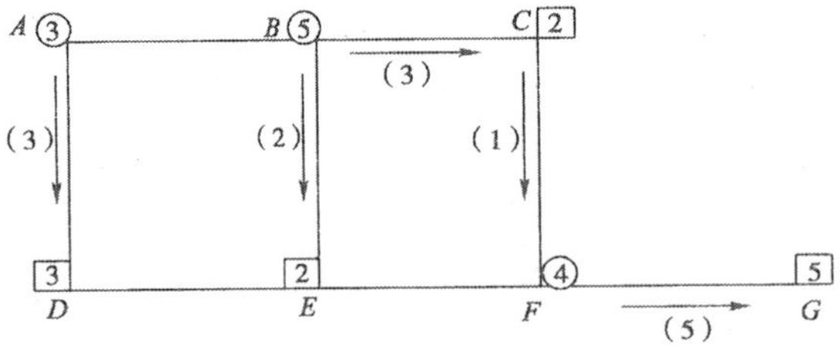

图 11-22

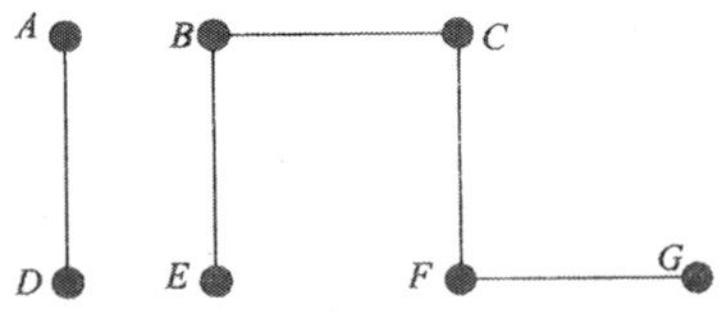

图 11-23

若一个有 n 个点的无对流流向图，且它的投影图具有性质：

(1)连通的；

(2)没有圈；

(3)有 $n-1$ 条弧.

则这样的流向图称为**基本流向图.**

如图 11-24 所示的流向图，其投影图为图 11-25.

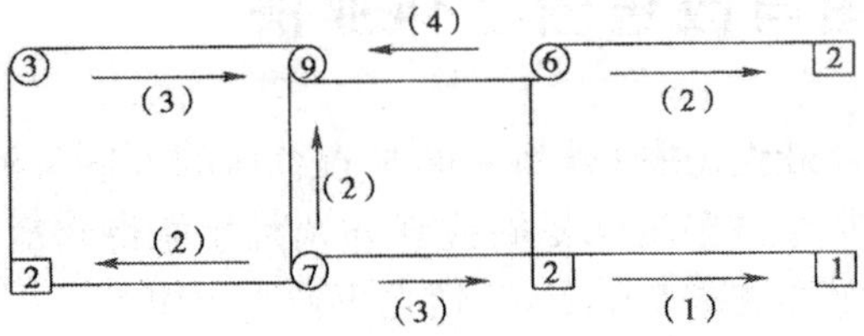

图 11-24

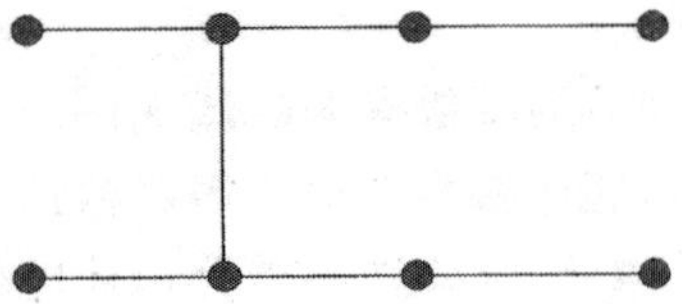

图 11-25

图 11-25 连通，无圈，则必有 $n-1$ 条弧，所以图 11-24 是基本流向图. 而图 11-22 不是基本流向图，这是因为其投影图(图 11-23)不连通.

为了得到基本流向图，可以在图上加画一些流向，其流量为 0，这种流向叫做**虚流向**. 图 11-22 不是基本流向图，可在 *AB* 弧上加画虚流向，得如图 11-26 所示的流向图，其投影图如图 11-27 所示，连通，无圈，这样的图 11-22 就变成了基本流向图了.

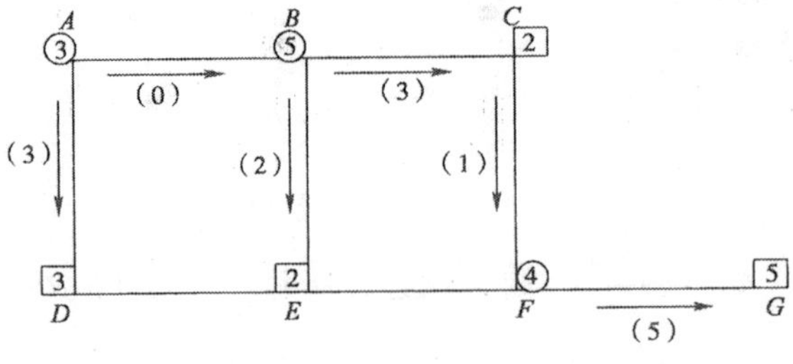

图 11-26

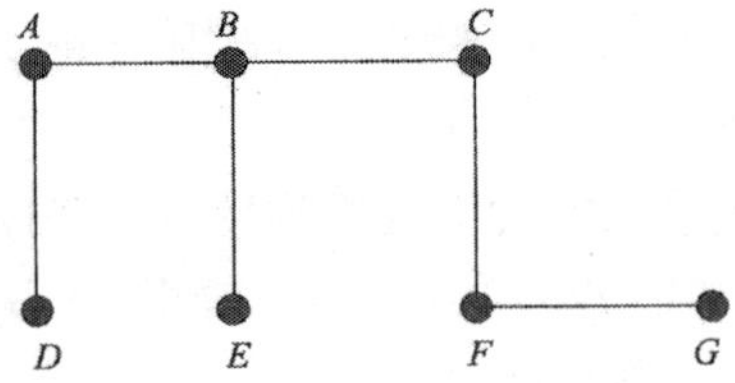

图 11-27

二、改进图上作业法

定理 最优流向图一定可以在基本流向图中找到.

因为一个有 n 个顶点的基本流向图的投影图一定恰好有 $n-1$ 条弧，再加上一条弧，它的点数和弧数就一样多，这样图里恰好有一个圈，这种圈叫做“要检查的圈”.

基本定理 如果一个基本流向图中所有“要检查的圈”都合格，这个流向图就是最优的.

改进图上作业法，只需调整基本流向图的所有“要检查的圈”即可.

调整过的圈在调整后应该仍旧恰好有一条弧上没有流向. 这样，每次需要检查的圈的个数恰好是交通图中的小圈的个数(即内部不包含更小的圈的那种圈).

例1 如图 11-28 所示的交通图，求其最优流向图.

解 用“甩弧破圈”的方法，作第一个流向图，如图 11-29 所示，其投影图如图 11-30 所示.

要检查图 11-29 是否为最优的基本流向图，检查其每一个“要检查的圈”是否都合格就可以了. 因为其投影图(图 11-30)连通，恰好有 9 个点 8 条弧，再加上一条弧就能做成一个圈了，这样的圈正是“要检查的圈”. 图 11-30 中有四条没有流向的弧：AD、BC、GH、HE.

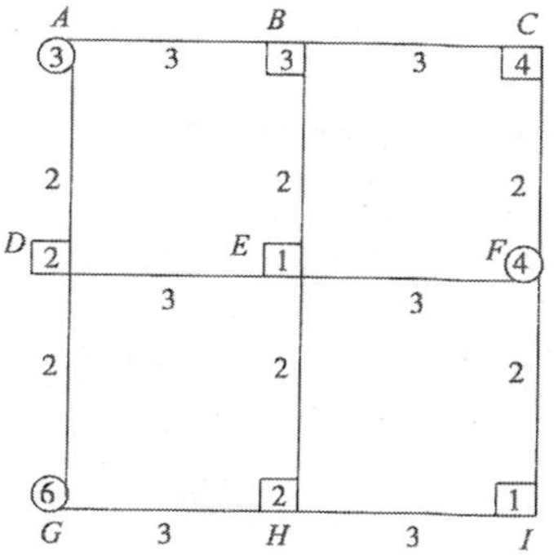

图 11-28

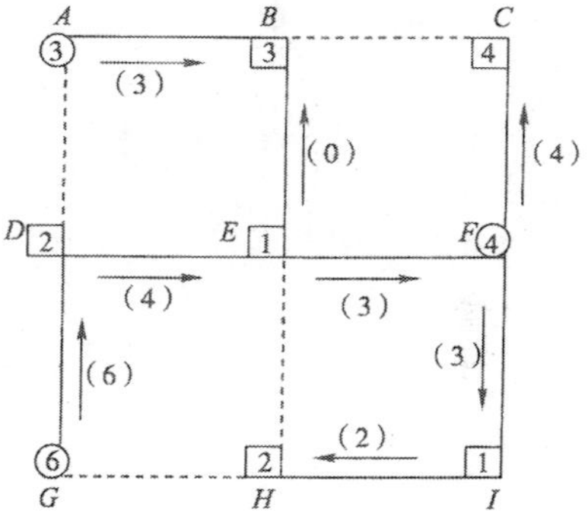

图 11-29

把 AD 加入图 11-30，在图 11-29 中就有一个“要检查的圈”$A—B—E—D—A$，圈长为 10，内圈流向长 $3<5$，外圈流向长 $5\leqslant5$，故 $A—B—E—D—A$ 是合格圈.

再把 BC 加入图 11-30，在图 11-29 中又得一个“要检查的圈”$B—C—F—E—B$，外圈流向长 $5\leqslant5$，内圈流向长 $2<5$，合格.

加入 GH，图 11-29 中就有圈 $G—H—I—F—E—D—G$，圈长为 16. 内圈流向长 $13>8$. 不合格，调整. 调整量为 2，内圈流向均减 2，外圈流向均加 2，无流向的弧加入流量为 2 的外圈流向. 如图 11-31 所示.

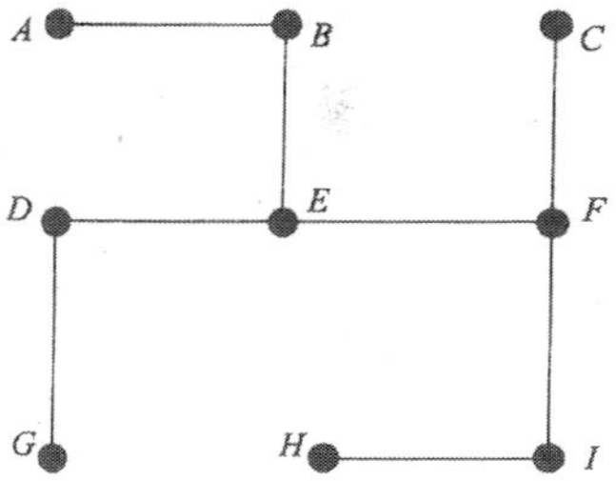

图 11-30

图 11-31 中圈 $D—E—F—I—H—G—D$ 仍然不合格，因为其内圈流向长 $3+3+2+2=10>8$. 再调整，调整量为 1，内圈各流向均减 1，外圈各流向均加 1，无流向的弧加入流量为 1 的外圈流向，得图 11-32.

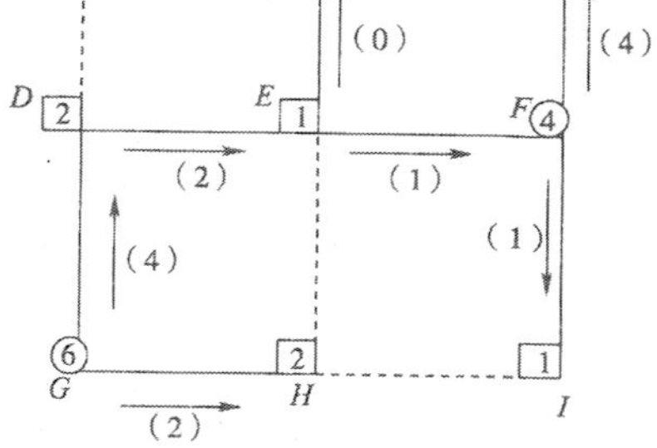

图 11-31

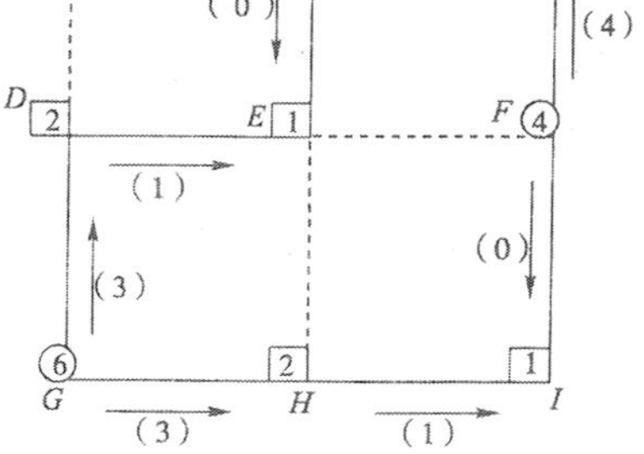

图 11-32

调整后的这个圈的内圈流向长为 $3+2+2=7<8$,外圈流向长为 $3+3=6<8$,因此,此圈合格.

检验知其余的圈也合格(请同学自己检验).因此,图 11-32 是最优的基本流向图,也是最优的流向图了.

用改进的图上作业法,要检查的圈的个数大大减少了,其个数是交通图中小圈(即圈内部不包含更小的圈的那种圈)的个数.

例如:图 11-33 中有 7 个圈,只有 3 个小圈;图 11-34 中有 40 个圈,只有 6 个小圈.

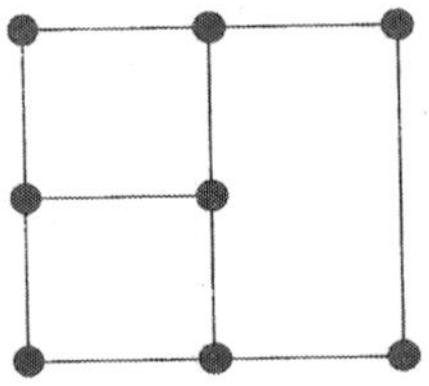

图 11-33

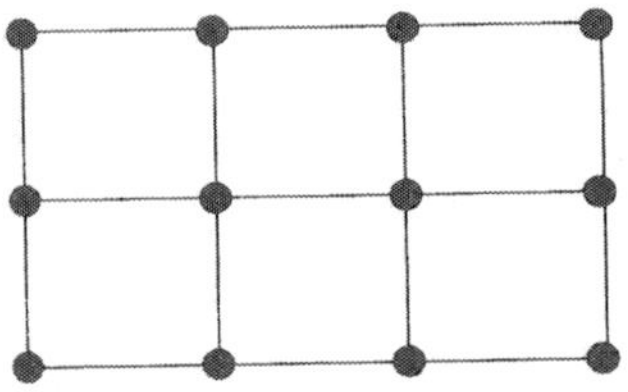

图 11-34

第六节 合并调整步骤

上一节调整图 11-29 的圈 $G—D—E—F—I—H—G$ 时,调整了两次才合格.下面的问题是:这两次调整的步骤能否合并成一次来完成?仍用图 11-29 的这个圈来讨论.

圈 $G—D—E—F—I—H—G$ 的内圈流向总长为 $13>8$,不合格,要调整.先把这个圈的内圈流量按大小排列成表 11-4(流量相同的弧放在同一个格中).

内圈流量表　　表 11-4

流量	6	4	3	2
弧	DG	DE	EF, FI	IH
长度	2	3	$3+2=5$	3
累加数	2	5	10	13

表 11-4 最下面一行是长度的累加数,左起第一个格中的 2 即其上边一格中的 2(弧 DG 的长度),第二格里的 5 是其左边一格里的 2 与其上边一格的 3 相加所得的和数(即弧 DG 和 DE 长度的和),下面的 10、13 与上述意义相同.长度的累加数意味着:如果流量 4 的累加数是 5,就是先是大于等于的内圈流向的总长度为 5,这个长度没有超过圈长的一半;如果流量 3 的累加数是 10,即流量大于 3 的内圈流向的总长度为 10,超过了圈长的一半.

从累加数的大小可以看出,取不同的流量作调整量时调整后的内圈流向的长度 $L_{内}$ 与外圈流向的长度 $L_{外}$ 各自的值.用 L 表示圈长.

例如,取 3 为调整量,在调整后的流向图中,原来有内圈流向且流量大于 3 的弧上还有内圈流向,因此,调整后的内圈流向的长为 $L_{内}=5$(即流量 4 的累加数),除了原来有流量大于或者等于 3 的内圈流向的 4 条弧 DG、DE、EF、FI 之外,其他弧在调整后,都有外圈流向,因此,调整后的外圈流向的长

$$L_{外}=L-(3\text{ 的累加数})=16-10=6$$

因为

$$L_{内}=5<8,\ L_{外}=6<8,$$

这个圈经调整后,合格了.

总而言之，我们要选一个调整量，使得调整后有

$$L_{内} \leqslant \frac{1}{2}L\text{，且 }L_{外} \leqslant \frac{1}{2}L.$$

对于图 11-29，就要从表 11-4 中累加数一行的左边到右边逐个观察，看哪个累加数首先超过了圈长的一半，那么这个累加数上面所对应的那个流量就是要找的调整量.

选 3 为调整量，调整图 11-29 的圈 $G—D—E—F—I—H—G$：把这个圈的外圈各条弧上都加上外圈流向，流量均为 3，如图 11-35 所示. 再在图 11-35 中消除对流就得到了图 11-32. 它为最优流向图.

例 1 对于如图 11-36 所示的流向图，试调整一次使之成为最优流向图.

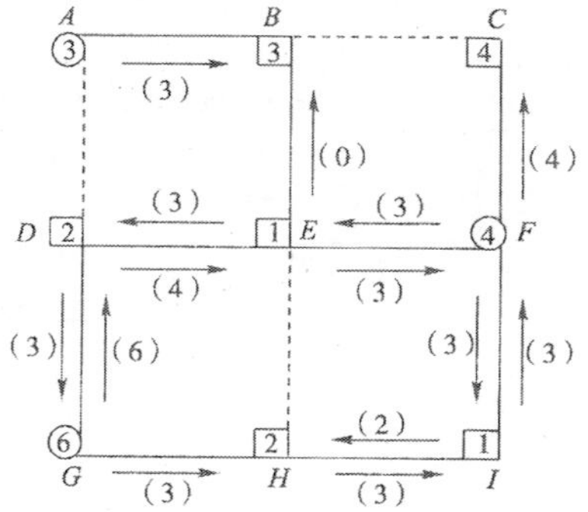

图 11-35

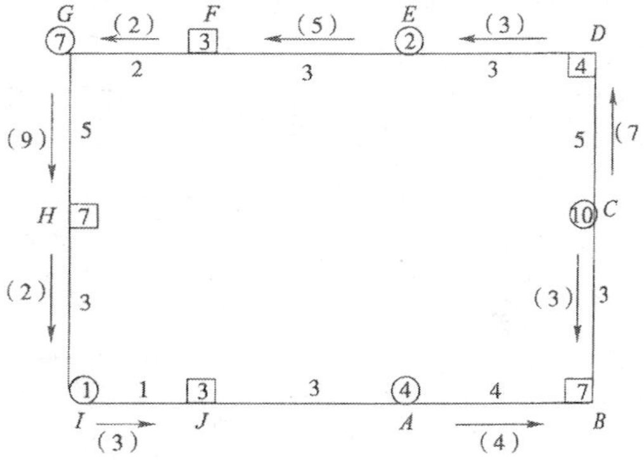

图 11-36

解 圈总长为

$$3+4+3+5+3+3+2+5+3+1=32.$$

外圈流向的总长度为

$$4+5+3+3+2+5+3+1=26.$$

因为 $26 \geqslant 16$，即外圈流向总长超过圈长之半，需要调整，用内调整法.

先求出调整量.

把外圈流量按由大到小的次序列成表 11-5 的形式.

外圈流量表 表 11-5

流 量	9	7	5	4	3	2
弧 名	GH	CD	EF	AB	DE，IJ	FG，HI
弧 长	5	5	3	4	$3+1=4$	$2+3=5$
累加弧长	5	10	13	17	21	26

表 11-5 中，累加弧长 17 恰好刚超过圈长的一半 16，因此，选调整量为 4. 将流向图（图 11-36）的内圈各弧上都加上流量为 4 的内圈流向，再消除对流，即得图 11-37.

图 11-37 所示的流向图中，外圈流向总长为

$$5+3+5=13<16$$

内圈流向总长为

$$3+1+3+3+3+2=15<16$$

所以图 11-37 为最优流向图.

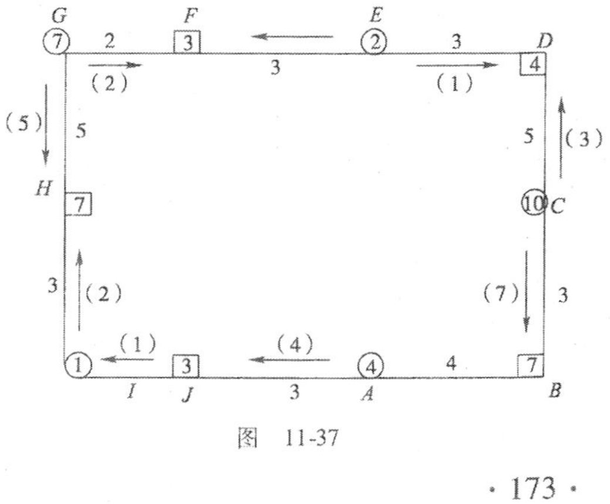

图 11-37

第七节　车辆调度问题

本节主要介绍把车辆调度问题视为物资调运问题，用物资调运问题的图上作业法寻找车辆调度的最优方案.

一、车辆调度问题

例如，某汽车运输公司有许多载质量为5t的载货车，某天该公司接受了如表11-6所示的几项运输业务：

货运业务表　　表11-6

货物	装货点	卸货点	数量(t)
煤	码头	钢厂	100
钢	钢厂	仓库	50
大米	仓库	码头	50
棉花	码头	火车站	50

装卸点位置如图11-38所示的交通图(单位：km).

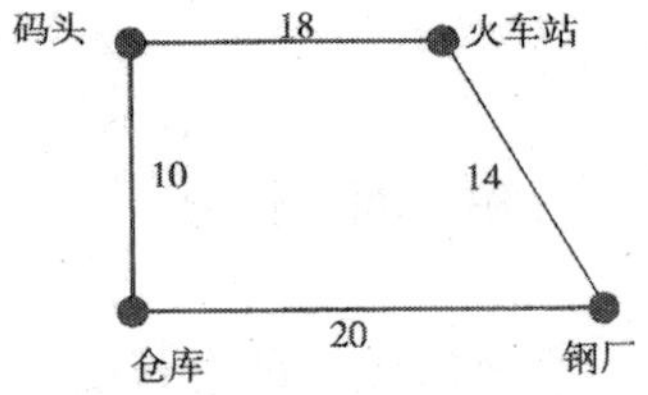

图　11-38

问怎样安排载货车来完成这些运输业务才能够做到最节约？

这类问题叫做车辆调度问题.

上述问题，所有货物的发点和收点都已经固定了，似乎没有什么可以调度的了. 但是，在调派汽车去完成这些运输业务时，免不了要出现空驶现象，汽车载着货物行使的路线和方向虽然固定了，但是空驶的路程和方向却没有固定. 例如，把棉花从码头运到火车站卸下后，空车既可以返回码头再去装煤，也可以开到钢厂去装钢. 空车的走法不同，空驶的吨公里数也会不同，这样，就产生了车辆的调度问题. **车辆调度问题主要是解决怎样安排车辆来完成所有的运输业务，并且使空驶的吨公里数最少**.

车辆调度问题和物资调运问题实际上是相同的问题. 物资调运问题是要解决“使物资运输的吨公里数最少”；**车辆调度问题则要解决“使空车行驶的吨公里数最少”**. 如果我们把空车看成一批货物(载质量为5t的空车就看成5t的货物)，那么车辆调度问题也就可以看成物资调运问题了.

若把空车看成货物的话，那么，当汽车到达目的地把一车货物卸下后，假设这个地方没有货物要往别处运的话，汽车就只能空着离开这个地方. 可见，所有的**卸货点**(假若不同时为装货点)一定是**空车的发点，其发量等于卸下的货物的数量**；所有的**装货点**(假若不同时是卸货点)一定是**空车的收点，其收量等于要装货的数量**；而既是装货点又是卸货点的点，就要根据装的数量和卸的数量哪一个大来决定它是空车的收点还是发点. 例如：某地要装货80t，卸货50t，则把50t货物卸下后，汽车就可以顺便带走50t货物，这样，只要再给该地30t空车就可以了. 所以，此点是空车的收点，收量为30t. 反之，某地要装货50t，卸货80t，则在把80t货物卸下后，顺便装50t货物带走，这样，此点就发出了30t的空车. 于是，该点为空车的发点，发量为30t.

由上述可知，车辆调度问题可以化为物资调运问题，这里调运的物资是空车. 可见，解决车辆调度问题仍然可以用图上作业法.

二、车辆调度问题的图上作业法

回到本节开始时所举的例子. 让我们先确定空车的收、发点：

码头的装货量共 150t，卸货量为 50t，因此，码头是空车的收点，收量为 100t；

钢厂装货量为 50t，卸货量为 100t，因此，钢厂是空车的发点，发量为 50t；

火车站也是空车的发点，发量为 50t；

仓库的装货量与卸货量均为 50t，因此，仓库既非空车的收点也非发点.

画出标明空车收点、发点的交通图如图 11-39 所示（括号中的数字是该路段的长度）.

要使空驶的吨公里数最少，就要对图 11-39 所示的交通图作一个最优流向图. 用图上作业法来求解这一问题.

抹去火车站到钢厂这段弧. 按“供需归邻站”的方法画出流向和标明流量，再把抹去的弧补回来，如图 11-40 所示.

检查图 11-40 所示流向图是否最优：

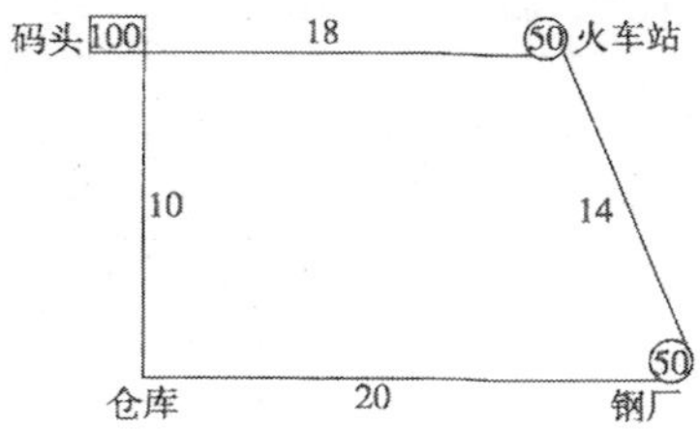

图 11-39

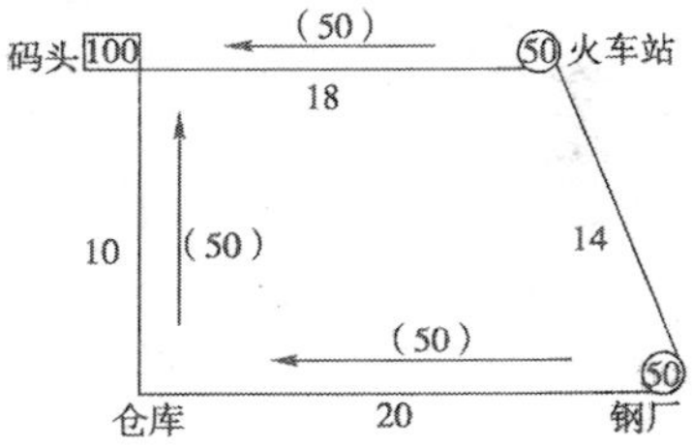

图 11-40

圈的总长为 $14+20+10+18=62$；

内圈流向总长为 $10+20=30<31$；

外圈流向总长为 $18<31$.

因此，图 11-40 所示空车流向图最佳.

假设运输公司在火车站. 派 10 辆载质量为 5t 的载货车去完成运输任务：先用这 10 辆载货车到码头运棉花 50t 到火车站；再把 10 辆空车开回码头，把码头的 50t 煤运到钢厂；卸下煤后，把空车开到码头，再把码头剩下的 50t 煤运到钢厂；到了钢厂卸下煤后就把 50t 钢运往仓库；在仓库卸下钢后，把 50t 大米运到码头. 这样就完成了全部运输业务.

规定一些符号：

△：表示车场；

$\triangle_a$：表示从车场发出 a 辆车；

→：表示空驶方向（在“→”下边的数字表示距离）；

⇒：表示载重行驶方向（在“⇒”下边的数字表示距离）；

$|\quad|^b$：表示按其中的路线循环 b 次.

上述的调度方案用上述符号表示如下：把车从车场开往任一装货点，顺着物资流动的方向到某一物资收点，再从这一收点按空车流向把空车开往空车收点，如此继续下去，最后到第一个装货点，这样就得到一条回路：

$\triangle_{10}$→码头 $\overset{\text{棉花}}{\underset{18}{\Longrightarrow}}$ 火车站 $\underset{18}{\longrightarrow}$ $|$ 码头 $\overset{\text{煤}}{\underset{30}{\Longrightarrow}}$ 钢厂 $|^2$ $\overset{\text{钢}}{\underset{20}{\Longrightarrow}}$ 仓库 $\overset{\text{大米}}{\underset{10}{\Longrightarrow}}$ 码头→Δ（每辆车的载质量为 5t.）

组织循环运输时,应注意以下几点:

(1)安排一日之内的运输计划时,不能使一日运行距离超过车的一日行程;

(2)在每条循环路中,装卸点不宜过多;

(3)要考虑装货点、卸货点所能容纳车的数目和道路状况,避免车辆闲置;

(4)车辆应向较近地点先发车,若车场在循环路线上,且有空车流经车场,则只需按空车流向发车就可以了;

(5)注意车辆在离车场近的地点回车场.

例 1 某运输公司接受了一项货运业务如表 11-7 所示,收、发货点的位置如图 11-41 所示. 求车辆最优调度方案.

货运业务表　　　　表 11-7

货名	发货点	收货点	货运量(t)	运距(km)
水泥	B_1	A_2	80	3
石灰	B_2	A_1	50	5
砖	B_3	A_3	80	5

解 先确定空车的收、发点:

发货点是空车收点,发货量是空车收量. B_2 点发 50t 石灰到 A_1 点卸货,于是 B_2 点是空车收点,收货量为 50t;A_1 点是空车的发货点,发货量是 50t. 其余为:B_1 点收空车 80t,A_2 点发空车 80t,B_3 点收空车 80t,A_3 点发空车 80t.

因此由图 11-41 可得交通图,如图 11-42 所示.

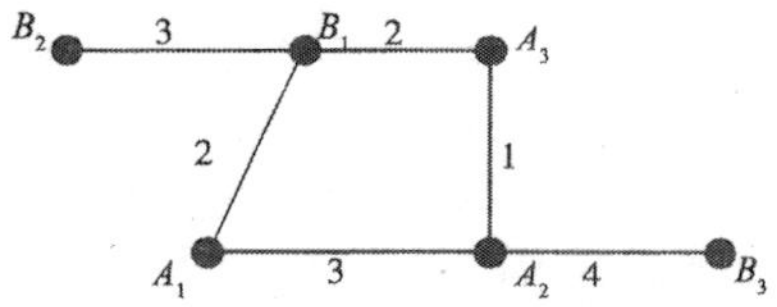

图 11-41

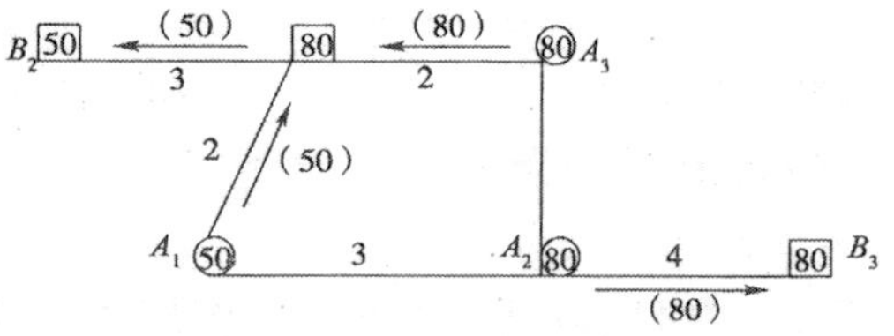

图 11-42

先抹去弧 A_1A_2,按"供需归邻站"的方法作出流向图,见图 11-42. 此流向图只有一个圈,圈长为:

$$1+2+2+3=8.$$

内圈流向长 $2<4$,外圈流向长 $2<4$,因此,图 11-42 所示空车流向图是最佳的.

组织循环运输有以下两条路线:

(1)

$$\triangle\!\!\!\!\!\text{2}\rightarrow|B_1\xRightarrow{\text{水泥}}A_2\rightarrow B_3\xRightarrow{\text{砖}}A_3\rightarrow B_2\xRightarrow{\text{石灰}}\Rightarrow A_1|^5\rightarrow\Delta$$

(2)

$$\triangle\!\!\!\!\!\text{2}\rightarrow|B_1\xRightarrow{\text{水泥}}A_2\rightarrow B_3\xRightarrow{\text{砖}}A_3|^3\rightarrow\Delta$$

(每辆车的载质量为 5t.)

为了减少收发车的空驶,可以将以上两条回路合并成一条回路:

$$\triangle\!\!\!\!\!\text{2}\rightarrow|B_1\xRightarrow{\text{水泥}}A_2\rightarrow B_3\xRightarrow{\text{砖}}A_3|^8\rightarrow|B_2\xRightarrow{\text{石灰}}A_1|^5\rightarrow\Delta$$

(每辆车的载质量为 5t.)

上述回路(1)派出两辆车到 B_1 装 10t 水泥运到 A_2 卸下后,空驶到 B_3 装 10t 砖运到 A_3 卸下后，空驶到 B_2 装 10t 石灰运到 A_1，再空驶回 B_1，这就完成了一次循环运输. 这样循环5 次.

回路(2)派两辆车到 B_1 装水泥 10t 运到 A_2，卸下货后空驶到 B_3，装 10t 砖运到 A_3 卸下，空驶回 B_1，就完成一次循环运输. 这样循环 3 次.

合并后的回路：派两辆车到 B_1 装 10t 水泥运到 A_2 卸下后，空驶到 B_3 装 10t 砖运到 A_3 卸下后空驶回 B_1，这样循环 8 次，最后由 A_3 直接空驶到 B_2 装 10t 石灰运到 A_1 卸下，空驶到 B_2，这样循环运输 5 次，最后由 A_1 回到车场.

复习题十一

1. 比较下列两个流向图(图 11-43 和图 11-44)的吨公里数.

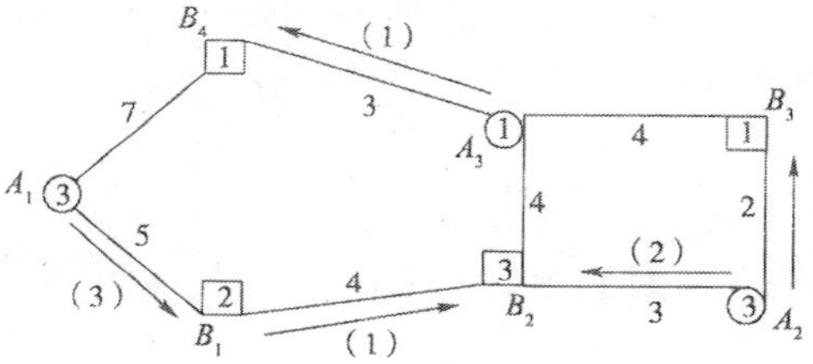

图 11-43

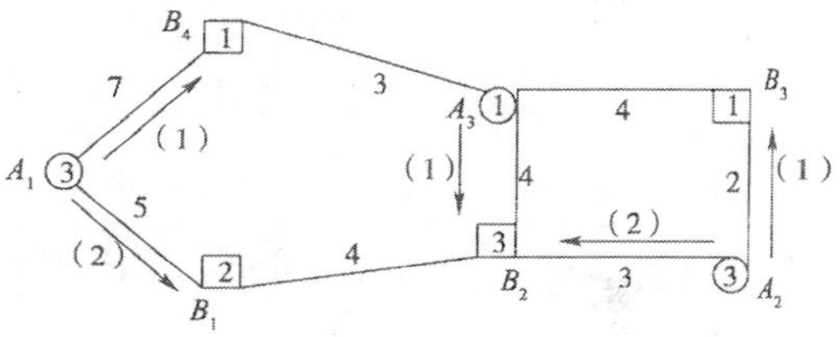

图 11-44

2. 如图 11-45 所示的流向图.

图中括号中的数是收量或发量，单位是 t；没有括号的数是距离，单位是 km. 计算这个流向图调运的吨公里数，并调整这个流向图，使它所花费的吨公里数更少一些.

3. 将如图 11-46 所示的流向图还原成两个不同的调运方案，并计算它们所花费的吨公里数. 调整这个流向图，使新流向图花费的吨公里数更少.

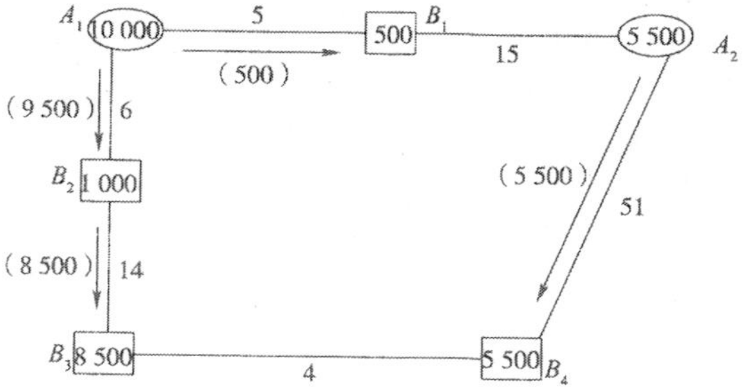

图 11-45

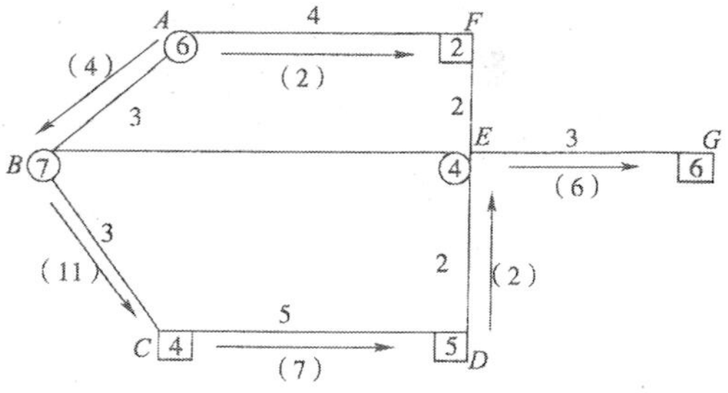

图 11-46

4. 分别为下面两图(图 11-47a)和图 11-47b))所示的交通图作一个流向图.

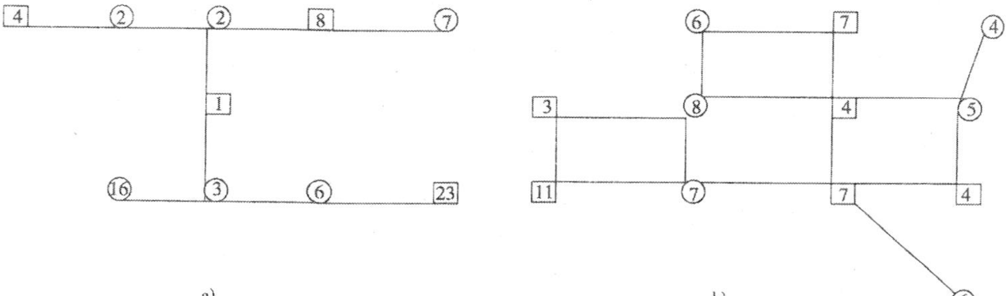

a)　　　　b)

图 11-47

5. 对图 11-48 所示的交通图来说，抹去最长的弧 AB 作出来的流向图和抹去 AE 所作出来的流向图哪一个好？这一事实说明什么问题？

6. 下面两图图 11-49a）和图 11-49b）中各有多少个点？多少条弧？

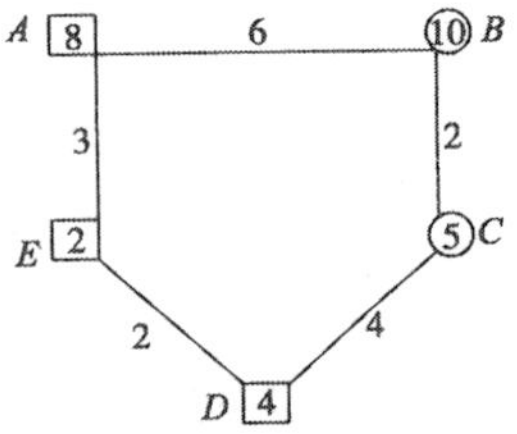

图 11-48

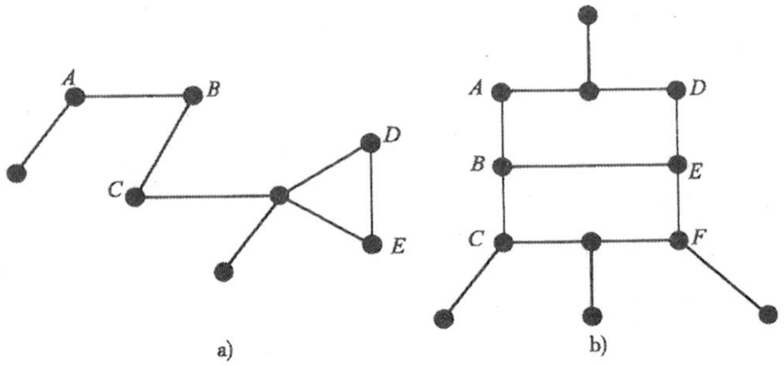

图 11-49

7. 用合并调整步骤的方法把下面两图（图 11-50a）和图 11-50b））调整成最优流向图.

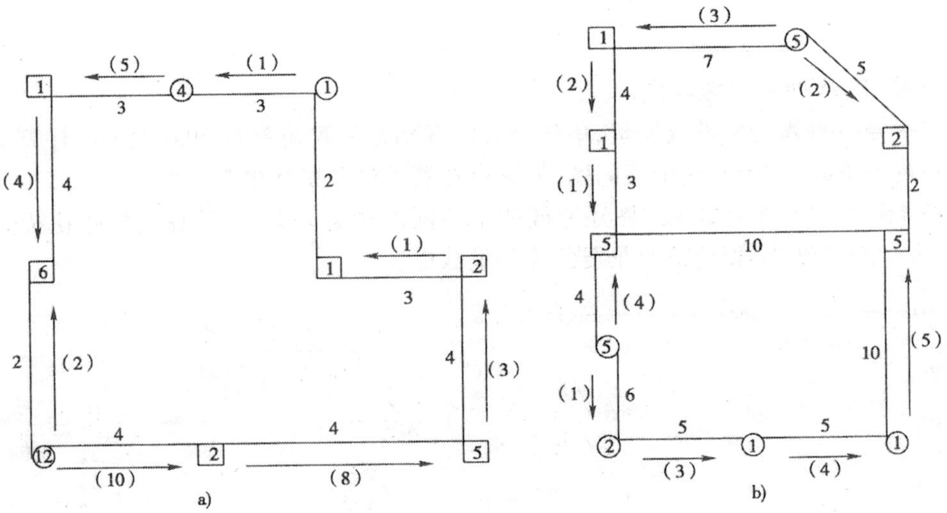

图 11-50

8. 判断下面两图（图 11-51a）和图 11-51b））是否为基本流向图. 若不是基本流向图，能否用增添虚流向的方法，将它变成基本流向图？

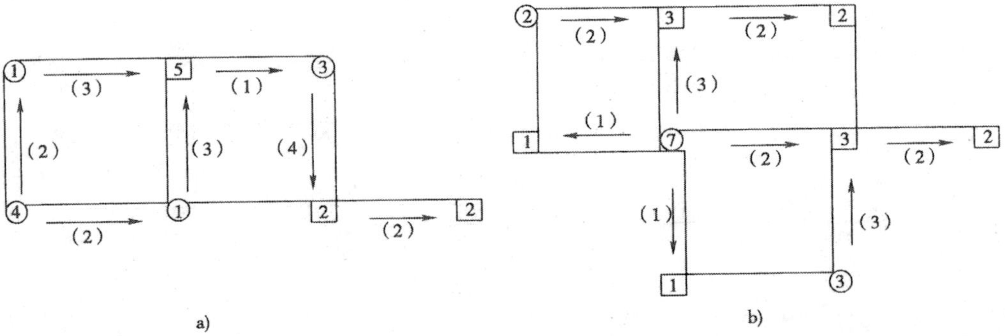

图 11-51

9. 用增添虚流向的方法，把下面两图（图 11-52a）和图 11-52b））变为基本流向图，并考虑：什么样的非基本流向图可以通过增添虚流向的方法变成基本流向图？

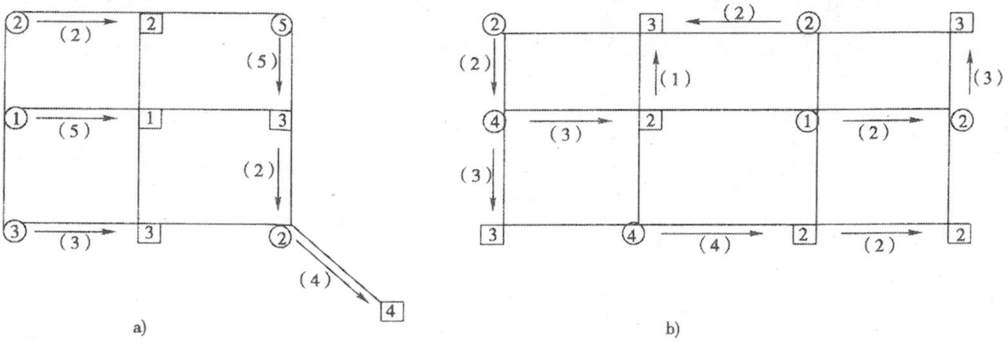

图　11-52

10. 下面两图（图 11-53a）和图 11-53b））所示的两个圈都是合格的. 适当地添加一些虚流向，使得这个圈上只有一条弧没有流向，并且仍旧是合格的.

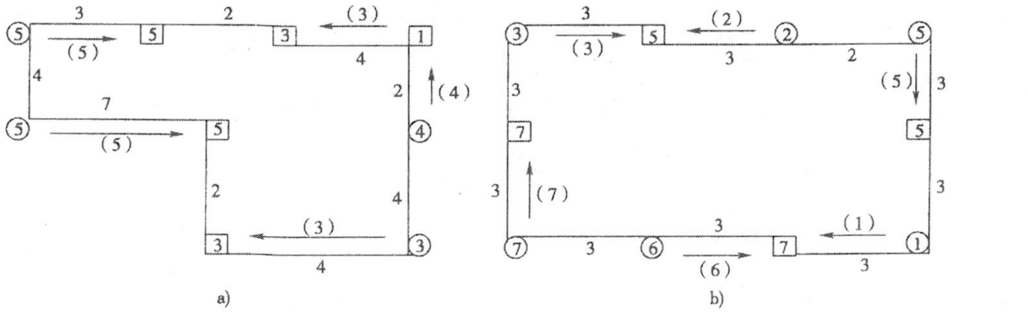

图　11-53

11. 为图 11-54 所示的交通图寻求一个最优流向图.

12. 某城市的一个区内有 3 个某种货物的配送中心，7 个该货物的专卖店，它们的位置如图 11-55 所示（图中圆圈表示配送中心；□表示专卖店位置，里面的数字分别表示配送中心的存储量和专卖店的需要量）.

试确定如何把该货物从配送中心运到专卖店，可以使运输的吨公里数最少.

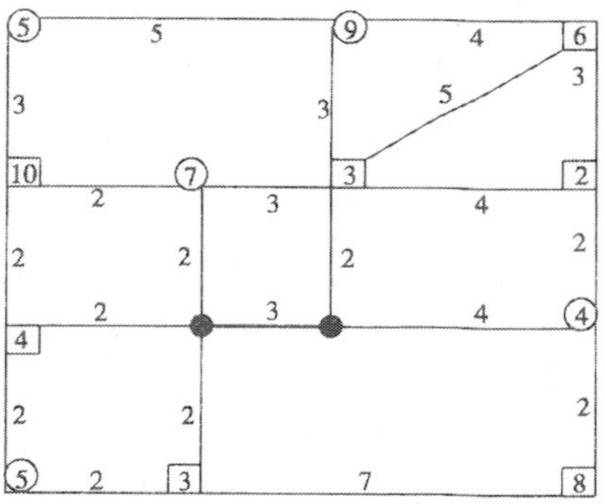

图　11-54

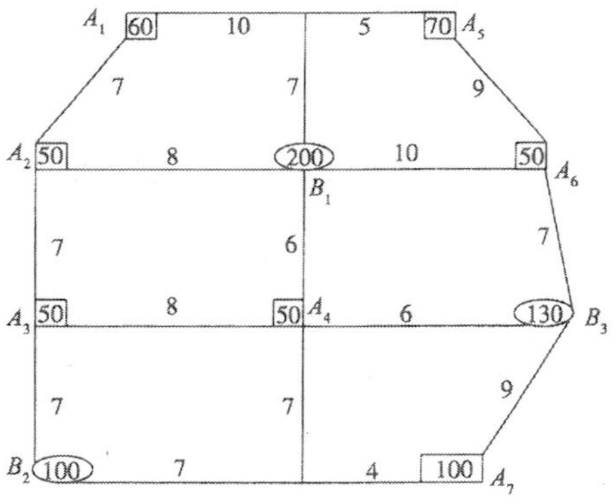

图　11-55

13. 某种物资从 A_1、A_2、A_3、A_4 运往 B_1、B_2、B_3、B_4、B_5、B_6 的交通图如图 11-56 所示. 试求最优调运方案.

14. 某物资从 A_1、A_2、A_3、A_4、A_5 运往 B_1、B_2、B_3、B_4，其交通图如图 11-57 所示. 试求最优调运方案.

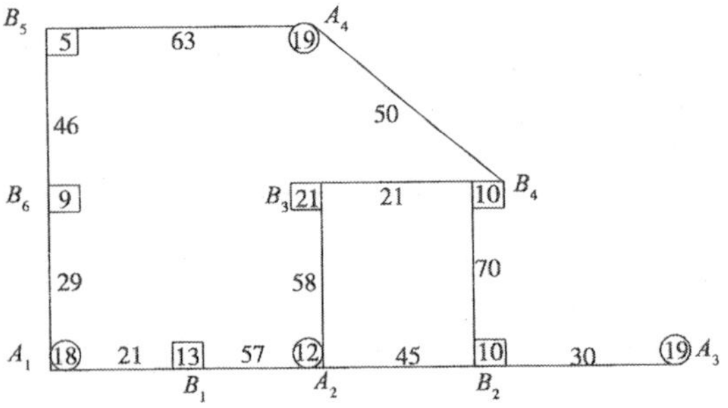

图 11-56

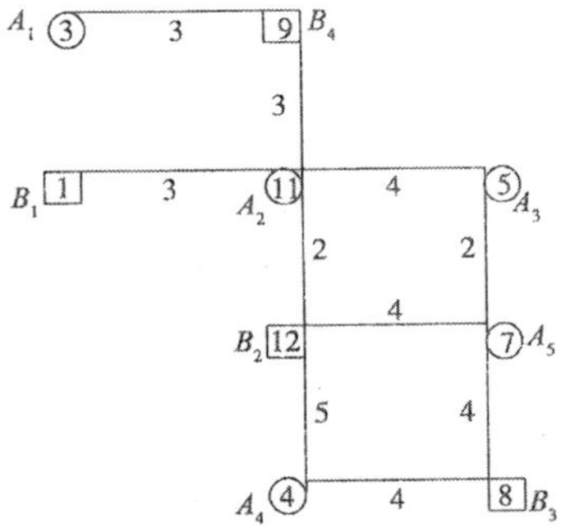

图 11-57

15. 某公司货运部门接受了如表 11-8 所列的货运任务：

货 运 任 务 表

表 11-8

货名	发货点	收货点	货运量(t)	运距(km)
砂	A_1	B_1	40	38
水泥	A_2	B_2	55	22
砖	A_3	B_3	30	33
石灰	A_4	B_4	45	16

交通图如图 11-58 所示.

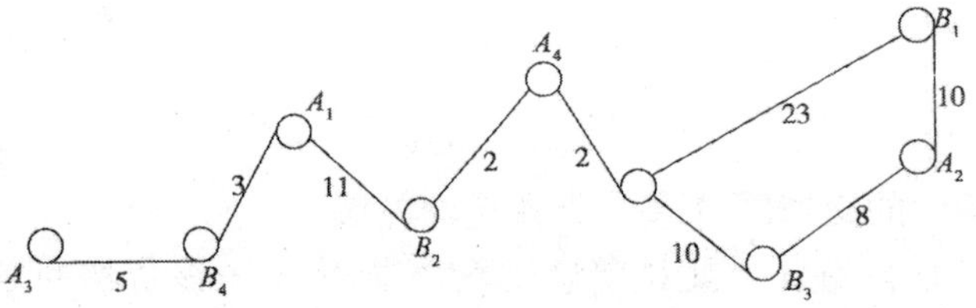

图 11-58

设每辆车的载质量为 5t，问怎样安排车辆，可使空驶的吨公里数最少？

16. 某运输公司的一个运输车组在一天的运输业务中，需要从 5 个发货点 A_1、A_2、A_3、A_4、A_5 装货，到三个收货点 B_1、B_2、B_3 卸货：从发货点 A_1 运木材 3 车次到收货点 B_1（设每车装货吨数相同）；从发货点 A_2 运钢材 5 车次到收货点 B_3；从发货点 A_3 运木材 4 车次到收货点 B_2；从发货点 A_4 运煤 6 车次到收货点 B_1；从发货点 A_5 运零件 3 车次到收货点 B_3，各发货点与收货点之间的里程如表 11-9 所示.

收、发货点间里程表(单位:km)

表 11-9

发货点 / 收货点	A_1	A_2	A_3	A_4	A_5
B_1	10	20	5	9	10
B_2	2	10	8	30	6
B_3	1	20	7	10	4

问应如何组织循环运输，才能使空驶的吨公里数最少？

17. 某运输公司在一天中接受了如表 11-10 所示的几项运输任务：

货运任务表　　表 11-10

货物名称	装货点	卸货点	数量(t)
钢材	钢厂	码头	100
砖	码头	钢厂	50
粮食	仓库	超市 A	50
糖	火车站	超市 B	100

其交通图如图 11-59 所示.

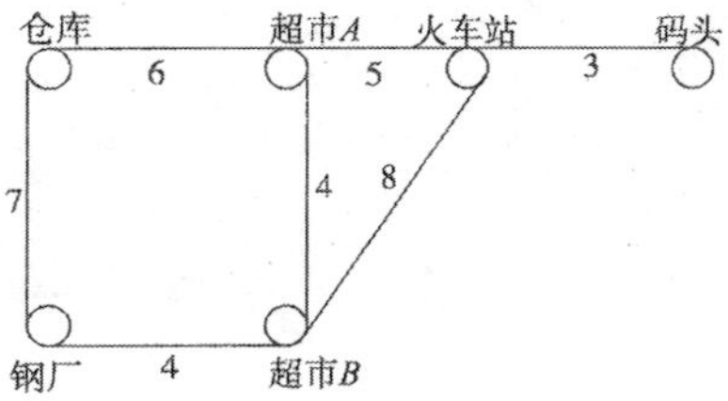

图　11-59

试作一个最优的空车流向图，以确定怎样安排 10 辆载质量为 5t 的汽车来完成这些运输业务（运输公司的车队设在码头）.

习题答案

第 一 章

练习1.1

1.(1)不同;(2)不同.

2.(1)$[-2,1)\cup(1,2]$;(2)$(-3,3)$.

3.1;$\frac{1}{4}$;2.

4.(1)$y=\ln u$,$u=v^2$,$v=2x+1$;(2)$y=u^2$,$u=\sin v$,$v=3x+1$.

5. 2 000;20.

6.(1) 2 500 元;(2)13 000 元;(3)1 000 件.

7. $Q=10+5\cdot 2^P$.

练习1.2

1.(1) 0;(2) $+\infty$;(3)1;(4)0;(5)24;(6) $\frac{1}{4}$;(7) $\frac{2}{3}$;(8) $\frac{1}{4}$;(9)0;(10) $+\infty$.

2.(1) 无穷大;(2)无穷大;(3)无穷小;(4)无穷小;(5)无穷小;(6)无穷大;(7)无穷大;(8)无穷大.

3.(1)2;(2)1;(3) $\frac{3}{5}$;(4) e^4;(5) e^{-1};(6) $e^{\frac{1}{2}}$;(7)4;(8) $\frac{1}{2}$.

4. -1;-1;-1.

练习1.3

1. (1) $\sqrt[3]{2}$;(2) $\sin^2 2$;(3)0;(4) $\sqrt{2}$;(5) $\frac{1}{2}$;(6) $\frac{2}{3}$.

2. 2.

3.略.

练习1.4

1. 1 186.3;1 198.11;1 204.78.

2. 1 173.51 元;$A=6\,000e^{-0.1x}$;4 912.38 元;4 444.91 元;3 639.18 元;2 979.51 元.

复习题一

一、填空题

1. $y=\ln u, u=v^2, v=\sin x$. 2.0. 3. -1. 4. π. 5.2. 6. 0^-;0^+.

7. $(-\infty,+\infty)$;$(-\infty,+\infty)$. 8. $\lim\limits_{x\to x_0}[f(x)-A]=0$. 9. -3;不存在;2;6. 10. e^2.

二、选择题

1. A;2. B;3. C;4. D;5. A;6. B;7. C;8. B;9. A;10. B.

三、计算题

1. (1) $\frac{2}{3}$;(2) $\frac{2}{3}$;(3) e^{-4};(4) $-\frac{1}{2}$;(5)2;(6) $\sqrt{2}a$.

2. 1;连续. 3. 令 $f(0)=0$. 4. $\frac{1}{a}$.

四、略.

第 二 章

练习 2.1

1. (1) -1;(2) $\frac{1}{5}$.

2. (1) $\frac{1}{x\ln 3}$;(2) $\frac{2}{3}x^{-\frac{1}{3}}$;(3) $-\frac{2}{x^3}$;(4) $-\frac{3}{2}x^{-\frac{5}{2}}$.

3. $y=\frac{\sqrt{3}}{2}x-\frac{\sqrt{3}\pi}{12}+\frac{1}{2}$.

4. $x+y-2=0$;$x-y=0$.

5. $a=2x_0, b=-x_0^2$.

练习 2.2

1. (1)4;(2) $2\sin 1$.

2. (1) $3x^2+4\cos 2x$;(2) $2e^{2x}+\frac{1}{x}$; (3) $\frac{1+\sin t+\cos t}{(1+\cos t)^2}$;

(4) $\frac{1}{2x\sqrt{1+\ln x}}$; (5) $2x-3\sqrt{x}+1$;(6) $6\cos(3x+6)$.

3. (1) $\frac{\cos y-2\cos(2x+y)}{x\sin y+\cos(2x+y)}$;(2) $\frac{e^y-2x}{2y-xe^y}$.

4. $\sqrt{2}x+2y-4=0$.

5. (1) $\cos(x+\frac{n\pi}{2})$;(2) $-2\sin x-x\cos x$.

6. $2x-y-2=0$;$x+2y-1=0$.

练习 2.3

1. 160;8;6.

2. (1) $0.09t^2+t+2$;(2)29.25;9.25.

3. (1) $\frac{3\ 780}{x^2}$;(2)37.8;9.45.

4. (1)179.9;179.8.

5. -135.33.

练习 2.4

1. (1) $(6x^2-2x)\mathrm{d}x$;(2) $(\cos x-\sin x)\mathrm{d}x$;(3) $(1-\frac{1}{2}\ln x)x^{-\frac{3}{2}}\mathrm{d}x$;(4) $\frac{xe^x-e^x}{x^2}\mathrm{d}x$.

2. (1) $\frac{1}{2}x^2$;(2) $\sin x$;(3) $\ln x$;(4) $2\sqrt{x}$.

3. 11.55.

复习题二

一、填空题

1. $-f'(x_0)$． 2. $(\pm 1, \pm 1)$． 3. $\frac{1}{2x\sqrt{\ln x}}$． 4. $\frac{1}{x\ln x[\ln\ln x]}$． 5. $n!$．

6. 24． 7. $-\frac{y^2}{1+xy}$． 8. $2t+2$;2． 9. $\cos(x+\frac{n\pi}{2})$． 10. $a^x\ln^n a$．

二、选择题

1. A;2. D;3. A;4. B;5. C;6. C;7. D;8. B;9. C;10. B.

三、计算题

1. (1) $-12\sin x(3x^2+1)$;(2) $\frac{4}{x+1}$;(3) $2x-\frac{2}{x^3}$;(4) $\frac{2-2x+x^2}{(1-x)^2}$;

(5) $\frac{(1+x^2)\sec x\tan x-2x\sec x}{(1+x^2)^2}$;

(6) $2\cos 2x e^{\sin 2x}$;(7) $-(1+2x+x^2)\csc^2 x+2(1+x^2)\cot x$;(8) $\frac{1}{\sqrt{1+x^2}}$.

2. $(x^2+4x+2)e^x$．

3. (1) $-\frac{y^2e^x}{1+ye^x}$;(2) $-\frac{3x}{2y}$.

4. (1) $(6x^2+2x-2)\mathrm{d}x$;(2) $\frac{1}{2}(x^2+4x+1)e^{\frac{x}{2}}\mathrm{d}x$．

5. $8x-y-7=0$;$x+8y-9=0$．

6. $p'=-\frac{4x+5p}{5x+100p}$．

7. $N'(t)=\frac{80}{(t+2)^2}$．

练习 3.1

1. (1)n;(2)$\ln a-\ln b$;(3) ∞;(4)1;(5)2;(6) ∞．

2. (1)1;(2) ∞;(3) $\frac{1}{2}$;(4)0.

练习 3.2

1. (1) $(-\infty,2)$ 增区间，$(2,+\infty)$ 减区间，极大值为 7;(2) $(-\infty,+\infty)$ 增区间，无极值.

2. (1)最大值为 69，最小值为 -61;(2)最大值为 $\frac{\pi}{2}$，最小值为 $-\frac{\pi}{2}$．

3. 40 元，80.

4. 662.31 元，33 个.

练习 3.3

1. (1)凹区间为 $(-\infty,1)$，凸区间为 $(1,+\infty)$，拐点为(1,2);
(2)凸区间为 $(-\infty,2)$，凹区间为 $(2,+\infty)$，拐点为(2,3).

2. (1) $x=-1$，$x=5$ 为垂直渐近线;(2) $y=0$ 为水平渐近线.

3. 略.

练习 3.4

1. (1) $\eta = \frac{p}{6}$；(2)0.83,1,1.17.

2. (1) $\eta = \frac{6p}{5+6p}$；(2)0.78.

3. (1) $\eta = \frac{p}{24-p}$；(2)0.33；(3)增加；(4)12,72.

练习 3.5

1. (1) $f''_{xx} = 6, f''_{xy} = -6y^2, f''_{yy} = -12xy$；

(2) $f''_{xx} = 2ye^{xy} + xy^2e^{xy}, f''_{xy} = 2xe^{xy} + x^2ye^{xy}, f''_{yy} = x^3e^{xy}$.

2. (1) (3,4) 为极大值点,极大值为 4；(2) (2,2) 为极小值点,极小值为 −8.

3. 当零售与批发数量分别为 2 和 1 时,该公司取得最大年利润.

4. 在点 $(\frac{ab^2}{a^2+b^2},\frac{a^2b}{a^2+b^2})$ 处取得最小值 a^2b^2.

复习题三

一、填空题

1. $\frac{1}{2}$. 2. $(-1,1)$. 3. -1；$x = 1$. 4. $\frac{1}{e}$. 5. $(-\infty,0)$.

6. $x = 0$ 和 $x = 1$. 7. 驻点,导数不存在的点；驻点,导数不存在的点,端点.

8. 125；12.5；5. 9. 6. 10. 0.08.

二、选择题

1. D. 2. C. 3. C. 4. C. 5. A. 6. A. 7. B. 8. D. 9. A. 10. C.

三、计算题

1. $(-\infty,0) \cup (1,+\infty)$ 为单调增区间,$(0,1)$ 为单调减区间,极大值为 $f(0) = 0$,极小值为 $f(1) = -\frac{3}{2}$.

2. 略.

3. 50 000.

4. 120,80.

5. $a > 0$ 时,有极大值 $f(\frac{a}{3},\frac{a}{3}) = \frac{a^3}{27}$；$a < 0$ 时,有极小值 $f(\frac{a}{3},\frac{a}{3}) = \frac{a^3}{27}$.

练习 4.1

1. (1) $\frac{1}{6}x^6 + C$；(2) $\frac{1}{7}x^7 + 2x + C$；(3) $\frac{2^x}{8\ln 2} + C$；(4) $\ln x + 3x + C$；

(5) $\frac{2}{9}x^{\frac{9}{2}} - \frac{10}{3}x^{\frac{3}{2}} + C$；(6) $\frac{2}{5}x^{\frac{5}{2}} - \frac{8}{3}x^{\frac{3}{2}} + 8\sqrt{x} + C$；(7) $\frac{2}{5}x^{\frac{5}{2}} + x + 6\sqrt{x} + C$；

(8) $-\frac{4}{x} + \frac{4}{3}x + \frac{1}{27}x^3 + C$.

练习4.2

1.(1) $\frac{1}{20}(5x+3)^4+C$;(2) $-\frac{1}{6}(3-2x)^3+C$;(3) $\frac{1}{3}e^{2+3x}+C$;(4) $-e^{2-x}+C$;

(5) $-\frac{1}{2}\cos(x^2+2)+C$;(6) $\frac{2}{3}(\sin x)^{\frac{3}{2}}+C$.

2.(1) $\frac{2}{5}(x+2)^{\frac{5}{2}}-\frac{4}{3}(x+2)^{\frac{3}{2}}+C$;(2) $2\sqrt{x}-6\ln(3+\sqrt{x})+C$.

3.(1) $\frac{1}{3}x^3\ln x-\frac{1}{9}x^3+C$;(2) $\frac{1}{2}e^{2x}(x-\frac{1}{2})+C$;

(3) $x\ln 3x-x+C$;(4) $\frac{1}{2}e^x(\sin x+\cos x)+C$.

4. $e^{-x^2}(1-2x^2)+C$.

5. $y=\ln x+1$.

6. $C(x)=\frac{1}{2}x^2+5x+2\,000$.

练习4.4

1.(1)121.5;(2)0;(3) $1-\frac{\sqrt{3}}{3}$;(4) $\frac{40}{33}$.

2. $\frac{5}{24}$.

3.(1) $\frac{13}{3}$;(2) $\frac{1}{12}-\frac{1}{12}(1-3\pi)^4$;(3) $2(e^{\sqrt{3}}-1)$;(4) $\frac{1}{2}(\cos 1-\cos 2)$.

4.(1) $\frac{5}{3}$;(2) $\frac{886}{15}$.

5.(1)0;(2)0.

6.(1) $1-\frac{2}{e}$;(2) $\frac{1}{5}(2+e^{-\pi})$.

7.20.14.

8.146 250.

练习4.5

1.(1) $\frac{1}{3}$;(2) $\frac{1}{2}$;(3) $\frac{1}{2}$;(4)0.

2.1.

练习4.6

1. $C(x)=0.4x^2+42x+50$.

2.17 500;175.

3.10.

4.8.97.

5.(1)40;(2)5 200;130;4 200;4 000.

复习题四

一、填空题

1. $y = x^3 - 1$. 2. $\frac{1}{2}x^2 + C$. 3. $-F(\cos x) + C$. 4. $-\ln(1-x) + C$.

5. $\cos e^{-x} + C$. 6. $e^x + xe^x$. 7. $\frac{9}{14}$. 8. $\frac{1}{2}\sin 2x$. 9. $-2\sin 2x$ 10. $\frac{1}{\pi}$.

二、选择题

1. C; 2. D; 3. B; 4. C; 5. B; 6. D; 7. A; 8. A; 9. B; 10. C.

三、计算题

1. (1) $-\frac{1}{2}\cos(x^2+1) + C$; (2) $\frac{1}{12}(3x-5)^4 + C$;

(3) $2\sqrt{x+2} - 4\ln(2+\sqrt{x+2}) + C$; (4) $\frac{1}{4}x^4(\ln x - \frac{1}{4}) + C$.

2. (1) $\frac{1}{2}$; (2) $4\ln 2$; (3) $6(\sqrt{5}-\sqrt{2})$; (4) $\frac{2}{9}e^3 + \frac{1}{9}$.

3. 1. 4. 40000. 5. 1.53. 6. 71.716. 7. $44x - 2x^2 - 200$;11;42.

练习 5.1

1. (1) x,y, 一阶;(2) x,y, 二阶;(3) x,y, 五阶.

2. (1)是;(2)是;(3)是.

练习 5.2

1. (1) $e^x + e^{-y} = C$; (2) $(1+y)(1-x) = C$;

(3) $y = \frac{1}{2}e^{\sqrt{1-x^2}}$; (4) $x - \frac{1}{2}x^2 - \arctan y + \frac{\pi}{4} = 0$.

2. (1) $y = \sin x - 1 + Ce^{-\sin x}$;(2) $y = x(\ln\ln x + C)$;

(3) $y = x^2(e^x - e)$; (4) $y = \left(\frac{2}{\pi} - \cos x\right)$.

练习 5.3

1. $y = x\ln x - x + \frac{1}{2}C_1x^2 + C_2x + C_3$.

2. $y = C_1e^x - x + C_2$. 3. $y = \arcsin x$. 4. $x + \sqrt{1-y^2} - 1 = 0$.

练习 5.4

1. $D = 1\,500e^{-p\ln 3}$. 2. $y = \frac{1}{2}ax^2 + bx + y_0$. 3. $y = e^{-2x}(x^2e^x - 2xe^x + 2e^x + 1)$.

复习题五

一、填空题

1. $y = -\ln(C + e^x)$. 2. 两. 3. $y = -\sin x + C_1x + C_2$. 4. 可分离变量.

5. 一阶非齐次线性微分方程; $y = x(C - \cos x)$. 6. $x^2 + y^2 - 2\ln x + C_1 = 0$.

7. $y = Ce^{-x^2}$. 8. $y = -\frac{1}{3}x^3 + C_1x + C_2$. 9. $x + 2\ln(1+x)$. 10. $4e^{\frac{1}{2}p-1}$.

二、选择题

1. B； 2. B； 3. C； 4. A； 5. B； 6. B； 7. C； 8. B； 9. C； 10. B.

三、计算题

1. (1) $y = Ce^{x^2}$；　　(2) $y = C(1+x)$；

(3) $y = (C+x)\cos x$；(4) $y = \frac{1}{2}e^x(x^2 - x + \frac{1}{2}) + Ce^{-x}$.

2. (1) $x + \frac{2}{\sqrt{y}} - 5 = 0$；(2) $y = x^3 + 3x + 1$.

第六章

1. 略.

2. (1)527,525.77,524.65;(2)527,543,550,535.

3. (1)算术平均准则应订货150;

(2)极大极大准则应订货300;

(3)极小极大准则应订货50;

(4)加权系数准则($\alpha = 0.7$)应订货300;

(5)机会最小损失准则应订货150.

4. (1)最小机会损失期望准则应选择方案二.

(2)最大收益期望准则应选择方案二.

5. $Q = 32$(t/批),$t = 0.21$(月).

6. $Q = 1200$(件/批),$C(t) = 300$(元).

7. $Q = 800$(件/批),$t = 1$(月).

第七章

1. 总加工时间为34天,B等待7天.

2. 略. 3. 略. 4. 略. 5. 略.

6. (1)4;(2)无最大值;(3)1;(4)2.

7. 每台A用8/9时生产零件Ⅰ,用1/9时生产零件Ⅱ;B均生产零件Ⅰ;C生产零件Ⅱ. 一共可生产86套.

8. 甲用0.14生产零件Ⅱ,0.86生产零件Ⅲ;乙生产零件Ⅱ;丙用0.645生产零件Ⅰ,0.355生产零件Ⅱ,共生产零件Ⅰ26件,零件Ⅱ39件,零件Ⅲ52件,计13套.

第八章

1.

(1)

初始方案

收点 / 发点	A_1	A_2	A_3	A_4	A_5	发量
B_1			4	5		9
B_2		4				4
B_3	3	1		1	3	8
收量	3	5	4	6	3	21

检验数表

发点＼收点	A_1	A_2	A_3	A_4	A_5
B_1	10	1	5	9	7
B_2	11	10	12	20	12
B_3	1	20	1	10	4

检验数表中无负数，所以初始方案是最优方案，总运费 150.

(2)

平衡表(二)

发点＼收点	A_1	A_2	A_3	发量
B_1		3	1	4
B_2			7	7
B_3	2		0	2
收量	2	3	8	13

检验数表(二)

发点＼收点	A_1	A_2	A_3
B_1	5	2	5
B_2	3	0	6
B_3	2	2	2

检验数表(二)中无负数，所以平衡表(二)是最优方案，总运费 57.

2.

平衡表(四)

发点＼收点	A_1	A_2	A_3	A_4	A_5	库存	发量
B_1	3	1		9			13
B_2		7			5		12
B_3			5	1		12	18
收量	3	8	5	10	5	12	43

检验数表(四)

发点＼收点	A_1	A_2	A_3	A_4	A_5	库存
B_1	3	7	1	4	6	1
B_2	8	5	2	8	3	1
B_3	7	2	8	5	1	0

检验数表(四)中无负数，所以平衡表(四)是最优方案，总运费 147.

3.(1)两辆 5t 车运送，线路 1：$O \to A_9 \to A_1 \to A_2 \to A_3 \to A_4 \to O$

货运总量为 4.9t，总路程为 33km，

线路 2：$O \to A_5 \to A_6 \to A_7 \to A_8 \to O$

货运总量为 4.5t，总路程为 50km，

此方案的行驶总里程为 83km.

(2)一辆车运送,线路为: $O \to A_5 \to A_6 \to A_7 \to A_8 \to A_9 \to A_1 \to A_2 \to A_3 \to A_4 \to O$

货运总量为 9.4t,总路程为 75km;

4. 总共需 40 人.

第　九　章

复习题九

1. 仓库位置为(39,37.3)时吨公里数最小.

2. (1)最优设场点为 A 点.

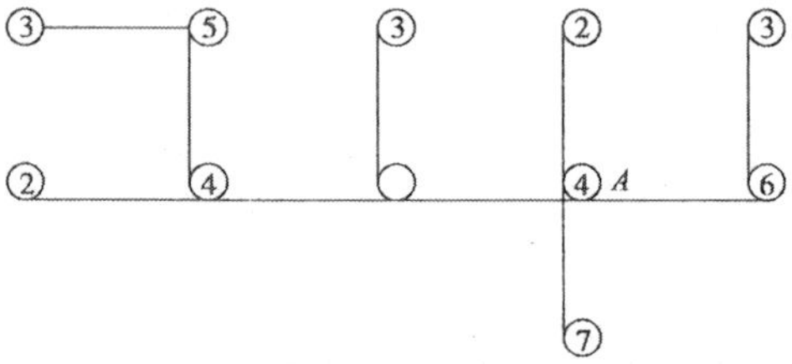

(2)最优设场点为 A 点.

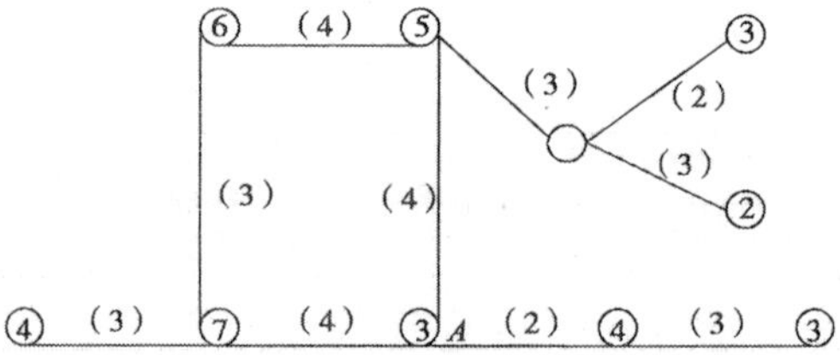

3. 甲城到乙城的最大通过能力为 11.

4. 最佳配装方案为甲货物 200 件,乙货物 250 件.

5. 7 个.

第　十　章

复习题十

1. 最小费用为 13;　2. 最大效益为 45;　3. 最小费用为 21.

4. 最优路径为 $V_1 \to V_2 \to V_4 \to V_3 \to V_1$,总路程为 17.

5. 最优路径为 $A \to F \to E \to B \to C \to D \to A$,总路程为 18.

6. 最优路径为 $A \to C \to D \to B \to A$,总路程为 23.

7. 最优路径为 $A \to B \to E \to D \to C \to A$,总路程为 37.

8. 最优路径为 $A \to B \to F \to E \to D \to C \to A$,总路程为 80.

9. (1)

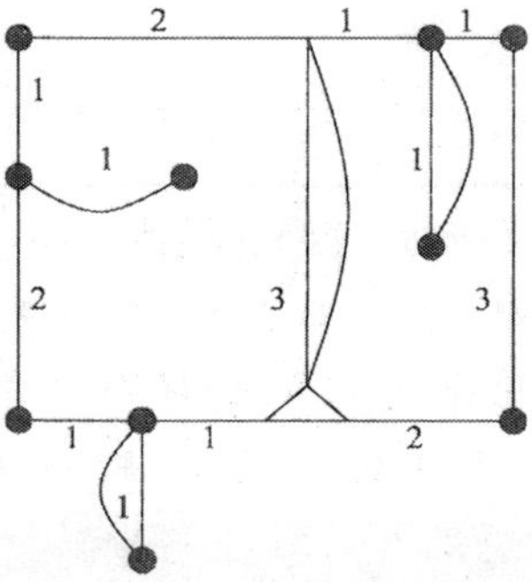

(2)

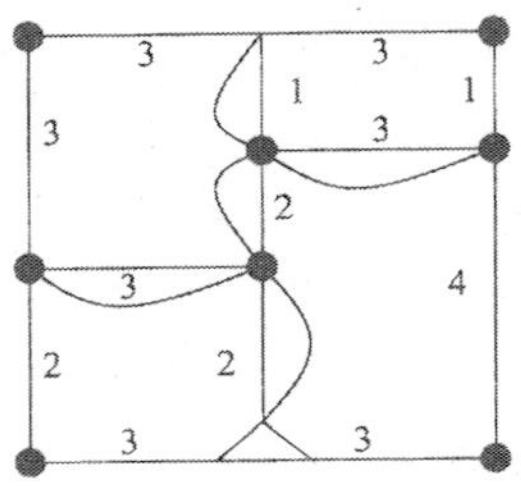

(3)

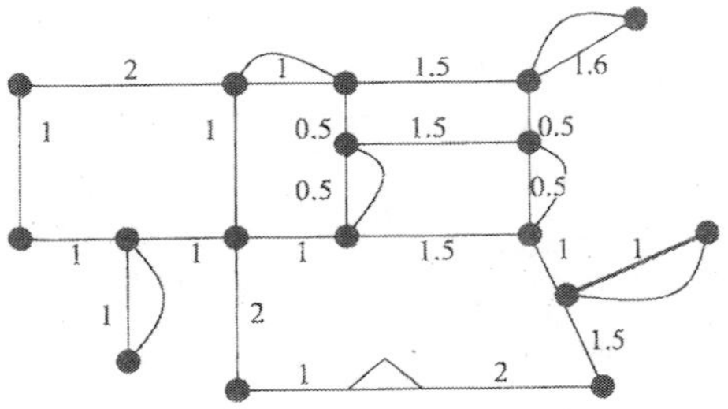

第 十 一 章

复习题十一

1. 图 11-43 吨公里数为 30;图 11-44 吨公里数为 39.

2. 调整前吨公里数为 459 000.

调整:甩弧 A_2B_4 ,破圈,得新流向图,调整后吨公里数为 415 500.

3. 调整前吨公里数为 110.

(1)甩弧 BE,破圈 $A-B-E-F-A$;甩弧 CD,破圈 $A-B-C-D-E-F-A$,得新流向图吨公里数为 99.

(2)用基本定理检查圈 $A-B-E-F-A$,不合格,用外调整法,调整量为 3. 此时检查各圈均合格,得最优流向图,吨公里数为 87.

4.

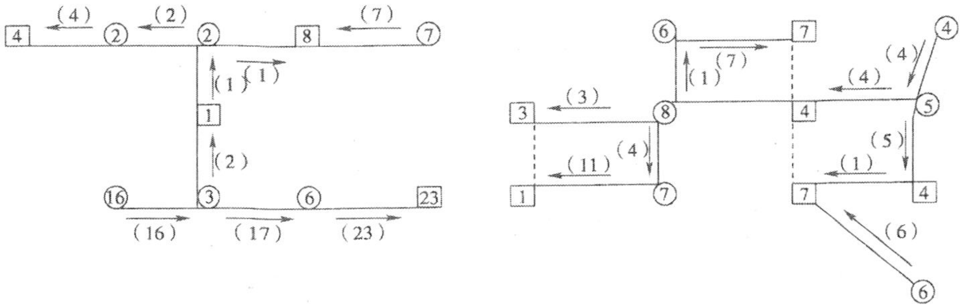

5. 抹去最长的弧 AB 后吨公里数为 118;抹去弧 AE 后吨公里数为 78.

结论:不一定要抹最长的弧,抹去两收点之间或两发点之间的弧会更优.

6. 图 11-49a)有 8 个点 8 条弧;图 11-49b)有 12 个点 13 条弧.

7.

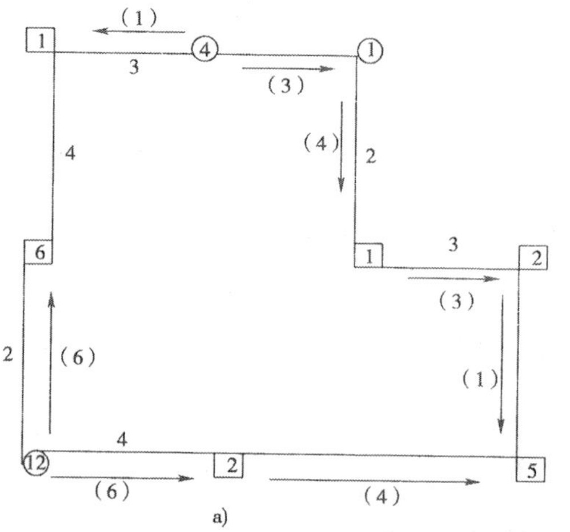

a)

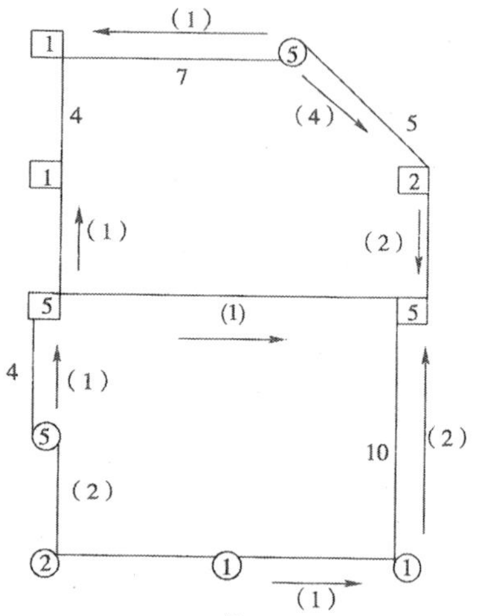

b)

8. (1)投影图连通,有圈,不是基本流向图,不能通过添虚流向变为基本流向图.

(2)投影图连通,无圈,是基本流向图.

9. (1)增添三条虚流向后,可变成基本流向图.

(2)增添二条虚流向后,可变成基本流向图.

结论:有 n 个点的无对流流向图中,有流向弧的个数小于 $n-1$ 时,可通过增添虚流向的方法变成基本流向图.

10.

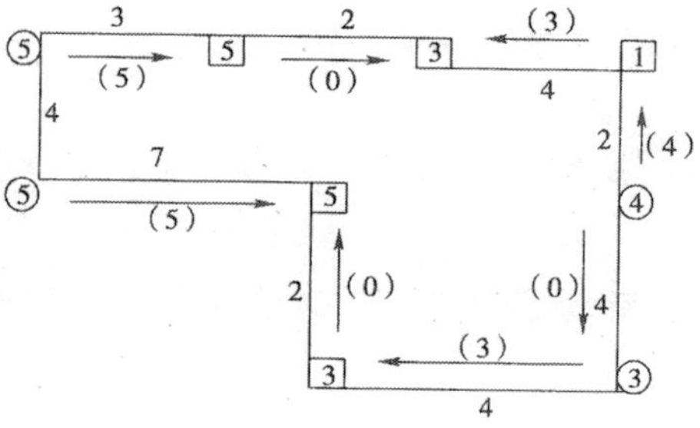

a)

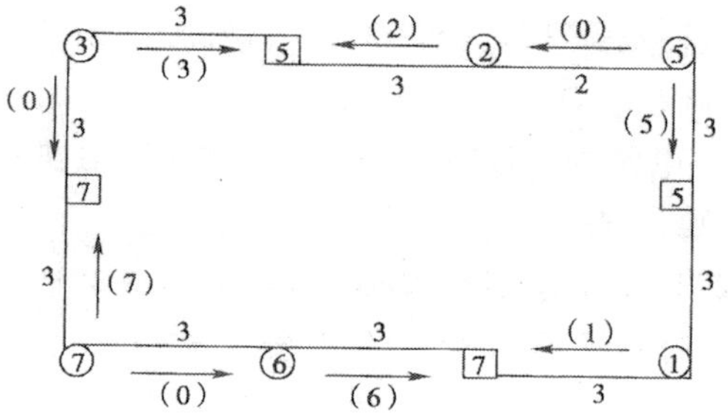

b)

11. 此题发量和为 30,收量和为 36,少 6 个发量.

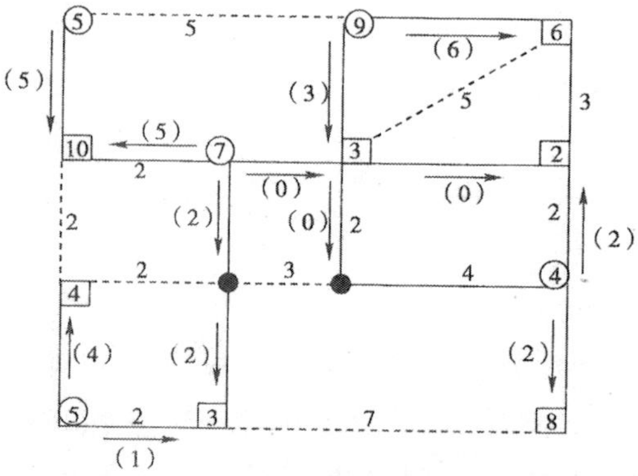

12.

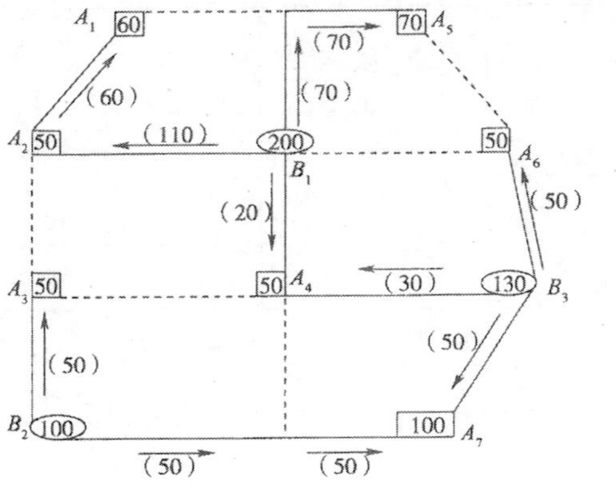

13.

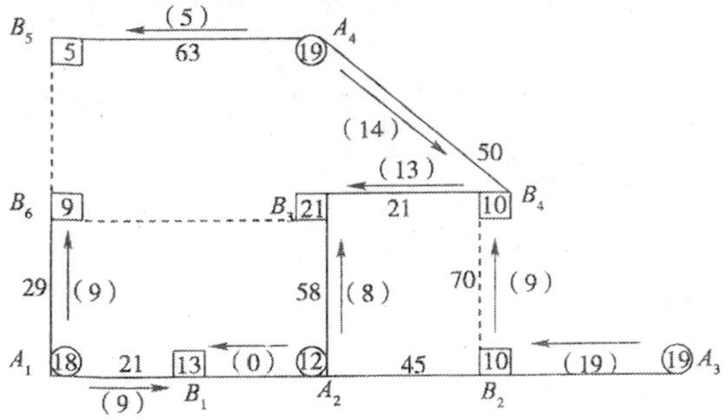

14.

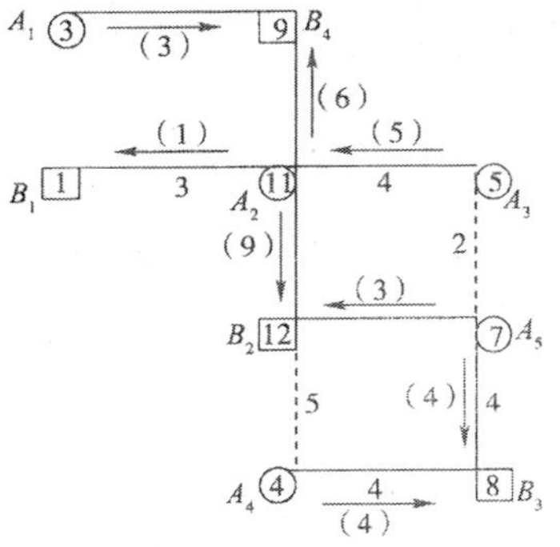

15.

$\triangle\!\!\!\!\!1 \rightarrow |A_1 \xRightarrow{砂} B_1|^{8} \rightarrow |A_2 \xRightarrow{水泥} B_2|^{11} \rightarrow |A_4 \xRightarrow{石灰} B_4|^{9} \rightarrow |A_3 \xRightarrow{砖} B_3|^{6} \rightarrow \Delta$

16.

空车收点（收量）、发点（发量）表

收点 / 发点	A_1	A_2	A_3	A_4	A_5	发量
B_1	10	20	5	9	10	9
B_2	2	10	8	30	6	4
B_3	1	20	7	10	4	8
收量	3	5	4	6	3	21

由最小元素法确定空车最佳调运方案

发点 \ 收点	A_1	A_2	A_3	A_4	A_5
B_1			4	5	
B_2		4			
B_3	3	1		1	3

空车流向为：$B_1 \rightarrow A_3, B_1 \rightarrow A_4, B_2 \rightarrow A_2, B_3 \rightarrow A_1, B_3 \rightarrow A_2, B_3 \rightarrow A_4, B_3 \rightarrow A_5$

$\triangle\!\!\!1 \rightarrow | A_5 \xRightarrow{\text{零件}} B_3 |^3 \rightarrow | A_1 \xRightarrow{\text{木材}} B_1 |^3 \rightarrow | A_4 \xRightarrow{\text{煤}} B_1 |^6 \rightarrow | A_3 \xRightarrow{\text{木材}} B_2 |^4 \rightarrow | A_2 \xRightarrow{\text{钢材}} B_3 |^5 \rightarrow \Delta$

17.

$\triangle\!\!\!10 \rightarrow$码头$\xRightarrow{\text{砖}}$钢厂$\xRightarrow{\text{钢}}$码头$\rightarrow |$火车站$\xRightarrow{\text{糖}}$超市 $B|^2 \rightarrow$钢厂$\xRightarrow{\text{钢}}$码头$\rightarrow$仓库$\xRightarrow{\text{粮食}}$超市 $A \rightarrow$码头

参考文献

[1] 刘书田.微积分.北京:北京大学出版社,2004.

[2] 顾静相.经济数学基础(上册).北京:高等教育出版社,2000.

[3] 赵树嫄.微积分.北京:中国人民大学出版社,2002.

[4] 高汝熹.高等数学(一)微积分.武汉:武汉大学出版社,2002.

[5] 傅维潼.物流数学.北京:高等教育出版社,2006.

[6] 李军辉.物流数学.北京:人民日报出版社,2005.

[7] 叶怀珍.现代物流学.北京:高等教育出版社,2003.

[8] 缪兴锋,秦明森.物流运筹学方法.广州:华南理工大学出版社,2007.

[9] 于春田,李法朝.运筹学.北京:科学出版社,2006.

[10] 方兆本等.运筹学应用基础.合肥:中国科技大学出版社,2006.

[11] 魏炳麒.市场调查与预测.大连:东北财经大学出版社,2006.